W0225509

rororo

Tom Buhrow und seine Frau Sabine Stamer berichten: Anhand eigener Erlebnisse und Erfahrungen, angereichert mit Hintergrundwissen, Fakten und Zahlen. Sie machen uns mit dem Alltag des heutigen Amerika bekannt und schreiben über Sitten und Unsitten, Freiheiten und ungeschriebene Gesetze, Politik und Privatleben.

«Anschaulich, kenntnisreich, aber nie besserwisserisch.»
Financial Times Deutschland

Tom Buhrow, geboren 1958, langjähriger USA-Korrespondent der ARD (1994 bis 2006), zwischendurch zwei Jahre Berichterstattung aus Paris. Seit September 2006 Moderator der «Tagesthemen».
Sabine Stamer, geboren 1956, zunächst freie Journalistin in Hamburg und Rom, dann mehrere Jahre WDR-Redakteurin (u.a. «Monitor» und «Tagesschau»). Von 1994 bis 2006 arbeitete sie als Autorin in den USA und Paris.

Tom Buhrow · Sabine Stamer

Mein Amerika – Dein Amerika

Rowohlt Taschenbuch Verlag

Unseren Töchtern

4. Auflage Oktober 2008

Veröffentlicht im Rowohlt Taschenbuch Verlag,
Reinbek bei Hamburg, Dezember 2007
Copyright © 2006 by Rowohlt Verlag GmbH,
Reinbek bei Hamburg
Umschlaggestaltung ZERO Werbeagentur, München,
nach einem Entwurf von any.way, Hamburg
(Foto: Tobias Everke)
Lektorat Uwe Naumann
Alle Fotos im Tafelteil Sabine Stamer
Satz Pinkuin Satz und Datentechnik, Berlin
Druck und Bindung Druckerei C.H.Beck, Nördlingen
Printed in Germany
ISBN 978 3 499 62223 6

Inhalt

Ankommen
«It's great, it's wonderful!»

Einführung in die amerikanische Freundlichkeit und ihre Hintergründe

«How do you like America?» – «Wie gefällt dir Amerika?» Völlig unbefangen und erwartungsvoll kommt die Frage aus dem Mund von Toms Gastmutter, als er das erste Mal amerikanischen Boden betritt. Er ist erst wenige Stunden vorher in Chicago aus dem Flugzeug gestiegen und hat nicht mehr als vier Stunden Autofahrt in nördlicher Richtung hinter sich gebracht. Sein Eindruck von den USA beschränkt sich auf den Flughafen und die am Autofenster vorbeirauschende Landschaft. Für ein Urteil also noch etwas zu früh, vor allem für einen Fünfzehnjährigen. «Great!», antwortet er dennoch instinktiv, und seine Gastmutter strahlt zufrieden. Das war 1974.

Und immer noch wird die Frage «Wie gefällt Ihnen Amerika?» jeden Tag Tausenden Neuankömmlingen gestellt, die gerade erst vom Schiff oder aus dem Flugzeug gestiegen sind. Als Antwort wird keine ausgewogene Analyse erwartet. Es ist einfach eine Einladung, etwas Freundliches zu sagen.

Wer die Frage zu ernst nimmt, ist schon auf dem falschen Gleis, denn vieles in Amerika dreht sich darum, Gelegenheiten zu schaffen, nett zueinander zu sein.

«Wenn du nichts Nettes zu sagen hast, dann sag besser gar nichts!» So lautet ein Standardsatz amerikanischer Mütter, wenn

Geschwister sich streiten. Das erklärt später Cutter John im ARD-Studio am Schneidetisch: «Wir alle – und zwar wirklich alle – bekommen das als Kinder eingetrichtert.»

Und so beginnt auch unsere gemeinsame Amerika-Zeit gleich bei der Passkontrolle mit dem Austausch von Nettigkeiten. Das ist im Frühjahr 1994, lange vor den Terroranschlägen des 11. September 2001, lange bevor Amerika anfing, jedem Ausländer Fingerabdrücke und Fotos an der Grenze abzuverlangen. «Was ist der Zweck Ihres Aufenthaltes?», fragt die Dame von der Einwanderungsbehörde und ist mindestens ebenso begeistert wie wir, dass Tom als Korrespondent für einen deutschen Fernsehsender nach Washington versetzt wurde: «That is wonderful!» Der Beamtin steht das Entzücken ins Gesicht geschrieben. In Amerika zu leben – das muss ja wohl das Größte sein, das einem passieren kann.

Wie oft haben wir in den kommenden Jahren Besuch von Freunden, die mit der alltäglichen Begrüßungsformel «How are you?» hadern. Was sollen sie antworten? Wollen die Leute wirklich wissen, wie es ihnen heute geht? Man kennt sich doch gar nicht …

Natürlich erwartet niemand als Antwort einen detaillierten Befindlichkeitsbericht über den neuesten Stand des Scheidungsverfahrens, des Streits mit dem Boss oder die nicht abklingen wollende Erkältung, jedenfalls nicht von einer Zufallsbekanntschaft auf der Straße oder in der Schlange an der Supermarktkasse.

«How are you?» bietet eine der vielen Möglichkeiten, etwas Freundliches zu sagen. Ob man nun ein überschwängliches «Great! Wonderful! Couldn't be better!» parat hat, ein verhaltenes «Just doing fine» oder gar mit einem «Hangin' in there …» andeutet, dass die Stimmung nicht auf dem Höhepunkt ist – auf das Lächeln kommt es an und darauf, dass man überhaupt etwas sagt. Dass man signalisiert: Ich sehe dich, ich bin dir freundlich gesinnt. Es mag nicht mein bester Tag sein, aber mit dir hat das schließlich nichts zu tun. Natürlich darf man einer Freundin oder einem guten Bekannten auch durchaus mal von Sorgen und Ärger berichten und wird dabei sicherlich auf Mitgefühl stoßen: «Oooh, that's too bad!» Doch wird das amerikanische Gegenüber eher früher als später eine Wende zum Positiven finden, den Blick nach vorne richten oder einfach zu einem anderen Thema übergehen, wodurch sich die von bodenloser Tiefe angezogene deutsche Seele mit Sicherheit unverstanden und zurückgewiesen fühlt.

Also handelt es sich doch nur um eine Floskel, eine Nachfrage, die nicht ernst gemeint ist und damit oberflächlich, schlussfolgern viele deutsche Besucher. Und schon steht die deutsch-amerikanische Freundschaft nicht nur aus politischen, sondern auch aus persönlichen Gründen auf dem Prüfstand.

Ein Techniker des Studios siedelte kurz vor uns in die Staaten über und hatte gerade ein Reihenhaus in Hillendale, einer bewachten Wohnanlage, gemietet. Er muss mit seiner Maklerin noch ein paar Details besprechen und bietet uns an mitzukommen. Der Sicherheitsbeamte am Eingang sucht umständlich in einer Liste, bis er uns schließlich passieren lässt. Die Maklerin wartet schon an der Haustür. Sie heißt Cathy, trägt ein knallrotes Kostüm, dazu ebenso knalligen Lippenstift. Als wir alle aus dem Auto steigen, begrüßt sie nicht etwa unseren Kollegen, dem sie gerade das Haus vermittelt hat, nein, sie stürzt sich auf uns. «Wie nett, Sie kennen zu lernen! Nennen Sie mich Cathy. Sie sind genau in die richtige Gegend gekommen. Das hier sind die besten Häuser, die Sie finden können», begrüßt sie uns, die potenziellen Kunden. Der Kollege ist augenblicklich abgemeldet, er hat seinen Vertrag schließlich schon unterschrieben.

Cathy ist entzückt, dass Tom nach Washington versetzt wurde – «That's great!», hingerissen, dass wir ein Baby erwarten – «That's exciting!», und Sabines Frisur findet sie ganz phantastisch – «So beautiful!» Sie schmeichelt in höchsten Tonlagen (buchstäblich), sie verspricht, einen exzellenten Gynäkologen und einen noch besseren Kinderarzt zu besorgen. Sie preist die Vorzüge der Anlage. «Wir wollten eigentlich etwas im Kern Georgetowns suchen», protestieren wir zaghaft. Keine Chance. Entschlossen führt sie uns zu ihrem Vorzeigeobjekt.

Wir bestaunen das helle, geräumige Haus. Wie viele amerikanische Häuser, sofern sie nicht in engen Metropolen wie New York sind, hat auch dieses einen so genannten *family room*. Das ist ein zweites Wohnzimmer, in dem Fernsehen geschaut wird und die Kinder spielen. Es ist die eigentliche Herzkammer des amerikanischen Familienlebens. Hier legt man die Beine hoch und entspannt sich. Alles geht ein bisschen drunter und drüber, oft liegen noch Pappkartons der letzten Pizzalieferung und leere Coladosen zwischen Kinderspielzeug auf dem Boden herum. Das eigentliche Wohnzimmer dagegen zeichnet sich dadurch aus, dass es gar nicht bewohnt wird. Es dient der Repräsentation und bleibt immer aufgeräumt, falls unangemeldeter Besuch erscheint.

Fast alle amerikanischen Wohnungen und Häuser haben begehbare Einbauschränke, Geschirrspüler, Waschmaschine, Trockner, Einbauküche. Denn eine amerikanische Großstadtfamilie zieht durchschnittlich alle drei Jahre um und will dabei möglichst wenig Ballast über den Kontinent schleppen. Die Instandhaltung dieser Haushaltsgeräte obliegt dem Vermieter. Dass man sich eine Küche bei jedem Wohnungswechsel selbst einbaut, ist undenkbar. Der Wert einer Immobilie bemisst sich für Amerikaner ganz entscheidend nach der Zahl der Badezimmer. Im Idealfall kommt auf jedes Schlafzimmer ein eigenes Bad, ergänzt durch einen *powder room* im Erdgeschoss, was nichts anderes meint als eine Gästetoilette und seinen Namen noch aus kolonialen Zeiten trägt, wo der Gast ab und an ein intimes Plätzchen brauchte, um seine Perücke zu pudern.

Tom erklärt Cathy höflich, dass wir uns nicht gleich für das erste Haus entscheiden wollen und außerdem mit einer anderen Maklerin befreundet sind, der wir uns verpflichtet fühlen. Cathy lächelt ungerührt: «Wenn Sie dieses Haus mieten möchten, werde *ich* Ihre beste Freundin sein!» Sie macht uns noch eindringlich darauf aufmerksam, dass die Häuser in Hillendale weggehen wie warme Semmeln. Wir dürfen uns also nicht so viel Zeit lassen mit unserer Entscheidung.

Am Tag darauf, Sonntagmorgen um neun, klingelt das Telefon. Unsere neue Freundin Cathy löst ihr Versprechen ein und nennt uns einen Frauen- sowie einen Kinderarzt. Dazu noch Tipps zum Einkaufen. Sie bekniet Tom, er möge sich schnell entscheiden, sonst sei das Haus weg. Der übt sich verlegen in Abwehr-Manövern. Cathy lässt nicht locker. Sie will wenigstens noch wissen, wer denn die andere Maklerin sei. Tom ergibt sich schließlich und verrät ihr den Namen. Oh, das sei eine Freundin von ihr, jubelt Cathy und entlässt uns schweren Herzens aus ihren Klauen.

Am Nachmittag treffen wir Terry, unsere Maklerin und Cathys angebliche Freundin. Cathy sei eine Hexe, klärt uns Terry über ihre Sicht der Dinge auf. Sie müsse sehr verzweifelt sein, dass sie uns so hinterherlaufe. Terry glüht immer an allen Enden gleichzeitig. Wir steigen in ihren Mercedes – alle erfolgreichen Maklerinnen scheinen Mercedes zu bevorzugen – und kurven durch die Straßen.

In Georgetown, dem ältesten Stadtteil Washingtons, befindet sich das ARD-Studio. Mit seinen hübsch restaurierten, pastellfarben gestrichenen Backsteinhäusern, die zum großen Teil noch aus dem vorletzten Jahrhundert stammen, hat Georgetown etwas Europäisches. Die Häuser wurden auffallend schmal und hoch gebaut. Der Grund liegt darin, dass in der Kolonialzeit die Grundsteuer nach der Breite der Häuser bemessen wurde. Das attraktive Wohnviertel war einst wohlhabendes Hafenstädtchen. Von hier aus wurde der Tabak aus dem Bundesstaat Maryland verschifft. «Come to Marlborough Country!», lockt die Zigarettenwerbung und zeigt irreführenderweise die raue Landschaft des amerikanischen Südwestens. Dabei liegt das Tabak-Anbaugebiet mit dem berühmten Namen nicht weit entfernt von Washington im äußersten Osten der USA. Man rollte die Tabakballen aus dem Marlborough-Landkreis einfach die Straße hinunter – die Wisconsin Avenue, heute bekannt für ihre Restaurants und Boutiquen – bis in den Hafen am Ufer des Potomac. Heute ist Washington Harbor in Georgetown nur noch ein Vergnügungshafen, wo Einwohner und Touristen bei einem Drink den Blick auf den Fluss genießen.

Während Terry uns in Geschichte und Gegenwart Georgetowns einweiht, greift sie alle zwei, drei Minuten zum Autotelefon. Zum Glück hat sie *call waiting*, kann also Anrufe empfangen, während sie selbst gerade spricht. «Hold on, honey», sagt sie, um das Gespräch auf der einen Leitung zu unterbrechen. «I call you right back, my dear», besänftigt sie dann den weniger wichtigen Gesprächspartner. Ruft mal zwei Minuten lang keiner an und fällt ihr obendrein niemand ein, den sie anrufen könnte, wählt sie nacheinander die Nummern ihrer eigenen Anrufbeantworter zu Hause und im Büro. Während am anderen Ende der Leitung die Nachrichten ihrer Anrufer laufen, macht sie uns darauf aufmerksam, welcher prominente Anwalt, Arzt, Journalist, Künstler oder Politiker in diesem oder jenem Haus wohnt bzw. wohnte: Jacqueline Kennedy und ihre Kinder im Jahr nach der Ermordung John F. Kennedys; der damalige Außenminister Warren Christopher; Teresa Heinz Kerry aus dem Ketchup-Imperium, Ehefrau des späteren Präsidentschaftskandidaten John Kerry; der (verstorbene) Regisseur Charles Guggenheim, die Musikerin Mary Chapin Carpenter und nicht zuletzt Reporter Bob Woodward, der die Hintergründe des Watergate-Skandals aufdeckte.

Tom hatte Terry zwei Jahre vorher kennen gelernt auf der verzweifelten Suche nach einem Interviewpartner für eine Reportage. Er war als Sonderreporter für zwei Wochen zur Verstärkung nach Washington geschickt worden. Das war in den letzten Wochen vor der amerikanischen Präsidentschaftswahl 1992, die den Wechsel zwischen Bush senior und Bill Clinton bringen sollte. Der Chefredakteur erwartete mehrere Geschichten, und Tom stand unter großem Druck, wohl wissend: Wenn das hier gut liefe, hatte er vielleicht in den nächsten Jahren die Chance, Amerika-Korrespondent zu werden.

Eine der Storys sollte zeigen, wie sich ganz Washington schon auf einen Sieg Clintons einstellte. Die Umfragen deuteten darauf hin, und Tom hatte gelesen, dass manche Parteifreunde Clintons schon diskret nach Wohnraum suchten. In diesem Zusammenhang war er auf Terrys Namen gestoßen. Sie war sein Strohhalm. Etwa hundert Telefonate später hatte er sie ausfindig gemacht, und was folgte, war viel mehr als ein Interview: Es war der Beginn einer langen Freundschaft, die sich anbahnte mit einer ungeheuren Hilfsbereitschaft, die Amerikanern angeboren zu sein scheint und uns Deutsche immer wieder überrascht.

«Kommt rüber», hauchte Terry mit ihrer tiefen, leicht erotischen Stimme beim ersten Gespräch ins Telefon. Was Tom nicht durchschaute: Sie wollte das Team erst mal begutachten und sich von der Seriosität überzeugen, bevor sie weiterhalf. Nach bestandener «Prüfung» nahm sie ihn und die Kamera-Crew wie eine Mutter unter ihre Fittiche. Sie führte ihnen Wohnungen vor, die sie schon an die Demokraten vermietet hatte. Sie telefonierte kreuz und quer durch Washington, um weitere Kontakte zu vermitteln. «Ich kenne Teddy gut. Du weißt schon: Teddy Kennedy. Willst du ein Interview mit Teddy Kennedy?» «Nein, eigentlich passt das gar nicht in diese Story.» «Warte einen Moment, ich rufe Teddy an.» Sie war nicht zu stoppen. Wir durften drehen, wie ihre Tochter Christa, frisch aus dem College, sich im Kapitol um ihren ersten Job bemühte. Inzwischen macht Christa Karriere auf der Chefetage von CNN.

Einige Tage vor der Wahl hatte Tom seine Storys im Kasten, der Rest war noch Fleißarbeit, aber der Druck fiel schon von ihm ab. Erleichterung mischte sich mit Melancholie: In einigen Tagen würde er zurück nach Deutschland fliegen, die anderen – die festen Korrespondenten – konnten hier bleiben und in diesem großartigen Land arbeiten. Es war Samstag und Halloween – amerikanischer Mummenschanz. Alle verkleiden sich möglichst Furcht erregend, und die Kinder gehen von Haus zu Haus, ein Täschchen oder Eimerchen in der Hand, um Süßigkeiten einzusammeln. Korrespondenten und Chefredakteur waren zu einem Abendessen beim Studioleiter eingeladen. Als Aushilfsreporter war Tom nicht dabei und wusste nicht, wie er diesen Abend überstehen sollte.

Dann tat er etwas, was auch als peinliche Belästigung hätte aufgefasst werden können. Er rief Terry an. Das war alles andere als selbstverständlich. Sie war einige Tage lang extrem hilfreich gewesen, aber danach hatten beide anderes zu tun. Sie war eine Interviewpartnerin gewesen, eine Quelle für eine Story, mehr eigentlich nicht. «Terry, es ist Halloween, ich bin melancholisch, ich bin allein. Ich möchte dich zum Essen einladen.»

An diesem Abend erfuhr er viel von ihr: Terry ist zwar Maklerin, aber tief innen ist sie politische Aktivistin. Sie ist seit jeher in der Demokratischen Partei, und die Aussicht, wieder einen demokratischen Präsidenten zu haben, elektrisierte sie. Sie ist gut verdrahtet im liberalen Washington, und das hilft auch im Hauptberuf. Zum Abschied schwor Tom: «Wenn ich jemals den Job als Korrespondent bekomme, dann kriegst du den Job, uns eine Wohnung zu suchen.»

Und so kam es dann. Keine knallrote Cathy hätte jemals eine Chance gehabt. Was wir damals noch nicht wussten: Wir taten Terry gar keinen Gefallen damit, es war wieder einmal umgekehrt. Denn Vermietungen – das sind für Terry längst kleine Fische. Sie vermittelt hauptsächlich Immobilien zum Verkauf, das wirft natürlich wesentlich mehr Provision ab. Das hat sie uns erst Jahre später erzählt. Aber sie muss Spaß daran gehabt haben, uns einen Gefallen zu tun. Wir hatten auf jeden Fall Spaß – und am Ende eine Bleibe.

Während wir mit ihr im Schritttempo durch die Straßen fahren, blockiert sie immer wieder reuelos den Verkehr, weil das Erzählen sie ablenkt oder weil sie gerade ein interessantes Objekt entdeckt hat. Wir achten auf die Schilder in den Vorgärten, die darauf hinweisen, dass ein Haus oder eine Wohnung zu vermieten oder zu verkaufen ist. Darunter steht immer die Telefonnummer des Maklerbüros. Inzwischen werden diese galgenartigen Vorrichtungen auch in Deutschland benutzt. Wenn uns etwas von außen gefällt, greift Terry zum Autotelefon, um nähere Informationen einzuholen. Manchmal muss man einen Termin mit dem Makler machen, der das Objekt unter Vertrag hat. Meistens ist das gar nicht nötig. Die meisten Angebote sind *on lock box*. Dann hängt an der Tür oder am Treppengeländer ein kleines metallenes Kästchen mit dem Hausschlüssel. Die *lock box* lässt sich öffnen durch einen Zahlen-Code, den jedes Maklerbüro kennt und der regelmäßig geändert wird, um Missbrauch auszuschließen.

Keine Maklerin (es sind überwiegend Frauen) kann die Vermittlung eines bestimmten Hauses dauerhaft für sich allein beanspruchen. Nach einigen Tagen kommen alle Immobilien auf den allgemeinen Markt. Dann hat sie jedes Maklerbüro im Computer. Vermittelt Terry uns eine Wohnung, die in der Obhut einer anderen Maklerin ist, so teilen sich beide die Provision. Resultat: Alle strengen sich an, während der Alleinvertretungszeit eine Vermietung oder einen Verkauf einzufädeln, um die Provision allein zu kassieren. Danach ist es ein offenes Spiel. Die angenehme Folge: Ein Mieter muss nicht bei unzähligen Maklern anklopfen, um einen Überblick über das Angebot zu bekommen. 90 Prozent der Objekte sind allen bekannt. Konkurrenz – das amerikanische Urprinzip in Aktion. Noch eine Besonderheit: Die Provision zahlt in Amerika nicht etwa der Mieter oder der Käufer, sondern der Eigentümer. Schließlich arbeitet eine Maklerin in dessen Interesse, sie will einen möglichst hohen Preis erzielen.

Für Wohnungssuchende ein äußerst praktisches System im ansonsten eher Eigentümer-freundlichen Amerika. Allerdings kann sich die *lock box* für den Mieter zu einem Albtraum entwickeln, nämlich dann, wenn sie angebracht wird, bevor er ausgezogen ist. Drei Monate vor Beendigung des Mietverhältnisses, so verlangen heute viele Standardverträge, soll der Mieter das Schlüsselkästchen vor der Haustür erlauben und damit Zugang ermöglichen, ob er selbst nun anwesend ist oder nicht. Haustiere, die Makler und Interessenten stören könnten, sind für diese Zeit zu entfernen oder einzusperren.

Als wir 2002 zum zweiten Mal nach Washington ziehen, hat eine Spekulationsblase den Wohnraum in der amerikanischen Hauptstadt so knapp gemacht wie in vielen europäischen Großstädten. Aber bei der ersten Ankunft Mitte der 1990er Jahre hat der Immobilienmarkt noch einiges zu bieten, und schon nach wenigen Tagen haben wir ein Haus in Georgetown gefunden.

Terry reicht uns nun weiter an den Hausverwalter, Arthur, einen um die 80 Jahre alten, nicht allzu freundlichen Herrn mit knarrender Stimme. Wie die Mehrheit der amerikanischen Senioren geht auch er noch nach der Pensionierung einer Tätigkeit nach. «Dies ist meine zweite Berufslaufbahn», stellt er sich vor. Drei Tage lang streiten wir mit ihm über die Farbe des neuen Teppichbodens. Arthur mag kein Grün. Sabine gibt nicht auf, und am Ende resigniert er. «The Germans are tough!» – «Die Deutschen sind zäh!», resümiert Arthur seine Erfahrungen mit deutschen Mietern. Trotzdem ist er ganz zufrieden mit uns, denn wir Deutsche gelten auch als ordentlich. Mögen andere sich mokieren, dass wir so penibel sind, die Hausverwalter in Washington lieben deutsche Mieter, weil sie die Häuser meist in gepflegtem Zustand hinterlassen.

Hatte es nur wenige Tage gedauert, ein Haus zu finden, so dauert es nun zwei Wochen, bis wir unterschreiben können. Denn unkompliziert und informell ist Amerika nicht in jeder Hinsicht: Geschäftsbeziehungen, Rechte und Pflichten – all das wird in langen Vertragswerken kodifiziert. Wir müssen unterschreiben, dass wir 200 Dollar Strafe zahlen, sollten wir mit der Mietzahlung in Verzug geraten. Keine Haustiere, keine Untervermietung, keine illegale oder unmoralische Nutzung des Wohnraums. Wir unterschreiben auch, uns immer so zu benehmen, dass wir unseres Nachbarn «friedliche Freude an seinem Eigentum nicht stören». «Die Büsche im Garten hinterlassen Sie beim Auszug genauso adrett beschnitten, wie sie jetzt aussehen», ermahnt Arthur bei der Begehung und macht eine Notiz im Protokoll.

Nach vier Wochen kommt das Schiff mit unserem Möbelcontainer in Baltimore an und passiert ein paar Tage später den Zoll. Wir können einziehen. Ende April – bei 30 Grad Celsius im Schatten. Ob es im Hochsommer noch heißer wird? «Klar», sagen die Nachbarn. «Aber hier haben doch alle eine Klimaanlage.» Willkommen in Amerika.

Das Auto lebt

Wahre Liebe, ganz ohne Bedenken

«Autos sind Mädchen», ließ der amerikanische Horror-Autor Stephen King 1983 eine seiner Romanfiguren sagen. Folgerichtig gibt der junge Mann seinem liebevoll wiederhergestellten rot-weißen 1958er Plymouth einen Mädchennamen: Christine. Christine macht sich schnell selbständig. Zu Rock-'n'-Roll-Musik aus dem Autoradio rast sie fahrerlos durch die Gegend und bringt Leute um. Eine *Femme fatale* aus Blech und Chrom. Ganz am Ende liegt sie, besiegt und abgemeldet, auf dem Schrottplatz. Da springt auf einmal das Autoradio an. Christine ist nicht kleinzukriegen.

Autos leben. Dieses Grundgefühl ist Teil der amerikanischen Populärkultur. In unzähligen Romanen und Songs wird das Auto beschrieben und besungen wie ein mystisches Wesen. Europäer sind meist fassungslos, wie sehr Amerikanern ihre Mobilität am Herzen liegt, egal, wie sehr das die Umwelt belastet, egal, wie viel günstiger ein gutes öffentliches Verkehrsnetz wäre. Es geht eben um mehr als um Fortbewegung. Diese Liebesaffäre beginnt nicht erst im Erwachsenenalter, sondern viel früher.

«Wir müssen noch am Grab meiner Großmutter vorbei», teilt Gastbruder John während Toms Schüleraustauschzeit in Wisconsin mit. Nach dem sonntäglichen Kirchgang schwingt er sich hinters Steuer. John ist 16 Jahre alt. Eigentlich ist der Friedhof nicht weit von der Kirche entfernt; sie hätten zu Fuß gehen können. Aber Tom hatte schon in den ersten Tagen bemerkt, dass man überall hin*fährt*, und ist deshalb nicht überrascht. Allerdings erwartet er, dass John das Auto vor dem Friedhof parken und dass sie beide aussteigen würden, um die letzten Meter zum Grab zu gehen. Aber John fährt geradewegs durch das Eingangstor, und Tom bemerkt, dass die Wege zwischen den Kreuzen asphaltiert sind. Er sieht noch ein anderes Auto, und es dämmert ihm: Das machen hier alle so! Am Grab angekommen, verlangsamt John die Geschwindigkeit, bekreuzigt sich im Vorbeirollen und tritt gleich wieder aufs Gas. Das also hatte er gemeint, als er sagte: «Wir müssen am Grab *vorbei.*» Nachdem sie der guten Oma so ihren motorisierten Respekt bezeugt haben, bleibt John völlig ungerührt. Er ahnt nicht, dass Tom gerade seinen ersten Kulturschock verdaut.

Von Sherwood, dem Dorf, wo Tom wohnt, bis zur High School sind es rund 20 Kilometer. Nie sieht er einen Linienbus oder irgendein anderes öffentliches Transportmittel auf der Strecke. Einige Jungs, die ein Auto haben, sammeln jeden Morgen ihre Mitschüler ohne fahrbaren Untersatz ein und nehmen sie mit zur Schule, nachmittags geht es zusammen zurück. Wie alle Eltern sind auch Amerikaner besorgt, wenn ihre Sprösslinge die Fahrprüfung machen. Aber es überwiegt doch die Erleichterung. Denn nicht nur auf dem Land, selbst in fast allen größeren Städten müssen die Kinder zu ihren Aktivitäten in der Gegend herumgefahren werden – zu allen Verabredungen mit Freunden, Sportveranstaltungen oder sonstigen Hobbys. Im Nebenberuf sind die Eltern jahrelang Chauffeur. Kein Wunder, dass sie den Nachwuchs recht gerne in die automobile Unabhängigkeit entlassen.

In der Regel beginnt der amerikanische Teenager seine Fahrübungen mit 15. Er erhält ein *Learner's Permit*, das heißt, er darf hinters Steuer, aber nur, wenn Papa oder Mama quasi als Privatfahrlehrer daneben sitzen. Die Fahrprüfung und den ersten – inzwischen oft eingeschränkten – Führerschein gibt es mit 16. An vielen Schulen kann man Fahrunterricht als zusätzliches

Unterrichtsfach nehmen. Teure Fahrschulen, wie in Deutschland, würden Amerikaner als Zwangsmonopol und Geldschneiderei ansehen. Allerdings verlangt die Straßenverkehrsbehörde auch viel weniger Fertigkeiten von den Prüflingen: Einmal links um die Ecke, einmal rechts um die Ecke, Blinker richtig bedienen, anfahren, stoppen, hier und da noch parallel einparken – schon ist die praktische Prüfung bestanden. Die theoretische Prüfung ist auch keine unüberwindbare Hürde. Das stellten wir gemeinsam in Washington fest.

Die größte Herausforderung besteht in der Geduld, die man aufbringen muss. Die Atmosphäre in Amtsstuben ist offenbar überall auf der Welt ähnlich.

Zwei Stunden stehen wir im Straßenverkehrsamt Washingtons in einer sich träge bewegenden Schlange, bis schließlich eine ausgesucht unfreundliche Dame die notwendigen Formalitäten erledigt und uns an zwei Computer verweist. Nach Vorlage unseres deutschen Führerscheins wird eine praktische Prüfung nicht gefordert, wir müssen nur einen theoretischen Multiple-Choice-Test machen.

«Hallo, Sabine Stamer, hallo, Tom Buhrow», begrüßen uns die Computer. Wir haben 30 Minuten Zeit für 20 Fragen. Schon mit Sabines zweiter Antwort ist der Computer unzufrieden: «Tut mir Leid, die Antwort war falsch!» Aber am Ende gratuliert er dann doch zur bestandenen Prüfung, leitet das Ergebnis automatisch weiter zur nächsten muffeligen Person, die uns einen Sehtest absolvieren lässt und noch unfreundlicher wird, als Tom erfolglos versucht, seine Kurzsichtigkeit zu verheimlichen. Im nächsten Raum werden wir zum Lächeln aufgefordert, dann endlich halten wir unsere amerikanischen Führerscheine mit eingeschweißtem Foto in der Hand.

Das kleine Stückchen Plastik ist viel mehr als eine Fahrerlaubnis: Will man in eine Kneipe und sieht etwas jung aus, fordert der Türsteher den Altersbeweis in Form des Führerscheins. Stellt man im Supermarkt einen Scheck aus, verlangt ihn die Kassiererin. Nach den Terroranschlägen des 11. September haben die USA zwar etliche Sicherheitsmaßnahmen eingeführt, die früher undenkbar waren, aber einen Personalausweis gibt es immer noch nicht. Es gab zwar eine kurze und heftige Diskussion darüber, aber sie machte zweierlei deutlich: Die Einzelstaaten bestehen auf ihrer Eigenständigkeit und wollen sich diesem Zentralismus nicht unterwerfen. Und die Bürger empfinden einen einheitlichen Personalausweis als Ausdruck eines Obrigkeitsstaates. Praktisch spielen diese Bedenken eigentlich keine große Rolle. Bundesweit ist die Sozialversicherungsnummer, die jeder Amerikaner hat, die entscheidende Zahlenkombination, mit der notfalls alle Transaktionen nachvollzogen werden können. Und der Führerschein fungiert im Alltag als Ersatzausweis, er gilt grenzenlos, auch wenn er von jedem Staat souverän ausgestellt wird und deshalb unterschiedlich aussieht. Er dient der Identifizierung, in Amerika abgekürzt ID. Selbst in Amerika gibt es ein paar wenige Menschen, die nicht Auto fahren. Die dürfen sich beim Kraftfahrzeugamt ein Nicht-Fahrer-ID ausstellen lassen.

«Can I see your ID?», bedeutet im Alltag: «Kann ich Ihren Führerschein sehen?» Deutsche Neuankömmlinge zücken manchmal ihren richtigen Ausweis, den Reisepass etwa. Schließlich ist das doch ein ganz offizielles Dokument, mit dem Adler der Bundesrepublik versehen. Aber eine amerikanische Verkäuferin kann mit ausländischen Pässen nichts anfangen. Nein, es muss der Führerschein eines US-Staates sein, sonst nimmt sie den Scheck nicht an. «Kann bitte ein Manager zu Kasse 4 kommen», holt sie dann per Lautsprecher Hilfe. Es kann dauern, bis ein Manager nach dem anderen den deutschen Reisepass begutachtet und endlich entschieden hat, dass dieses Dokument nicht glaubwürdig genug die Identität des Kunden beweist.

Nun bedeutet die *driver's license* allein noch keine Mobilität. Dafür braucht es den fahrbaren Untersatz. Autokauf ist die amerikanische Transaktion schlechthin. Alle naselang gibt es Sonderaktionen der Händler mit Rabatten: *Labour Day Sale, End of the Year Sale, Summer Sale* – kaum eine Jahreszeit, kaum ein Feiertag ohne Sonderangebote. Dass Amerikaner Autos lieben, ist bekannt; sie lieben aber vor allem neue Autos. Kaum jemand bezahlt das Auto direkt; ein Händler ohne Finanzierungsangebote hätte keine Chance. In den Anzeigenblättern der Zeitungen sind manchmal nur die monatlichen Raten erwähnt. «Honda Accord, 4-türig – nur $ 199» steht dann etwa neben dem Foto eines Prachtexemplars. Vom richtigen Kaufpreis keine Spur.

Da sich in Deutschland hartnäckig das Gerücht hält, Gebrauchtwagen seien in den Vereinigten Staaten gut und billig zu kaufen, hat sich Tom in den Kopf gesetzt, nicht mehr als 3000 bis 4000 Dollar zu investieren. Wir fahren durch einige Gewerbegebiete in Virginia und Maryland, im unmittelbaren Umfeld der Stadt. Kilometerlang reiht sich hier entlang vier- bis sechsspuriger Straßen ein Einkaufszentrum ans andere mit Geschäften aller Art, Imbissen und Restaurants, dazwischen unzählige Autohändler, die mit bunten Wimpeln, Ballons und glitzernden Reklameschildern auf sich aufmerksam machen.

Wir halten zuerst bei einem relativ kleinen Geschäft. Der Verkäufer ist mittleren Alters und stammt aus dem Mittleren Westen. Er hat Cowboystiefel und einen Anzug aus Polyester an. Mit Auftritt und Rede betont er, dass er aus der Provinz kommt. Dort gehe es noch weitgehend ehrlich zu, seufzt er, hier sollten wir uns in Acht nehmen vor gerissenen Geschäftemachern, gerade in der Autobranche. Er selbst komme immer nur während der Sommersaison nach Washington, um Geld für die Universitätsausbildung seines Sohnes zu verdienen. Charles ist sein Name, er wirkt sehr vertrauenswürdig. Wir gestehen ihm, dass wir keine Ahnung haben, wie der amerikanische Automarkt aussieht, und dementsprechend nicht genau wissen, was wir wollen. Charles lenkt unsere Aufmerksamkeit auf einen weißen Chrysler, versteht aber, dass wir uns nicht sofort entscheiden können, und wünscht uns Glück. Wir streiten uns später, ob seine Ehrlichkeit echt war oder eine besondere Verkaufsmasche.

Der nächste Verkäufer gibt in dieser Beziehung keine Rätsel auf. Anfang dreißig, pomadige Haare, dunkle Sonnenbrille. Er bleckt die Zähne zu einem breiten Grinsen. «Ich habe ein supertolles Auto für Sie!» Der schwarze Buick, Baujahr 1989, für 5998 Dollar, sei einfach «wonderful, wonderful, wonderful». Genauere Informationen habe er leider gerade nicht präsent. Nur eins sei klar: Der Wagen würde noch heute weggehen, wir müssten schnell zugreifen.

Wir fahren von Händler zu Händler auf der Suche nach dem perfekten Deal. Doch anders als erwartet ist das Gebrauchtwagenangebot nicht sehr reizvoll. Exemplare, die einen etwas vertrauenswürdigen Eindruck machen, kosten um die 7000 Dollar. Für etwas mehr bekommt man schon neue Kleinwagen aus Japan oder Korea. Wir probieren es schließlich bei einem der marktführenden großen Geschäfte.

Fast ein Dutzend cooler junger Männer bewegt sich im Schauraum wie Haie im Karpfenteich. Wortlos, kaum merkbar verständigen sie sich, wessen Beute wir werden. Einer in blank geputzten schwarzen Schuhen wippt auf uns zu, sein blütenweißes Hemd zieren breite, rot gemusterte Hosenträger: «My name is Sam.» Wir erwarten, dass Sam uns zu den glänzenden Autos steuert und die verschiedenen Modelle vorführt, aber Sam hat eine andere Masche: Er bittet uns zunächst an seinen Schreibtisch, blickt uns über den Rand seiner *Ray-Ban*-Sonnenbrille hinweg tief in die Augen und sagt: «Ich weiß, was die anderen euch über ihre Preise erzählen. Das ist nicht ehrlich. Am Ende zahlt ihr doch mehr, als man euch vorgerechnet hat.» Sam malt unverständliche Zahlen und Kringel auf ein Blatt Papier. «Ich mache das anders. Ich sage euch gleich, was am Ende wirklich dabei herauskommt!» Auf dem Papier erscheint eine Acht mit drei Nullen. Erst etliche Verkaufsgespräche später dämmert uns, was es mit dieser Vorstellung auf sich hatte: Sam wollte sich absetzen von den anderen Verkäufern.

Normalerweise blüht Kunden nach der grundsätzlichen Entscheidung für ein Modell ein gestaffelter Verhandlungsprozess um den Preis. Es ist eine Art Spießrutenlauf auf die sanfte Tour. Der Verkäufer läuft ständig raus zum Vorgesetzten, kommt mit irgendwelchen Angeboten zurück, dann kommt der Vorgesetzte selbst, dann dessen Vorgesetzter und danach noch viele andere. Man verliert den Überblick, während verschiedene Ausstattungen des Autos, Zuschläge und Abschläge auf den Preis durchgerechnet, angeboten oder abgelehnt werden. Derweil vergehen Stunden, und der Kunde ist am Ende zermürbt.

«Die Leute hassen diesen Ablauf», sagt Sam überzeugt. Seine Technik: den Ablauf umdrehen. Erst zum Schreibtisch, dann zum Auto. Scheinbar ehrlich jeden finanziellen Spielraum des Händlers auf den Tisch legen, grundsätzliche Einigung über den Preis erzielen und dann erst die unwichtige Nebensache der Modellauswahl betreiben. Für kauferprobte Amerikaner hat Sams Masche sicher einen überraschenden Charme, aber wir sind verwirrt. Sam ebenso, als er merkt, dass wir seine Abkürzung durch den Verhandlungsmarathon gar nicht zu würdigen wissen. Wir wollen Autos sehen. Nach seiner langen theoretischen Einführung führt er uns endlich nach draußen zu den praktischen Modellen, wo er – mit Hilfe einer Teleskopstange – die Ausmaße und Extras diverser Wagentypen erklärt. Wir entscheiden uns für einen japanischen Neuwagen, einen viertürigen kleinen Nissan, doch den Vertrag wollen wir zu Sams Bedauern heute noch nicht unterschreiben. Er entlässt uns cool bleibend und gefasst, natürlich nicht, ohne uns seine Visitenkarte in die Hand zu drücken.

Am nächsten Tag fachsimpelt Tom mit zwei jungen Vätern. Deren Urteil: «Du glaubst gar nicht, wie viel Kram du mit einem

Baby unterbringen musst.» Danach steht fest: Wir kaufen auf keinen Fall den kleinen Nissan, sondern einen Kombi. Und alles fängt von vorne an.

Bevor wir uns erneut auf den Weg machen, studieren wir Annoncen und telefonieren. «Das ist entschieden zu teuer!», versucht Sabine einen besonders hartnäckigen Verkäufer loszuwerden, doch der gibt nicht auf und flüstert in die Muschel: «Vielleicht kann ich ja die Preisschilder vertauschen.» Solche Erlebnisse bestätigen die schlimmsten Gerüchte, die uns über die Autobranche zu Ohren gekommen sind. Alle warnen uns vor bösen Tricks. In der amerikanischen Wertschätzungsskala konkurrieren Autoverkäufer und Rechtsanwälte um die letzten Plätze.

Endlich entscheiden wir uns für einen günstigen Ford-Kombi. Als wir uns entschließen, den Vertrag zu unterschreiben, sind wir uns nahezu sicher, nun übers Ohr gehauen zu werden. «Passt auf, die Schlitzohren schicken euch von einem zum anderen, und jeder bietet euch einen anderen Zusatzdeal an. Am Ende zahlt ihr viel mehr, als ihr ursprünglich wolltet.» Tatsächlich werden wir von einem Zimmer ins andere geschickt, fünf verschiedene Damen und Herren tippen geheimnisvolle Dinge über uns und unser neues Auto in ihre Computer, wir unterschreiben unzählige Formulare, die wir alle sorgfältigst studieren – in paranoider Angst vor dem großen Coup, auf den wir gleich hereinfallen. Man bietet uns erweiterte Garantien, die neueste Sitzimprägnierung und ein ganz spezielles Hochglanzwachs an, aber wir lehnen alles tapfer und entschieden ab. Am Ende haben wir den Eindruck, einen guten Deal gemacht zu haben, wagen nach all den Warnungen aber kaum noch, diesem Gefühl zu trauen.

Einmal voll tanken für zwölf Dollar – das war 1994 – und auf geht's. Was wir beim Tanken sparen, geben wir für Strafzettel wieder aus. Bußgelder werden dringend gebraucht, um die leeren Kassen der amerikanischen Hauptstadt aufzufüllen, also arbeiten die Politessen fix und streng. Die Schilder sind, so scheint es, absichtlich missverständlich formuliert. Da werfen wir Geld in eine Parkuhr und haben zehn Minuten später ein Knöllchen unter dem Scheibenwischer stecken: 50 Dollar Bußgeld. Auch ein Abschleppwagen ist schon unterwegs. Wir sind fassungslos. «2 Stunden Parken von 7–16 Uhr montags bis freitags» steht auf dem Schild. Das heißt beileibe nicht, dass nach 16 Uhr das Parken frei ist, sondern dass man an dieser Parkuhr nach 16 Uhr überhaupt nicht mehr parken darf. Zu Stoßzeiten wird jede Spur für den Verkehr gebraucht. Wer seine Strafzettel nicht zahlt, der findet sein Auto unter Umständen mit einer orangefarbenen Kralle am Vorderrad vor.

Unzählige Male verfahren wir uns auf den verwobenen Highways. Verkehrsschilder wirken oft wie klein geschriebene Bedienungsanweisungen – im Vorbeifahren kaum zu entziffern: «Restricted lanes. HOV 3 only Monday through Friday 3.30–6.00 pm», liest Sabine schließlich, als sie zum vierten Mal am gleichen Schild vorbeifährt. Später findet sie heraus, dass HOV «High Occupancy Vehicles Only» heißt, und HOV 3 bedeutet: Mindestens drei Leute müssen im Auto sitzen, um die Mittelstreifen des Highways zu benutzen. Aber nur werktags von 15.30 bis 18 Uhr. Morgens ist es genau umgekehrt, da kommt einem auf dieser Spur der Verkehr entgegengebraust. Manche Straßen werden zu Stoßzeiten komplett in Einbahnstraßen umgewandelt. Morgens in die eine, abends in die andere Richtung. Mit den *High-Occupancy*-Fahrspuren wollen die Behörden zu Fahrgemeinschaften ermutigen, denn die Ballungsgebiete drohen im Verkehr zu ersticken.

Einsame Landstraßen, auf denen man stundenlang fährt, ohne einem anderen Auto zu begegnen, gibt es – außer in Kinofilmen und der Werbung – nur im wenig besiedelten Westen, vor allem in den Wüstenstaaten. An den dicht besiedelten Küsten kann man davon nur träumen. *Gridlock*, wie der Dauerstau genannt wird, ist ein echtes Problem geworden. Die Stadt Washington etwa hat zwar streng genommen nur rund 600 000 Einwohner, aber der Großraum Washington umfasst mehrere Landkreise der angrenzenden Staaten Maryland und Virginia. Immer weiter fressen sich die Wohngebiete in die Provinz hinein. *Urban sprawl* nennt man das hier. Inzwischen entstehen schon neue Siedlungen in Pennsylvania. Pendler fahren von dort über zwei Staatsgrenzen hinweg zur Arbeit. Natürlich mit dem Auto, denn Alternativen gibt es so gut wie gar nicht.

Solche Zersiedelung schafft nicht nur am Rande von Ballungsgebieten Probleme, sondern auch auf dem platten Land. In Montana und Wyoming zum Beispiel kämpfen Rancher und die Bewohner kleiner Dörfer gegen den Ansturm von Neubürgern. Anfangs waren es nur einige reiche Schauspieler aus Hollywood, die ihre Kinder dort großziehen wollten, wo Luft und Wasser noch sauber sind. Während des Aktienbooms der 1990er Jahre kamen dann auch viele Neureiche dazu. Manche teilen ihr Leben zwischen Großstadt an der Küste und der Provinz, manche arbeiten ohnehin mit dem Computer und müssen nicht täglich in ein Büro. Nur eins haben alle gemeinsam: Sie haben nie vor, das Land, das sie kaufen, zu bearbeiten. Sie wollen wie auf einer Ranch wohnen, aber nicht wirklich Rancher sein. Die Folge: Die großen Weiten im Westen werden unterteilt in Parzellen. Sie sind so groß, dass man darauf ein paar Pferde halten kann, aber sie sind kleiner als eine richtige Ranch.

Ranchette nennen Makler und Bauunternehmer dieses Phänomen. Die Städter wollen dahin, wo das Leben angeblich noch in Ordnung ist, und bringen dabei manches in Unordnung. Finanzielle Engpässe nach Scheidungen, Drogenprobleme der Kinder – die negativen Erscheinungsformen der Metropolen halten Einzug in der Provinz. Nach ein paar Jahren wird der Besitz zu mühsam, die Instandhaltung wird vernachlässigt, dann gammeln schnell die ersten Autowracks neben dem Haus vor sich hin. Alteingesessene klagen mancherorts über die Entstehung von ländlichen Slums. Auch ohne solche Auswüchse hat die Zersiedelung ihren Preis: Natürlich gibt es mehrere Autos pro Haushalt. Inzwischen lernen auch solche Gegenden die Bedeutung des Wortes *gridlock*. Jeder fährt am liebsten allein im eigenen Auto von Tür zu Tür, zumal das Nahverkehrssystem in den Vororten äußerst dürftig ist. Wie kommt man von der Endstation zum eigenen Heim?

Selbst wenn es ausnahmsweise einen erreichbaren Bus geben sollte, tauchen neue Probleme auf. Es gibt keine Bürgersteige. In vielen Vororten ist inzwischen der Kampf um Fußwege entbrannt, meist ausgehend von Eltern, die um die Sicherheit ihrer Kinder fürchten. Doch wohin nun mit dem nicht eingeplanten Betonstreifen? Eine zweispurige Straße verengen? Das gibt Verkehrschaos. Den Anwohnern die Vorgärten beschneiden? Zu schade um die schönen Blumenrabatten. Wer ganz selbstverständlich mit Fußwegen aufgewachsen ist, der kann sich nicht vorstellen, wie viele Gründe dagegen sprechen. Noch immer werden neue Siedlungen ohne Gehwege geplant und gebaut. Dafür haben die Häuser mindestens zwei, nicht selten sogar drei Garagen. Wen wundert es, wenn da selbst die kurze Strecke zum Einkaufszentrum oder zur Schule mit dem Auto zurückgelegt wird? Fußwege über 200 Meter gelten in Amerika gemeinhin als Wanderungen.

An vielen Stränden kann man mit dem Auto direkt bis zum Wasser fahren und dann auf der Ladeklappe sein Handtuch ausbreiten. Selten muss man die Kühltasche zum Picknicktisch länger als 20 Meter schleppen, der Parkplatz ist dicht dabei. Man braucht auch nicht etwa aus dem Auto auszusteigen, um bei der Bank Geld zu ziehen. Am *Drive-through*-Schalter lassen sich fast alle Finanzgeschäfte erledigen. Und selbstverständlich wird auch der Hamburger oder der Kaffee bequem durchs Autofenster gereicht.

In Las Vegas gibt es sogar *drive-thru-* oder *drive-up*-Hochzeiten, entstanden aus einem fürsorglichen Gedanken. Nachdem eine Hochzeitsunternehmerin 1991 bemerkt hatte, welche

Schwierigkeiten ein behindertes Paar hatte, aus dem Auto heraus- und in die Kapelle hineinzukommen, richtete sie ein Fenster ein, an dem die Verliebten nur noch vorbeifahren müssen, um sich trauen zu lassen. Die Idee stieß schnell auf Begeisterung. In Limousinen, Oldtimern, Cabrios oder auf dem Motorrad defilieren Braut und Bräutigam vorbei, um sich das Ja-Wort zu geben. Ein paar Minuten aussteigen für einen Fototermin, das ist oft noch drin, zwei Songs von einem Elvis-Imitator – schon ist man einige hundert Dollar los und fürs Leben aneinander gebunden. Das einfache Fensterchen hat inzwischen einen Vorbau bekommen: den *Tunnel of Love* mit herzigen Cherubinen und himmelblauer Decke.

Die Faszination des Autos ist nicht mit Faulheit zu erklären – sie hat viel tiefere Wurzeln. Wenn Teenager ihre ersten Fahrten mit Papas Auto machen, ist dies nicht nur einschneidend für die Eltern – es ist auch prägend für den pubertierenden Nachwuchs. Als Tom und sein Gastbruder John mit 16 durch die Weiten Wisconsins brausten, ging es nicht nur darum, von A nach B zu kommen.

Hier ist zur Erläuterung ein kleiner kultureller Abstecher nötig. Teenager haben in Amerika zwar Zugang zu vielen Errungenschaften der westlichen Welt, die ihren Altersgenossen anderswo nicht zur Verfügung stehen. Aber der jugendlichen Experimentierlust sind Grenzen gesetzt. Der Besuch von Kneipen oder Discos, zum Teil sogar Restaurants, also den meisten Einrichtungen, in denen Alkohol ausgeschenkt wird, ist Minderjährigen verwehrt. Und minderjährig ist man in praktisch allen Bundesstaaten bis zum 21. Geburtstag. Bis dahin ist jeglicher Genuss von Alkohol illegal, auch wenn die eigenen Eltern nichts dagegen haben. Kein halbes Glas Wein zur Konfirmation, kein Glas Sekt zum 18. Geburtstag. Das strikte Verbot kann bisweilen bizarre Formen annehmen.

Als wir von einem Urlaub innerhalb der USA nach Washington zurückfliegen, macht der Pilot eine Durchsage: «Achtung, Achtung, in Reihe 23 sitzt ein Liebespaar. Nancy und Paul. Nancy, Ihr Freund Paul hat mich gebeten, Sie zu fragen, ob Sie ihn heiraten wollen.» Alle Passagiere verdrehen die Hälse und schauen, was sich in Reihe 23 tut. Ein sehr junges Pärchen liegt sich in den Armen. Die Frau hat vor Rührung Tränen in den Augen. «Falls es Sie interessiert, sie hat JA gesagt», klärt der Pilot die Passagiere wenig später auf. Alle klatschen begeistert – Amerika von seiner spontanen und warmherzigen Seite. Dann kündigt der Pilot an, man werde den beiden Glücklichen einen Sekt spendieren. Kurz darauf erneut ein Knacken im Lautsprecher – und die Korrektur: «Wir haben gerade gesehen, dass die beiden erst 20 sind. Wir geben ihnen statt des Sektes Apfelsaft zum Anstoßen.»

Für Victor Palencia war das Verhältnis zum Alkohol bis vor kurzem noch absurder: Victor arbeitet als Kellermeister eines Weinerzeugers, der *Willow Crest Winery*, im Bundesstaat Washington. Er hat Verantwortung für alle Aspekte der Weine seines Arbeitgebers, nur selbst trinken durfte er ihn nicht. Victor ist eines von acht Kindern einer mexikanischen Familie, die irgendwann in dieses Tal an der Westküste kam. Sein Vater wurde Vorarbeiter bei der *Willow Crest Winery*, Victor packte mit an, seit er 13 war. Was folgt, ist eine amerikanische Geschichte – im Guten wie im Unverständlichen: Der Besitzer entdeckt Fleiß und Talent in dem Jungen seines Arbeiters; er fördert ihn. Victor bekommt ein Stipendium und wird zwei Jahre lang am Institut für Önologie ausgebildet. Aber während die anderen Schüler dort die Weine schmecken, darf er sie nur riechen. Zurück bei *Willow Crest Winery*, entscheidet er bald über Weine, die er selbst nie getrunken hat. Geschmeckt habe er sie schon, sagt er kurz vor seinem 21. Geburtstag, aber nicht runtergeschluckt. «Ich spucke halt alles sofort wieder aus.»

Nicht viele Minderjährige halten die Gesetze so zuverlässig ein wie Victor Palencia. Aber selbst wenn sich Wein oder Bier für rebellische Teenager noch irgendwie besorgen lassen – Kneipen und Discos sind ihnen verschlossen. Am Eingang sitzt ein Türsteher, der sich die Führerscheine der Gäste ansieht und jeden unter 21 abweist. Schülerausweise werden vielerorts auch akzeptiert. Und man glaubt gar nicht, wie viele Schüler und Studenten Freitagabend ganz plötzlich ein paar Jahre älter werden. In Washington ist es offensichtlich nicht besonders schwierig, an gefälschte Schülerausweise heranzukommen.

Aber das funktioniert nicht überall. Auch deshalb sind die großen Einkaufszentren am Stadtrand zu beliebten Treffs für Jugendliche geworden. Ein typisches Wochenende sieht häufig so aus: Samstagabend trifft man sich, je nach Jahreszeit, beim Basketball- oder Footballspiel der Schulmannschaft. Manchmal veranstaltet die Schule in der Turnhalle, der *Gym* («dschimm» gesprochen), einen Tanzabend, bei dem Coca-Cola und Säfte ausgeschenkt werden und Erwachsene Aufsicht schieben. Aber der wahre Abend beginnt für viele Jugendliche erst danach – und zwar im Auto. Ältere Geschwister besorgen Bier, und mancher Wagen verwandelt sich in eine Disco auf Rädern. Die Plätze, die Tom und seine Freunde angesteuert haben, waren sogar durchnummeriert. «Hey, habe ich dich am Samstag nicht auf *Spot 14* gesehen?», begrüßten sich die Klassenkameraden dann Montagmorgen in der Schule.

Natürlich bleiben der Polizei die Party-Parkplätze nicht lange verborgen. Tom und seine Klassenkameraden entwickelten zur Vorsicht die Angewohnheit, bei jedem sich nahenden Scheinwerferpaar erst mal alle alkoholischen Getränke aus dem Fenster zu werfen und zu warten, ob Freund oder Feind heranrollte. Einmal hatten sie eine riesige Party auf einem Feld organisiert, mit Bierfässern und lauter Musik. Die Polizei nahm sie hoch. Tom und ein Freund gingen stiften in den nahen Wald. Aber das Auto stand noch auf dem Feld. Es gehörte natürlich nicht dem Freund, sondern dessen Vater, der von der Party keine Ahnung hatte. Eine Stunde später warnte die Polizei über Megaphon: «An die Besitzer des blauen Ford: Das ist eure letzte Chance, sonst schleppen wir den Wagen ab!» Tom und sein Kumpel gaben auf. Die Polizei verständigte den Vater des Freundes, der die beiden abholen musste. Es wurde die kleinlauteste Heimfahrt der Austauschzeit: «Ja, Sir!», «Nein, Sir!», «Es tut mir Leid, Sir!», waren die einzigen Worte, die vom Rücksitz aus gewagt wurden.

Verständlich, dass Eltern ob solcher Perspektiven nur mit sehr gemischten Gefühlen die Autoschlüssel rausrücken. Autounfälle sind die Todesursache Nummer eins unter amerikanischen Teenagern. Statistiken zeigen, dass 16-jährige Fahrer wesentlich häufiger in Unfälle verwickelt sind als 18-jährige. Einige Bundesstaaten erteilen deshalb die uneingeschränkte Fahrerlaubnis erst an Achtzehnjährige. Vorher gibt es Auflagen, zum Beispiel nicht nachts zu fahren oder keine minderjährigen Beifahrer, die nicht zur Familie gehören, mitzunehmen. Manche Eltern greifen zur modernen Technik, um das Fahrverhalten ihrer Sprösslinge zu kontrollieren. Sie verfolgen ihre Wege über GPS, das mit dem Handy des Nachwuchses verbunden ist. Es gibt auch kleine *black boxes*, abgeguckt vom Lkw-Verkehr, die Informationen über Geschwindigkeiten und Bremsvorgänge in den heimischen Computer einspeisen. Wem das zu aufwendig oder zu teuer ist, der kann das Teen-Auto mit einem Aufkleber versehen: *Tell-my-mom.com*. Die Organisation nimmt Beschwerden von Fahrern auf und leitet sie per Telefon oder E-Mail an die Eltern weiter.

Auch in anderer Hinsicht ist Amerika für Teenager ein Land der beschränkten Möglichkeiten: Das gilt zum Beispiel für das Verhältnis der Geschlechter. Das Zimmer eines Schülers ist zum Schlafen und Hausaufgaben-Machen da. Was Besuch angeht, dürfen sich Angehörige des gleichen Geschlechts dort versammeln. Wenn John eine Freundin mitbrachte, saß sie mit im Wohnzimmer; man schaute fern, redete, hörte Musik. Dass John und seine Flamme in seinem Zimmer die ersten zarten Ausdrucksformen ihrer Zuneigung ausprobiert hätten – undenkbar. Wollen sich junge Verliebte zurückziehen, tun sie das – im Auto.

Autokinos zum Beispiel verdanken ihre Popularität weniger einem künstlerisch anspruchsvollen Filmprogramm; sie bieten vielmehr diverse amouröse Entfaltungsmöglichkeiten. Als Tom als Austauschschüler – völlig unschuldig natürlich – seine Wochenendpläne, die einen Besuch im Autokino mit einschließen, verkündet, da stößt die Gastmutter einen Schrei aus: «Weißt du nicht, wie man Autokinos auch nennt? *The passion pit!*» Das heißt so viel wie Sündenpfuhl der Leidenschaften. Das Auto vergrößert eben nicht nur die räumlichen Entfaltungsmöglichkeiten. Wohin sollen pubertierende Liebespaare gehen, wenn das eigene Zimmer tabu ist?

Um der Leidenschaft Grenzen zu setzen, bestehen manche Eltern darauf, dass Bruder oder Schwester oder vielleicht eine seriös erscheinende Freundin ebenfalls mit von der Partie sind. Das nennt sich dann *double-date*. Toms armer Gastbruder John wird während der gemeinsamen Zeit regelmäßig zu *double-dates* verdammt, denn Tom als Deutscher hat ja keinen Führerschein und kann sich nicht allein bewegen. Also fahren sie immer zu viert los: vorne John und seine Flamme, hinten Tom mit einer Freundin derselben.

Beim ersten Ausflug hat Tom keine Ahnung, was auf ihn zukommen wird. John legt passende Musik auf und parkt an einem lauschigen Plätzchen. Dann beginnen er und seine Partnerin sich zu küssen. Vielleicht ist Tom schon damals etwas schwer von Begriff, jedenfalls beginnt er ein Gespräch mit seinem *date*, einem Mädchen, das er bis dahin schließlich noch nie gesehen hatte. John ist fassungslos, wie wenig Ahnung sein deutscher Freund von elementaren Aspekten des amerikanischen Teenagerlebens hat. Er unterbricht seine Liebkosungen und bittet Tom auszusteigen. Neben dem Auto erklärt er ihm den normalen Verlauf eines solchen Abends:

«Du musst sie küssen, Tom!»

«Aber ich kenne sie doch gar nicht.»

«Aber deshalb sind wir doch auf einem Date.»

«Okay.» Tom will es jetzt genau wissen: «Heißt das: NUR küssen oder mehr?»

John schaut vielsagend: «Vielleicht auch mehr, aber missbrauche nicht ihren Körper.» Was immer das heißen mag.

Etliche Küsse, Bierdosen und Grenzüberschreitungen später ist das Auto ein mystischer Gegenstand geworden. Es ist das Gefährt, in dem man von der Pubertät ins Erwachsensein gleitet. Für Amerikaner ist ein Auto keine Blechkiste, sondern Schatztruhe intensiver Jugenderinnerungen.

Doch die Industrie steht mit immer neuen Erfindungen bereit, um besorgten Eltern ein Gefühl der Kontrolle zu geben. Eine Firma mit dem Namen *DriveCam* hat eine Videokamera entwickelt, die den Innenraum eines Fahrzeuges überwacht und die Bilder in Abständen an eine elektronische Adresse sendet. Die Kamera unter dem Rückspiegel soll anzeigen, wenn sich Jugendliche nicht anschnallen oder beim Fahren telefonieren – aber eben nicht nur das. Schon gibt es Eltern, die diese aus dem Lastwagenverkehr übernommene Technologie pädagogisch anwenden. Sollte das Schule machen, dann hat das Auto seine Rolle als Herberge für Initiationsriten ausgespielt.

Zwischen Idylle und Bandenkrieg

Die Geschichte unserer Straße

Georgetown ist ein idyllisches Viertel, das bürgerlichen Frieden und Sicherheit ausstrahlt. Hier finden wir unser erstes Washingtoner Domizil, und zwar in der *O Street*, einen halben Block östlich der *Wisconsin Avenue*. In unserer Nachbarschaft wohnen junge Familien, ein Polizist, ein Pfarrer, ein paar Studentinnen, ein bekannter Journalist, ein wohlhabender Arzt, ein reicher Architekt. Junge Mütter schieben morgens ihre krähenden Babys durch die Straßen, Herrchen führen abends ihre Hunde aus, nicht ohne die obligatorische Plastiktüte. Denn «Scoop the poop!» heißt es in Washington. Wer das Häufchen seines kleinen Lieblings einfach auf der Straße liegen lässt, macht sich strafbar.

Die Vorgärten der *O Street* sind nett bepflanzt, Eichhörnchen flitzen quer über die Straße. Wer keinen Vorgarten hat oder seinen zu klein findet, der bepflanzt noch die Erdkarrees rings um die Bäume, ausgespart vom Trottoir, um den Wurzeln wenigstens ein bisschen natürliches Ambiente zu gönnen. Noch ein zwergenhohes Zäunchen drum herum, das besagte Vierbeiner vom Ziergras und den Fleißigen Lieschen fern hält. Mindestens einmal in der Woche fegt der gute Georgetowner den Bürgersteig vor seinem Haus. Der betuchte Georgetowner schickt seine philippinische Haushälterin, um selbiges zu erledigen, oder seinen Gärtner, der regelmäßig mit einem ohrenbetäubenden Laubpuster ans Werk geht. In Georgetown scheint die Welt noch in altmodischem Sinne in Ordnung zu sein.

Umso erstaunter sind wir, als wir noch während der Verhandlungen über den Mietvertrag in der Zeitung lesen, dass bei einer Schießerei in der *O Street* ein fünfzehnjähriger Junge getötet und acht Menschen verletzt wurden. Vier maskierte und bewaffnete Männer sind von beiden Seiten in den *O Street Market* gestürmt und haben wild um sich geschossen. In Panik stieben die anwesenden Kunden auseinander, einige schafften es nicht, die Markthalle heil zu verlassen. Unter den Verletzten befinden sich ein Kleinkind, eine ältere Frau, eine junge Mutter. Wir sind ebenso fassungslos wie besorgt – bis uns erfahrene Freunde beruhigen: Das sei zwar alles in derselben Straße passiert, aber in einem ganz anderen Teil der Stadt, nämlich dort, wohin sich Bürgerliche und Weiße nur wagen, wenn sie einen ganz triftigen Grund haben.

Die amerikanische Hauptstadt ist viergeteilt, lernen wir – in Nordwest, Nordost, Südwest und Südost. Im Mittelpunkt steht das Kapitol. Dabei bildet der Nordwesten den bedeutendsten Bezirk: Hier befinden sich die meisten Büros, Geschäfte und Sehenswürdigkeiten, Restaurants und Hotels, das Weiße Haus und die besseren Wohngegenden. Viele der von Nord nach Süd verlaufenden Straßen sind nummeriert, während die von Ost nach West gehenden nach dem Alphabet benannt sind. Als wir 1994 ankamen, galt die *14th Street* noch als Scheidelinie zwischen Gut und Böse. Im Westen der Stadt wohnen die Weißen, im Osten wohnen die Schwarzen, in der Mitte wagt das ein oder andere Viertel, die Hautfarben zu mischen. Je weiter gen Osten, desto ärmer die Menschen, schlechter die Schulen, heruntergekommener die Häuser und unsicherer die Straßen, so lautet die Faustregel immer noch, auch wenn sich der Wohlstand inzwischen unaufhörlich gen Osten frisst.

Die *O Street* ist eine horizontal verlaufende Straße wie viele andere. Sie beginnt im Westen vor den Toren der katholischen *Georgetown University* und findet ihre Grenze im Osten an den Bahnschienen, die zum Hauptbahnhof *Union Station* führen.

Dort im äußersten Osten des Nordwestens Washingtons endet sie plötzlich und taucht nie wieder auf. An ihrer Stelle finden wir auf dem Stadtplan ein großzügiges Schulgelände und einen weitläufigen Park. Eine *O Street* im Nordosten gibt es also nicht.

Die Georgetown-Universität am westlichen Ende unserer Straße ist die erste katholische Universität der USA, 1789 von Jesuiten gegründet, um sich gegen die protestantische Übermacht zu etablieren. Ehrwürdig thront das um 1900 erbaute Bibliotheksgebäude auf seinem Hügel, als erhabenes Wahrzeichen des Stadtteils. Bei mildem Wetter packen die Studentinnen und Studenten auf den großzügigen Grünflächen ihre Laptops und Handys aus, um das nächste Seminar vorzubereiten oder sich auf einen Cappuccino im Café an der Ecke zu verabreden.

Wer hier angenommen wurde, der bringt einiges an Vorwissen mit, denn nicht mal ein Viertel der Bewerber wurde zu Beginn des Studienjahres zugelassen. Die Eltern haben rund 30000 Dollar Gebühr berappt, vielleicht noch 10000 obendrauf für ein Zimmer und Verpflegung. Im Gegenzug erwarten sie von ihren Sprösslingen sichtbare Leistungen und einen Abschluss so früh wie möglich. Die Universität schaut bei der Auswahl der Studentinnen und Studenten zunächst nicht auf den Geldbeutel der Eltern, sondern auf die akademischen, sportlichen und sozialen Leistungen der Kandidaten. Wer sich eignet, aber nicht selbst für die Ausbildung aufkommen kann, erhält Unterstützung in Form von Darlehen und Stipendien.

An diesem Ende der Straße findet man nicht allzu große Holzhäuser, manche grau, hellgelb oder hellblau gestrichen, einige mit bunten Fensterläden, das sind die, in denen ein älteres Ehepaar oder eine junge Familie wohnt, andere etwas unordentlich, das sind die, deren Zimmer einzeln an Studentinnen und Studenten vermietet werden. Große alte Laubbäume spenden Schatten in den heißen Sommern. Kurz bevor die *O Street* auf die *Wisconsin Avenue* stößt, gibt es ein paar Boutiquen, deren Angebot ebenso verblüffend ist wie die Preise. Sündhaft teure Antiquitäten gibt es hier ebenso wie Accessoires für Luxus-Hündchen, nicht zu vergessen die rot gestrichene Eisdiele, wo es auch Hot Dogs und Milchshakes gibt. Nach Schulschluss schauen die Kinder aus der *Hyde School* nebenan ihre Mütter mit großen bettelnden Augen an, oft erfolgreich, um halb vier ist die Schlange vor dem Fenster immer am längsten.

Die *Hyde School* ist eine öffentliche Grundschule, eine der wenigen in Washington, die einen guten Ruf haben. Die Schulsysteme der angrenzenden Bundesländer Maryland und Virginia haben wesentlich mehr Qualität zu bieten. So stehen Eltern seit Jahrzehnten vor der Wahl, die Stadt zu verlassen und ins Umland zu ziehen oder ihre Sprösslinge auf eine teure Privatschule zu schicken. Die meisten Familien haben gar nicht genug Geld, um lange darüber nachzudenken, und verlassen die Stadt spätestens, wenn das älteste Kind sechs Jahre alt ist. Das wiederum entzieht der Stadt Steuern und damit auch den Schulen Unterstützung. Öffentliche Schulen kommen nie aus mit dem, was ihnen die Kommune zuteilt. Sie brauchen finanzkräftige oder engagierte Familien, die Wege finden, die Bücherei, den Sportlehrer, Kunst- und Musikprogramme zu finanzieren. Schulen, deren Eltern sich nicht kümmern, können nicht viel mehr als Basiswissen unterrichten. Die *Hyde School* hatte Glück und fand einen neuen Schulleiter, der mit viel Elan das Ruder herumriss. Er motivierte seine Lehrer und Schüler zu höheren Leistungen, sodass die Schule bei den alljährlichen Standardtests besser abschnitt. Die Ergebnisse dieser Tests werden veröffentlicht und dienen Eltern als Orientierung für die Beurteilung einer Schule.

Als unsere ältere Tochter vier Jahre alt ist, gilt die *Hyde School* als eine der wenigen lobenswerten öffentlichen Schulen Washingtons. Georgetowner Familien haben nun eine Alternative zur Stadtflucht. Eltern aus anderen Stadtteilen bringen ihre Kinder hierher, glücklich, in einer der wenigen akzeptablen Grundschulen Washingtons untergekommen zu sein. Die *Hyde School* bietet wie die meisten Grundschulen Kindergarten- und Vorschulgruppen für die Vier- bis Fünfjährigen an. Und so trippeln wir jeden Morgen ein paar hundert Meter durch die *O Street*, liefern unsere Ältere auf dem Schulhof des roten Backsteingebäudes ab und wissen sie für den Vormittag in guten Händen.

Am anderen Ende der *O Street*, nur wenige Meter entfernt von der *North Capitol Street*, einer hässlichen lauten Hauptverkehrsader, die die Stadt von Nord nach Süd durchschneidet, steht auch ein roter Backsteinbau, ebenfalls zu Beginn des 20. Jahrhunderts erbaut, der *Hyde School* nicht unähnlich, allerdings mit rundum vergitterten Fenstern, und zwar nicht nur im Parterre. Dies ist die *Margaret Murray Washington Career High School*, eine Art öffentlicher Berufsschule für 9. bis 12. Klassen. Nach einer vierjährigen Ausbildung geht ein Teil der Schülerinnen und Schüler aufs College, während andere auf einen Arbeitsplatz als Krankenpfleger, Zahnarzthelferin oder Computer-Expertin hoffen.

Aloha Cobb unterrichtet hier seit 40 Jahren. Sie ist eine korpulente schwarze Dame mit geglättetem kurzem Haar, randloser Brille und großen goldenen Ohrringen. Als Halsschmuck trägt sie auf ihrem knallroten Pullover eine lange silberne Kette mit ihrer ID, der Identitätskarte, die sie braucht, um die Sicherheitskontrolle am Eingang der Schule zu passieren. Zum Ende dieses Schuljahres wird sie in den Ruhestand gehen, was in Amerika so gut wie nie bedeutet, dass man wirklich nicht mehr arbeitet. Sie wird sich mehr auf ihre Reiseagentur «Paradise Tours & Travel» stürzen, die sie schon lange nebenher betreibt, um ihr knapp bemessenes Lehrergehalt aufzubessern. Aloha unterrichtet Computertechnologie, Marketing und Grundsätze des Unternehmertums, «entrepreneurship» genannt. Lauter unbekannte Dinge, als sie Ende der 1960er Jahre in den Schuldienst trat und dies noch eine reine Mädchenschule war, im Eingangsbereich mit Schwingtüren wie in einem Saloon, die Zeiten der Rassentrennung noch nicht überwunden.

«Eine einzige elektrische Schreibmaschine hatten wir früher», lacht Aloha, «jetzt sind wir prima ausgestattet mit Computern. Diese Schule ist das bestgehütete Geheimnis in DC.» Sie ist stolz auf ihr Lebenswerk, stolz auf ihre vielen Schützlinge, die sie hier durch die Ausbildung schleuste. «Marketing ist die Geschäftstätigkeit, die die Bedürfnisse der Kunden erkennt und auf sie eingeht» – ein zentraler Merksatz auf der ausladenden Pinnwand in ihrem Klassenzimmer, die neben solchen Unterrichtsweisheiten geschmückt ist mit den Fotos ihrer Schülerinnen und Schüler. Der letzte Jahrgang komplett verewigt, an die 60 schwarze Jugendliche in feierlicher schwarzer Kleidung, die Mädchen lächelnd mit einem roten Rosensträußchen, die wenigen Jungs eher ernst in die Zukunft schauend. Erinnerungsfotos an Abschlussfeiern und Schulveranstaltungen aus vier Jahrzehnten.

Die *Margaret Murray School* gehört zu einer ganzen Traube von Schulgebäuden, die um 1900 herum in dieser Gegend gebaut wurden und Teil des damals so genannten *negro school systems* waren. Sie wird oft in einem Atemzug genannt mit der bekannten *Armstrong High School*, wo der junge Duke Ellington Kunst und Musik studierte. Heute dümpelt das verlassene Armstrong-Gebäude, das aus seinen Ursprungszeiten noch getrennte Eingänge für Jungen und Mädchen aufweist, verlassen vor sich hin: zerbrochene Fensterscheiben, jede Menge Müll auf dem weiten Sportfeld. Seit jeher sind Schüler und Lehrer dieser Schulen fast ausschließlich Afroamerikaner. Weiße, Lateinamerikaner und Asiaten machen an der *Murray School* zum Beispiel nicht einmal drei Prozent aus.

In Washington werden alle öffentlichen Schulen, nicht nur die im Osten der Stadt, von privaten Sicherheitskräften überwacht. Sie kontrollieren, wer, wann und warum das Gebäude betritt. Manchmal untersuchen sie Taschen und Jacken. So ist das heute an vielen amerikanischen Schulen. Warum ist das Gebäude von oben bis unten verbarrikadiert? Aloha Cobb seufzt: «Es ist nötig, um die Ausstattung der Schule zu schützen.» Würden sie heute die Gitter von den Fenstern nehmen, wären übermorgen wahrscheinlich die Computer geklaut. Sie erinnert sich noch gut, wie sie sich allmorgendlich «Excuse me, excuse me!» rufend und dabei die Ellenbogen benutzend ihren Weg nach drinnen erkämpfen musste. Die Schule war belagert von einer Horde Gelegenheitskrimineller und Drogendealer. Das war in den 1980er Jahren, während der so genannten *rip-and-run crack days*, als der Drogenhandel und die damit verbundenen Gewaltverbrechen unvorstellbare Ausmaße angenommen hatten und das Leben in weiten Teilen der Stadt bestimmten.

«Eine der besten Cafeterias hatte diese öffentliche Schule einst», schwärmt Aloha, «mit selbst gemachten Köstlichkeiten. Außergewöhnlich gut!» Doch bei Junkies und anderen Hungerleidern hatte sich herumgesprochen, was in der *Murray School* zu holen war. Was der passionierte Koch am Tag zuvor vorbereitet hatte – Fleisch, Gemüse und andere Vorräte –, kam regelmäßig bei nächtlichen Einbrüchen abhanden. «Zunächst wurde nur noch für besondere Feiertage gekocht», erinnert sich Aloha wehmütig, «doch das hatten die hungrigen Einbrecher auch bald raus. Also wurde das Kochen ganz eingestellt.» Das Essen für die Schüler wird seither aus einer weit weniger anspruchsvollen Zentralküche geliefert.

Später dann blieben die Gitter vor den Fenstern das einzige Mittel, um Computer, Radios und andere Geräte zu schützen.

Inzwischen, meint Aloha, sei die Gegend ungefährlich: «Die Nachbarschaft hat sich enorm verändert. Die Haltung der Leute ist anders. Die Häuser werden repariert, Blumen gepflanzt, Kinder spielen auf der Straße. Alles undenkbar vor 15 Jahren. Ich glaube, die Gegend ist heutzutage sicher.» Aloha kommt allerdings nur am helllichten Tag hierher. Sie wohnt – wie alle, die hier irgendeinem Geschäft nachgehen – nicht in der *O Street* oder einer anliegenden Straße, sondern im Umland Washingtons und nimmt lange Anfahrten zur Arbeit auf sich.

Polizeiliche Aufräumaktionen haben die Drogendealer inzwischen tatsächlich von der Schule verscheucht, sie betreiben ihr Geschäft nun woanders. Doch die Fenster der kleinen *townhouses* in der Nachbarschaft bleiben vergittert. Allerdings wird nach und nach erst das eine, dann das andere Haus renoviert und bunt gestrichen, Vorgärten werden aufgeräumt und hergerichtet. «Wirklich sicher ist die Gegend allerdings längst noch nicht», erklärt Lieutenant Donald Craig, der seit 16 Jahren bei der Polizei ist. In einem Polizeiwagen, der nicht gerade den Eindruck macht, als könne er ein Wettrennen mit flüchtigen Dealern gewinnen, fährt Sabine mit ihm durch die Straße. Ein hinfälliger Ford, unter den Sitzen und auf der Rückbank Reste und Verpackungen von *Fastfood*-Verpflegung der letzten Tage. Hauptsache, das Blaulicht funktioniert. Für unseren Erkundungstrip reicht das allemal.

«Oft nutzen die Dealer das Wohnhaus ihrer Eltern als Stützpunkt. Hier, das ist zum Beispiel so ein Problemhaus», Lieutenant Craig zeigt auf ein kleines *townhouse* direkt gegenüber von der *Murray School.* Es unterscheidet sich eigentlich in nichts von den anderen. Gedealt wird hauptsächlich mit Heroin, Marihuana und Metamphetaminen. Gestern noch – Craig hatte Dienst bis zwei Uhr nachts – wurden sie gerufen. «Ein Jugendlicher mit mindestens drei Schusswunden auf der Straße, schwer verletzt, gleich dort an der Ecke *First* und *O Street.* Das Haus ist uns schon seit langem als Drogenumschlagplatz bekannt.»

Und wenn die Polizei das alles so genau weiß, warum kann sie die Leute dann nicht einfach festnehmen, bevor einer angeschossen wird? «Es ist schwierig, Hausdurchsuchungsbefehle zu erhalten», antwortet der Lieutenant. «Häufig läuft der Handel im Hausflur ab. Sobald die Polizei naht, wird alles Inkriminierende in einer Wohnung versteckt, in der eine angeblich oder wirklich unbeteiligte Person lebt. Und diese Person hat natürlich verfassungsmäßige Rechte, die nicht einfach verletzt werden können, weil sich vor ihrer Wohnungstür etwas Illegales abspielt. Also gibt es keinen Durchsuchungsbefehl für die Wohnung, solange gegen die Mieter dort kein konkreter Verdacht besteht. Manchmal sucht man dann nach einem anderen Angriffswinkel.»

Zwei Wochen später verstehen wir, was er meint. Das Haus an der Ecke *First* und *O Street* steht jetzt leer – nicht etwa, weil dort mit Drogen gehandelt wurde. Die Stadt hat Strom und Wasser abstellen lassen. Die Mieter, die dort aufgrund eines Wohnungshilfeprogramms wohnen konnten, sind ihren Pflichten (Müll entsorgen, Rechnungen bezahlen) nicht nachgekommen. Jetzt leben sie entweder bei Freunden oder in einem Obdachlosenheim. Die Dealer sind einfach ein paar Blocks weitergezogen.

Die Polizei nennt diese Gegend ihr «Problem-Dreieck». In fußläufiger Entfernung voneinander gibt es drei Einrichtungen, die Leute anziehen, die Probleme haben und verursachen: Eine Methadon-Klinik, eine Obdachlosen-Unterkunft und – in der *O Street* selbst – die Hilfsorganisation *SOME* (steht für: «So Others Might Eat»). Die Klienten wandern zwischen diesen drei Einrichtungen hin und her, holen sich, was sie brauchen, und schlagen zwischendurch in der Nachbarschaft die Zeit tot.

SOME ist ein überkonfessioneller Wohltätigkeitsverein, der die Ärmsten der amerikanischen Hauptstadt mit dem Lebensnotwendigsten versorgt. Rund 350 Bedürftige – fast alle schwarz – erhalten hier täglich Frühstück und ein warmes Mittagessen, abwechselnd gekocht und serviert von freiwilligen Helfern der beteiligten Kirchen und Synagogen. Viele, die hier Hilfe suchen, sind drogensüchtig oder alkoholabhängig, andere sind geisteskrank, wieder andere körperbehindert, und die meisten können deswegen ihr Leben nicht selbständig meistern.

1970 von einigen Priestern als Suppenküche gegründet, hat sich

SOME stetig vergrößert und weiterentwickelt. Der Verein bietet nicht nur warme Mahlzeiten, sondern auch Beratung, Duschräume, medizinische Versorgung und Hilfe bei der Wiedereingliederung in den Wohn- und Arbeitsmarkt. Die Arbeit wird im Wesentlichen aus Spenden finanziert, den Löwenanteil erledigen freiwillige Helfer, Ärzte erbringen ihre Leistungen ohne Bezahlung.

Es kommen Obdachlose und Arbeitslose wie John Hood, der dann und wann als Autowäscher jobbt, zurzeit aber weder Arbeit noch ein Zuhause hat. Ein sanfter, mitteilsamer Mann, Mitte fünfzig oder um die sechzig, in dunkelblauem Kapuzen-Sweatshirt und grauem Wintermantel – ein Mensch, dem man nicht auf den ersten Blick ansieht, dass es da wohl tief greifende Probleme gibt in seinem Leben. Er mache sich nicht so viel Gedanken um Haus und Geld, sagt er, denn er sei mehr spirituell orientiert. Leider scheint er die Spiritualität etwas zu häufig durch Alkohol beflügeln zu wollen, wie so viele, die hierher kommen, die meisten allein stehende Männer, auch einige Frauen, manche von ihnen mit Kindern.

Joyce hatte Glück im Unglück und konnte bei ihrer Mutter unterschlüpfen, als sie ihre Arbeitsstelle verlor. Inständig hofft sie, ihre Drogenabhängigkeit bald in den Griff zu bekommen, um wieder arbeiten gehen zu können. Normalerweise bringt sie einen ihrer acht Enkel mit zum Essen, für den sie das Sorgerecht hat, weil er zu Hause misshandelt wurde. Aber heute begleitet sie Gayle, eine ältere Dame, gebeugt am Stock, die Hoffnung nicht aufgebend, doch nochmal in eine eigene Wohnung zu ziehen. Zwar hat auch sie eine große Familie mit elf Enkelkindern, aber die will sie nicht belästigen und lebt deshalb in einem Obdachlosenheim. Arm in Arm machen sich die beiden Frauen auf den Weg, während sich ein paar jüngere Männer lautstark und mit unflätigen Bemerkungen auf der Straße streiten, missbilligend beäugt von anderen Besuchern der Kantine, denen solch Aufsehen erregendes Theater peinlich zu sein scheint.

So manche Anwohner sind nicht gerade begeistert, *SOME* ausgerechnet in ihrer Nachbarschaft zu haben. Nach dem Essen hängen Bedürftige in der Straße herum, manche grölen, andere pinkeln in die Ecken und verstreuen ihren Müll. Nicht selten kommt es zu Beschaffungsdiebstählen, Einbrüchen in Häuser und vor allem in geparkte Autos. Das macht die Gegend unattraktiv, die Immobilienpreise sind im Keller. Direkt gegenüber von *SOME* ist ein Haus für 169 000 Dollar zu kaufen. Ein geradezu lächerlicher Preis auf dem ansonsten boomenden Immobilienmarkt der amerikanischen Hauptstadt. Trotzdem steht es schon seit Jahren leer, der Vorgarten voller Müll, die Fensterhöhlen zugenagelt.

Zwar hat sich das östliche Ende der *O Street* seit Mitte der 1990er Jahre zum Positiven verändert, es zählt aber nach wie vor zu den eher trostlosen Gegenden der Stadt. Es ist immer noch unsere Straße, aber eine ganz andere Welt. Die Menschen an den beiden Enden der *O Street* treffen sich nicht, wissen wenig voneinander, sie leben ganz verschiedene Leben. Keiner unserer Georgetowner Nachbarn kennt diesen Teil der Straße. *SOME* allerdings ist fast allen ein Begriff, und die meisten gehören zu den potenziellen Spendern. Wenn sie für *SOME* noch nichts gegeben haben, dann wahrscheinlich nur, weil sie mindestens einen anderen Wohltätigkeitsverein unterstützen.

Hätte uns nicht die Neugier getrieben, so wäre die *O Street* östlich der *14th Street* für uns sicherlich bis heute ein weißer Fleck auf dem Stadtplan. Es dauert ein paar Jahre, bis wir uns endlich auf die Suche machen nach dem Ort jener Schießerei, die uns bei unserer Ankunft so erschreckt hatte. Der *O Street Market* liegt nicht im äußersten Osten, sondern acht Blocks weiter westlich, an der Ecke zur *7th Street*. Die Täter von damals sind längst gefasst, die Hintergründe aufgeklärt. Drahtzieher war der siebzehnjährige Kevin A. McCrimmon. Ein Racheakt an dem fünfzehnjährigen Duwan A'Vant, Todesopfer der Schießerei. A'Vant hatte

McCrimmon einige Wochen vorher überfallen, angeschossen und ihn um 2000 Dollar beraubt. Daraufhin trommelte McCrimmon fünf Kumpane zusammen, alle um die 20 Jahre alt, versorgte sie mit Waffen und schickte sie zum Markt, wohl wissend, dass A'Vant und seine Gang dort oft herumhingen. Mehr als dreißig Schüsse pfiffen durch die Halle, unter den Verletzten befanden sich ebenso ältere Menschen wie ein Kleinkind. Als Gegenleistung hatte McCrimmon einem der Schützen, dessen Bruder wiederum vor einigen Monaten auf offener Straße getötet worden war, versprochen, einen Rachefeldzug gegen den Mörder des Bruders durchzuführen. McCrimmon, der selbst während der Schießerei nicht anwesend war, bekam ein normales, kein Jugendgerichtsverfahren und wurde zu lebenslänglicher Haft verurteilt. Alle beteiligten jungen Männer waren afroamerikanischer Herkunft, das Opfer eingeschlossen.

Von dem historischen Marktgebäude, 1881 erbaut in rotem Backstein mit Bullaugen-Fenstern, steht heute nicht mehr viel. Nach jahrzehntelangem Verfall und jahrelanger Uneinigkeit über Sanierungspläne brach während eines heftigen Schneesturms im Winter 2003 schließlich das gesamte Dach ein. Seither warten die Mauerreste hinter einem Drahtverhau auf eine bessere Zukunft. Einige Händler haben aufgegeben, andere sind in ein anderes Gebäude umgezogen.

Ende des 19. Jahrhunderts waren es hauptsächlich deutschstämmige Bauern und Händler, die hier ihre Waren feilboten. Nach dem Zweiten Weltkrieg änderte sich das Bild; nun wurden die meisten Stände von Afroamerikanern gemietet. Das Aufkommen moderner Supermärkte bedeutete für die historischen Markthallen in Washington den Niedergang. Heute sind fast alle geschlossen oder gar abgerissen. Der Zerfall des *O Street Markets* begann in den 1960er Jahren. Bei den Straßenschlachten 1968 nach der Ermordung Martin Luther Kings erlitt das Gebäude so schwere Blessuren, dass es für mehr als ein Jahrzehnt geschlossen blieb.

Dieser Teil der *O Street* gehört zum *Shaw District*, einem weitläufigen Bereich der nördlichen Innenstadt, der eine Menge historischer Erinnerungen birgt. Bis Mitte des 19. Jahrhunderts war dieses Gebiet noch völlig unbesiedelt. Wo heute kaum noch ein Quadratmeter frei von Asphalt und Beton ist, gab es damals nur Wälder und Wiesen, durchquert von einer einzigen großen Straße, der heutigen *7th Street*. Das änderte sich erst mit dem Bürgerkrieg (1861–65). Zunächst wurden hier Militärzelte errichtet, zum Schutz von Sklaven, die aus dem Süden geflohen waren. Aus dem Zeltlager wurde mit den Jahren eine lebhafte, vom Mittelstand und Bildungsbürgertum bevorzugte Wohngegend, zu deren Hauptschlagader sich die *7th Street* entwickelte. Ein großer Teil der Geschäftsleute, die sich auf dieser Straße niederließen, waren – wie die Händler im *O Street Market* – deutscher Abstammung. Viele Stadthäuser aus jener Zeit sind noch erhalten. Benannt ist der Bezirk nach Robert Gould Shaw, einem weißen Offizier, der ein schwarzes Regiment durch den Bürgerkrieg führte.

Der *Shaw District* hat viele schwarze Talente angezogen und hervorgebracht, unter ihnen den Jazz-Musiker Duke Ellington, hier geboren im Jahre 1899. «Schwarzer Broadway» wurde die *U Street* im Norden des Bezirks mit all ihren Bars und Clubs genannt. Dieses reiche kulturelle Erbe wurde im April 1968 ausgerechnet durch einen Aufstand der schwarzen Bürgerrechtsbewegung zerschlagen.

Nachdem sich am 4. April die Nachricht von der Ermordung des charismatischen Bürgerrechtlers Martin Luther King verbreitet, bildet sich in der *U Street* eine Menge, die zunächst mit friedlicher Absicht von Geschäft zu Geschäft wandert und die Inhaber auffordert, aus Respekt vor dem Getöteten zu schließen. Nach einiger Zeit klirren die ersten Fensterscheiben, bald danach werden die ersten Läden gestürmt und ausgeräumt. Die Aufstände breiten sich aus und halten drei Tage an: Rund 1000 Gebäude werden abgebrannt, 900 Geschäfte zerstört und geplündert. Zwölf Menschen werden Opfer der Flammen, über 1000 verletzt. 6100 Menschen werden festgenommen.

Die Ironie der Geschichte will es, dass die weißen Viertel *(neighborhoods)* der Stadt von der Zerstörungswut verschont bleiben. Die Empörung der afroamerikanischen Jugendlichen über den Tod ihres Anführers entlädt sich sozusagen gleich vor der eigenen Haustür. Betroffen sind in erster Linie kleine Läden, keine großen Ketten. Die Inhaber sind zwar zumeist Weiße, unter ihnen viele Juden und Immigranten aus Armenien und verschiedenen europäischen Ländern, doch die Angestellten sind mindestens zur Hälfte Afroamerikaner, die auf diese Art ihren Arbeitsplatz verlieren. Als die aufgebrachte Menge richtig in Fahrt ist, schreckt sie auch keineswegs davor zurück, sich über das Eigentum ihrer «Soul Brothers» herzumachen. Obwohl viele Schwarze die Gewalttätigkeiten und Plündereien verurteilen, stimmen doch etliche der Ansicht der radikalen Führer der Revolte zu, die weißen Kleinunternehmer seien Blutsauger.

Marion Barry, zu jener Zeit einer der militanten Sprecher der Bewegung, später dann Bürgermeister von Washington, konstatiert angesichts der Zerstörungen, weiße Unternehmen gehörten eben nicht in afroamerikanische Nachbarschaften; die Regierung solle dort nur noch Schwarzen erlauben, Geschäfte zu eröffnen. Das wurde zwar nie Gesetz, doch dieser Stimmung entsprechend haben die meisten weißen Unternehmer nach dem Aufstand 1968 das Feld geräumt. Selbst Geschäfte, die der Zerstörungswut entgangen waren, wurden geschlossen. Wo es kaum noch etwas zu kaufen gab, Restaurants und Clubs geschlossen blieben, wollte auch die schwarze Mittelklasse nicht mehr wohnen und wanderte ab in die Vororte. Das passte sowieso zum Trend der Zeit, zum allgemeinen Drang, die enge, teure und unsichere Stadt zu verlassen. Viele Familien entschlossen sich, größere Grundstücke und Häuser in den *suburbs* zu günstigeren Preisen zu erstehen. Einkaufen ging man lieber in den wie Pilze aus dem Boden schießenden Mammut-Einkaufszentren als in engen Großstadtstraßen. Zurück blieben desolate, verlassene Stadtviertel. Asiatische Einwanderer, vornehmlich aus Korea, waren in der Folgezeit so ziemlich die Einzigen, die sich trauten, ihre Existenz auf diesem Boden aufzubauen. Sie eröffneten kleine Läden mit Konserven und Tütenfutter, Glücksspielscheinen und vor allem Alkohol.

Erst in den 1990er Jahren werden die ersten Schritte unternommen, das trostlose Shaw-Viertel wiederzubeleben. In der *U Street* entwickelt sich erneut ein Nachtleben. Das MCI-Sportzentrum sorgt nun in der Nähe von Washingtons kleiner *Chinatown* für reges Treiben. Noch Mitte der 1990er hätte uns – außer journalistischem Interesse – nichts in diese Gegend gezogen, und wenn es irgendein Umstand doch wollte, dann überkam uns spätestens nach Einbruch der Dunkelheit ein mulmiges Gefühl. Heute hat sich dort neben guten Restaurants, Geschäften und interessanten Galerien auch das Goethe-Institut angesiedelt.

Auch der Markt an der *O Street* soll ein ganz neues Gesicht bekommen.

Nach einer langen Auszeit, verursacht durch die Aufstände 1968, wurde er zwar wiedereröffnet, hatte aber fortan mit existenziellen Problemen zu kämpfen: Ein *Giant*-Supermarkt am anderen Ende des Parkplatzes zog die Kundschaft ab, während die alte Halle von «Kunden» ganz anderer Art belagert wurde. Sie wurde zum Aufenthaltsort von Alkoholikern und gelangweilten Jugendlichen, die Schutz in Eingängen und Nischen suchten, zum Stützpunkt von Drogensüchtigen und Dealern, die ihr Geschäft über die an der Halle angebrachten öffentlichen Fernsprecher abwickelten. So konnten sie Kontakt mit ihren Handlangern und Kunden aufnehmen und dabei anonym bleiben. Es sei unmöglich gewesen, das unter Kontrolle zu bekommen, stellt George

Dickens, der Sohn des Besitzers, fest: «Wir riefen die Polizei, aber sobald sie weg war, kamen alle wieder.»

Nick Min, der Junior-Chef der Reinigung gegenüber, erinnert sich noch gut an diese Zeiten: «Sie nutzten aus, dass der Markt viele Ausgänge hatte. Ein Typ lag mal direkt hier vor unserer Tür – angeschossen.» Nicks Eltern sind in den 1980er Jahren aus Korea eingewandert und haben die *Tower Cleaners* gegründet. Gewohnt haben sie in dieser Gegend nie, sie pendeln täglich aus Virginia hierher und überlegen mittlerweile, ob es nicht besser wäre, ihr Geschäft dorthin zu verlagern. Nick spricht sehr gut Englisch, seine Eltern dagegen können sich kaum verständlich machen. Die Jugendlichen, die am Markt herumhingen, waren einst die Kinder seiner Kunden, erzählt er. «Als sie klein waren, fragten sie immer nach einem Lutscher. Aber sobald sie älter sind … Ich weiß auch nicht, warum das so ist.»

Mit einem Schlag verliert der *O Street Market* 2001 seine Attraktivität für die Drogenhändler. Das Nachbarschaftskomitee hat die rettende Idee: Die öffentlichen Telefone werden abgebaut. Wie von Geisterhand vertrieben, verschwinden die Kerle, die vorher noch den ganzen Tag um die Halle herumgestrichen sind. Man hat ihnen ihr Werkzeug entzogen. Die Atmosphäre um den Markt herum ändert sich schlagartig. Der Handel ist zwar nicht unterbunden, sondern nur verschoben, aber für diese Nachbarschaft bedeutet das große Erleichterung und mehr Sicherheit.

Hoffnung auf eine bessere Zukunft bringt auch der Bau eines neuen Kongresszentrums nur wenige Blocks weiter südlich. Seit der Eröffnung 2003 hat dieser Teil der *O Street* tief greifende Veränderungen erfahren. Wahrscheinlich wird diese Gegend in den kommenden Jahren genauso aufblühen wie die Gegend in der Nähe des MCI-Stadions. Die ersten kleinen Cafés und Boutiquen sind eröffnet, anspruchsvolle Restaurants haben sich angekündigt, die Immobilienpreise steigen in rasantem Tempo, jeder Quadratmeter Baugrund wird nun verkauft und genutzt. Vorbei ist die Zeit, wo das Straßenbild in diesem Teil von Washingtons Innenstadt geprägt war von leeren zugemüllten Flächen, verwahrlosten und ausgebrannten Ruinen.

Manche Kirchen machen den Reibach ihres Lebens, besitzen sie doch oft große Grundstücke, die ihren Gläubigen bequemes Parken ermöglichen und vor Jahrzehnten für wenig Geld erworben wurden. Seit einiger Zeit schon hält sich hartnäckig das Gerücht, die *Scriptural Cathedral* an der Ecke O und *8th Street* wolle ihr ganzes Gelände für eine märchenhafte Summe verkaufen und mit Sack und Pack in einen Vorort ziehen. Es wäre nicht die erste Kirche, die das tut. Wobei man wissen muss, dass viele Kirchen ihre Gemeinde nicht hauptsächlich aus der Nachbarschaft rekrutieren. Oft kommen die Mitglieder am Sonntag von weit her angefahren, haben einst selbst die Stadt verlassen, um sich ein Häuschen im Grünen zu leisten, wollten aber die alten Bande zur Kirche ihrer Mütter und Großväter nicht zertrennen und setzen sich stattdessen lieber jeden Sonntag eine Stunde ins Auto, um in vertrauter Umgebung zu beten.

Auch alteingesessene Einwohner nutzen die Gunst der Stunde und verkaufen ihr Eigentum zu einem Preis, der vor nicht allzu langer Zeit noch nicht einmal in ihren kühnsten Träumen möglich erschienen wäre.

Sabine will zwar kein Haus kaufen, aber mal ein bisschen den Markt sondieren. Sie verabredet sich mit einer Immobilien-Firma im sechsten Block der *O Street*, etwas östlich vom Markt. Die Makler Jonathan und Adam fahren mit einem monströsen *Hummer* vor und geben sich auffallende Mühe, korrekt zu wirken: Anzug, Schlips, Rasierwasser (zu viel, wie so oft), Tür aufhalten, nach Ihnen ... Jonathan mit kurz geschorenem Militärhaarschnitt, Adam mit ordentlich geflochtener, langer Haarpracht, beide mit linienförmigem Schnurrbart auf der Oberlippe. Sie drücken Sabine ihre bunten Visitenkarten in die Hand: ihr Konterfei vor amerikanischer Flagge, der Firmenname in glitzerndem Rot.

«Modern Luxury on O Street», locken die Verkaufsschilder vor einem sanierten Art-déco-Reihenhaus. Ein Apartment mit drei Schlafzimmern, einer supermodernen Küche, zweieinhalb Bädern, davon eins mit Whirlpool-Badewanne, Parkettfußboden, Kamin und einem kleinen Garten im Innenhof ist hier für 635 000 Dollar zu haben. Die *«Hummer Boys»* loben den Architekten, die Ausstattung und die Lage über den grünen Klee und tun so, als wollten sie am liebsten selbst hier einziehen. Allerdings, was auf dem Werbefoto nicht zu erkennen, in der Wirklichkeit aber keineswegs zu übersehen ist: Direkt neben der gepriesenen Luxuswohnung befindet sich ein nicht gerade ruhmreiches Wahrzeichen der Vergangenheit, ein brandgeschädigtes Haus ohne Fensterscheiben, die gähnenden schwarzen Löcher nur zum Teil geschützt durch Sperrholzplatten. Tauben fliegen gurrend ein und aus, hinterlassen ihre Spuren auf der Fassade. Die Besitzerin lebt weit weg und pokert hoch, verlangt mehr, als heute irgendjemand zu zahlen bereit ist. Sie hofft darauf, dass das Kongresszentrum – ist der Betrieb erst einmal richtig in Fahrt gekommen – die Immobilienpreise noch höher treiben wird. (Als wir ein paar Wochen später mal wieder an dem Haus vorbeifahren, steht vor der Tür ein blauer *porter potty*, wie es hier so schön heißt, ein «tragbares Töpfchen», offensichtlich für die Bauarbeiter, die sich der Ruine annehmen sollen. Es scheint sich etwas zu tun.)

Die *«Hummer Boys»* führen noch ein Stadthaus an der Ecke *9th* und *O Street* vor, mit elf Zimmern sehr geräumig, aber recht heruntergekommen. Also rein in die müffelnden Stuben, über unebene Fußböden und durch Badezimmer, deren Bau nicht allzu lange nach dem Bürgerkrieg erfolgt zu sein scheint. Jonathan und Adam fühlen sich durch den Zustand des seit Urzeiten nicht gelüfteten verwinkelten Hauses offensichtlich peinlich berührt. Sie versuchen Sabines Phantasie ein wenig auf die Sprünge zu helfen und malen aus, was man aus diesem Gebäude alles machen könnte, wenn man wollte. Die Besitzerin, eine chinesische Einwanderin, hat es vor sechs Jahren für nicht mehr als 200 000 Dollar erstanden, einen Großteil der Zimmer untervermietet und nichts Wesentliches renoviert. Nun meint sie, den Deal ihres Lebens abwickeln zu können. 1,3 Millionen wollte sie zunächst für das Haus haben, inzwischen hat sie ihre Forderung auf immer noch astronomische 1,1 Millionen heruntergeschraubt. Bisher hat keiner angebissen.

Das Revival des *Shaw Districts* und anderer Innenstadtbereiche hat bei vielen zu traumtänzerisch überhöhten Erwartungen geführt. Das zuvor besichtigte Luxus-Apartment hat ebenfalls einen Preisnachlass erfahren. Auch wenn diese Nachbarschaften aus guten Gründen im Aufschwung sind, muss man noch Abenteuerlust und Risikobereitschaft mitbringen, wenn man sich hier niederlassen will.

Im Zuge des Aufbruchs ist auch für den *O Street Market* eine ganz neue Ära angebrochen. Zunächst schien alle Hoffnung auf einen Erhalt des historischen Gebäudes begraben zu sein. Der Einbruch des Daches nach dem heftigen Schneesturm 2003 stellte die Sanierungspläne in Frage. Doch inzwischen haben sich der *Giant*-Supermarkt, ein finanzkräftiger Stadtentwickler und der Eigentümer zusammengetan und einen Plan vorgelegt, der auf dem weitläufigen Gelände den Bau eines modernen Einkaufszentrums kombiniert mit Wohnraum vorsieht. Die alte Markthalle soll als solche restauriert werden und die Frischwaren-Abteilungen des *Giant*-Supermarktes beherbergen. Alles scheint gut zu werden.

Einer allerdings ist mit dieser Entwicklung überhaupt nicht zufrieden: John S. Hahn. Der gebürtige Koreaner ist 1972 in die USA eingewandert und hat ein paar Jahre später einen *liquor store* im *O Street Market* eröffnet. Den hat er dort ein Vierteljahrhundert geführt. Er hat die koreanische Staatsbürgerschaft aufgegeben und dafür die amerikanische erworben, ebenso seine Frau, die in einer Regierungsbehörde arbeitet. Seine inzwischen erwachsenen Töchter sind hier geboren und damit automatisch Amerikanerinnen. Die eine ist Anwältin, die andere Krankenschwester. John hat es zu etwas gebracht, und zwar mit Hilfe seines *liquor stores.* Warum also sollte er diesen nun plötzlich aufgeben, nur um die Restauration eines alten Marktes zu ermöglichen? Er weigert sich unerbittlich, seinen Stand in der Markthalle aufzugeben, bis ihm schließlich der Schneesturm buchstäblich das Dach über dem Kopf nimmt.

John Hahn zieht ein paar Blocks weiter, an die Ecke *O* und *11th Street*, wo er einen typischen Eckladen in einem ansonsten völlig leeren Gebäude mietet.

Als wir den Kiosk zum ersten Mal betreten, sind wir völlig perplex. John Hahn hat sich in einem Teil des Raumes mit seinen Waren hinter kugelsicherem Plexiglas, das vom Boden bis zur Decke reicht, verbarrikadiert. Kein einziges Schokoladenriegelchen, keine Tüte Chips könnte man hier klauen, alles abgeschirmt. Der Verkauf wird über ein Drehfenster abgewickelt. John murmelt irgendetwas durch die dicke Scheibe, wir verstehen kein Wort. Eine Verständigung zwischen Käufern und Verkäufern ist nur durch Zeichensprache und Gebrüll möglich. John hat schließlich Erbarmen, öffnet eine Tür und wagt sich einen halben Meter in den Raum, die Türklinke immer in der Hand.

Ende der 1980er Jahre wurden angesichts zunehmender Raubüberfälle die meisten *liquor stores* im Osten der Stadt mit solchen Sicherheitsvorkehrungen ausgestattet. Manche Ladenbesitzer begnügten sich mit altmodischen Stahlbarrieren. Doch da jeder Kleinstkriminelle hier über Schusswaffen verfügt, erschien vielen Kleinunternehmern das kugelsichere Glas notwendig. Die eine wie die andere Einrichtung schafft eine feindselige Atmosphäre voller Misstrauen. An eine gute Beziehung zwischen Kunden und Verkäufer ist seither nicht mehr zu denken. Zu langen Plaudereien lädt der schmutzige, kahle Raum sowieso nicht ein. Auch an kältesten Wintertagen wird hier nicht geheizt, dazu reicht der Umsatz nicht.

John erträgt das alles stoisch, mit Mütze und dicker Winterjacke hinter seinem Tresen verrammelt und vermummt. Seine Familie dagegen macht sich Sorgen: «Meine Frau und meine Töchter sagen, das müsse ich mir mit meinen 68 Jahren nicht mehr antun. Aber ich will noch nicht zum alten Eisen gehören! Ich möchte arbeiten.» Ihn stört nur eins, nämlich dass er für dieses Geschäft nicht die versprochene *liquor license* bekommt. Ohne die darf er keinen Alkohol verkaufen, und ohne Alkohol ist der Umsatz mehr als mau. «Der Vermieter hat es mir versprochen, aber nun hält er sich nicht daran. Er will, dass ich einen Video- oder einen Buchladen aufmache. Aber ich habe keine Ahnung, wie man mit Büchern und Videos Geld verdient.» Mit den Schwarzen, meint Hahn, habe er immer gute Geschäfte gemacht. «Aber die Weißen, die jetzt in diese Gegend ziehen, die mögen keine Schwarzen. Viele Homosexuelle kommen jetzt hierher. Ich weiß einfach nicht, wie ich mich mit ihnen verständigen soll. Ich brauche Hilfe, aber von wem?»

Mit reinem Rassismus und anderen Vorurteilen sind die unterschiedlichen Sichtweisen nicht zu erklären. Auch schwarze Anwohner sind nicht unbedingt begeistert von Bier- und Spirituosenverkauf in der unmittelbaren Nachbarschaft. Sie haben die Erfahrung gemacht, dass solche Läden Süchtige jeder Art anziehen und damit auch Kriminalität vom Diebstahl bis zu Schießereien.

John denkt daran, die *O Street* zu verlassen und sich einen anderen Standort zu suchen, im Nordosten Washingtons, wohin die weißen Städter, ihr Lebensstil und ihr Geld so schnell nicht kommen werden.

Gentrification wird die urbane Wiederbelebung genannt. Sie bringt Leben in die Bude, macht graue Stadtteile wieder bunt, verfallene Häuser werden repariert, Geschäfte eröffnet, Arbeitsplätze entstehen, Anwohner verdienen Geld und geben es aus, im Idealfall gleich in der Nachbarschaft, die Straßen werden sauberer, Drogendealer verschwinden, andere Händler kommen: Eisdielen, Kaffeehäuser, Eisenwaren, Modeboutiquen, Spielzeugläden. Entdeckungsfreudige neue Leute ziehen her, finden Gefallen an der Aufbruchsstimmung, am kulturellen und ethnischen Gemisch. In Washington (und nicht nur hier) gelten die Homosexuellen als die Pioniere des Immobilienmarktes, nach ihnen kommen die Künstler, dann die kinderlosen Doppelverdiener, die *dinks (double income, no kids)*, schließlich die jungen Familien, deren Kapital auf der hohen Kante für ein Haus in Toplage noch nicht reicht. Irgendwann mutiert das einstige Neuland zur etablierten Filet-Lage, aus dem Gemisch wird eine eher gleichförmige wohlhabende Nachbarschaft. Von den ursprünglichen Bewohnern ist kaum noch einer übrig. Die Pioniere langweilen sich und ziehen weiter.

Der *Shaw District* steht noch am Anfang dieser Entwicklung. Die ersten alteingesessenen Hausbesitzer haben die Gegend verlassen, sie haben einen guten Preis kassiert und sich woanders angesiedelt. Die meisten *rooming houses* (Häuser, deren Zimmer einzeln untervermietet werden) haben inzwischen den Besitzer gewechselt und werden saniert. Das ist nicht weiter dramatisch, denn die Untermieter wollten größtenteils sowieso nicht auf Dauer verweilen. Wo aber bleiben die Anwohner, die sich die steigenden Preise nicht leisten können? Was wird aus den Mietern in den zehnstöckigen Hochhäusern gegenüber vom *O Street Market*? Sie leben fast alle in Sozialwohnungen und von öffentlicher Unterstützung. Was wird aus Nicks *Tower Cleaners*, dem kleinen Kosmetiksalon und dem *barber shop*?

Verschiedene Gruppen und Vertreter der Stadt sind bemüht, die Struktur der Bevölkerung vielfältig zu halten. Sie wollen verhindern, dass die Anwohner mit niedrigem Einkommen einfach vertrieben werden. So gilt zum Beispiel für die Hochhauswohnungen ein Schutzplan, der dem Eigentümer-Konsortium für dreißig Jahre eine nicht Gewinn bringende Bewirtschaftung abverlangt. Der Komplex gehört nach langen Verhandlungen den Mietern selbst und zwei großen Unternehmen. Doch schon jetzt werden Interessengegensätze deutlich. Die Mieter beschweren sich, die finanzkräftigen Miteigentümer würden ihren Verpflichtungen zur Instandhaltung der Gebäude nicht nachkommen: «Der Putz bröckelt, Wände sind feucht, Leitungen kaputt und nichts passiert», klagt Arnetta Longus. «Wahrscheinlich setzen sie darauf, uns schnell loszuwerden.»

Eine Interessengruppe aus Anwohnern und lokalen Unternehmern im *Shaw District* hat dem Kongresszentrum in zähen Verhandlungen zwei Fonds abgerungen, einen für die Entwicklung der nachbarschaftlichen Infrastruktur und einen weiteren für Erhalt und Sanierung historisch wertvoller Gebäude. Diese Fonds wirken wie Energiespritzen und ermutigen auch unternehmungslustige Privatleute, anzupacken und dem Viertel ein anderes Gesicht zu geben. Außerdem bemüht man sich, freie Ladenflächen eher an unabhängige Klein-Unternehmer zu vergeben als an große Ketten.

Ganz in diesem Sinne taten sich vier Freunde – Michael, Randy, Ron und Tom – zusammen, um ein dahinsiechendes Beerdigungsinstitut aufzumöbeln. Ursprünglich wollten sie nur für sich selbst einen Platz zum Wohnen nach eigenem Gusto kreieren. Doch dann gewannen sie Spaß am Um- und Anbauen. Aus ihrem Wohnprojekt ist inzwischen eine der originellsten Pensionen in der Hauptstadt geworden, das *DC Guesthouse*, dekoriert mit Kunstwerken unterschiedlichster Art und Herkunft. «Selbst das Weiße Haus wollte schon seine Gäste hier einquartieren», berichtet Tom, einer der Jung-Hoteliers, mit verhaltenem Stolz, «aber wir mussten ihnen einen Korb geben. Wir sind meistens ausgebucht. Laura Bush soll schon sauer auf uns sein, haben wir gehört.»

Die Lage ist einfach perfekt für ein *Bed & Breakfast*: Nur zwei Blocks entfernt vom neuen Kongresszentrum, direkt angrenzend an teilweise schon sanierte historische Gassen, den *Naylor Court* und die *Blagden Alley*, die von der *O Street* abgehen. «Hospital für Pferde und Hunde» verkünden große Buchstaben weiß auf schwarz an einem ehemaligen Stall, in dem heute ein mittelmäßig geordnetes Stadtarchiv untergebracht ist. Hier könnte man z.B. herausfinden, wer im Jahre 1850 in Washington geboren, begraben, getraut oder ins Gefängnis gesperrt wurde. Oder auch, was 1968 während der Unruhen («civil disturbances» heißt es auf den Ordnern) genau geschah. Die neuen Nachbarn mit dem dickeren Portemonnaie scheinen sich dieser historischen Gassen noch nicht bemächtigt zu haben. Gegenüber vom Archiv werkeln ein paar Jungs in einer schmuddeligen Autowerkstatt. Sie sind aus Äthiopien oder Eritrea und nicht gerade erpicht darauf, Näheres über ihre Herkunft und ihr Dasein zu verraten.

Direkt daneben hat Orlando Parks, ein recht betagter Afroamerikaner, seine restaurierten Möbel auf der Straße ausgestellt. «Die Tische, Stühle und Kommoden erhalte ich vom Sperrmüll, den Stoff besorgt mir ein Freund», erzählt Orlando. Nur 60 bis 80 Dollar verlangt er für einen gepolsterten Stuhl, der sich von den vielfach teureren Objekten in Washingtons feinen Antiquitätenläden kaum unterscheidet. Ein Blick in seine Werkstatt versetzt den potenziellen Käufer allerdings in ungläubiges Staunen. Wie können hier bloß so propere Produkte entstehen? Verstaubte Spiegel, Tische und Matratzen, Eimer, Bretter, Tuben und Werkzeuge türmen sich in diesem Verschlag mit unverputzten Wänden. Mittendrin läuft ein Fernseher, dessen Kabel über eine mindestens zehn Meter lange Verlängerungsschnur quer durch die Bude die nächste Steckdose sucht. Orlando sitzt bei mildem Wetter draußen auf einem alten hölzernen Bürodrehstuhl, kehrt dem Durcheinander den Rücken zu, beobachtet zufrieden das wenige Treiben in der Gasse, zwischen den Beinen seinen Hund Chibo, eine Rottweilermischung. «Begründe deine Hoffnung auf ewigen Dingen», rät der Spruch auf Orlandos Baseballkappe. An der Wand hängt golden umrandet und eingerahmt ein Kirchenzertifikat, das dem Einundsiebzigjährigen bescheinigt, die Bibel einmal von vorn bis hinten durchgelesen zu haben. Dass die alten Ställe nun frisch gestrichen und die Straßen neu gepflastert wurden, macht auf ihn keinen allzu großen Eindruck, und es hatte bisher auch wenig Auswirkungen auf sein Geschäft.

Es ist noch nicht sehr lange her, dass im *Naylor Court* mit anderen Dingen gehandelt wurde als mit alten Möbeln. Schon vor der Crack-Epidemie, die sich in den 1980er Jahren in Washington ausbreitete, war diese Gasse einer der geschäftigsten Drogen-Umschlagplätze, so außer Kontrolle geraten, dass es der «Revier»-Dealer wagen konnte, sich ganz offen einen «Verkaufstresen» aufzubauen. Da saß er hinter seinem Sperrmülltisch, hielt Hof und teilte seine heiße Ware aus wie Äpfel und Kartoffeln. Das würde heute keiner mehr wagen. Ganz vertrieben sind die Drogenhändler nicht, aber sie beherrschen das Viertel nicht mehr. Es gibt zu viele Nachbarn, die die Augen offen halten und sofort die Polizei rufen. Bald wird es hier – diese Prognose darf man wohl wagen – ähnlich aussehen wie in anderen beliebten Stadtteilen (um den *Dupont Circle* zum Beispiel), die ähnliche Entwicklungen durchgemacht haben.

Auch Georgetown sah nicht immer so aus wie heute. Zwar galt es zu allen Zeiten als «besseres» Viertel, doch als wir 1994 dorthin zogen, zeugten jede Menge vernagelter, leer stehender Geschäfte auf den Flaniermeilen *Wisconsin Avenue* und *M Street* noch von wirtschaftlichen Schwierigkeiten und Stadtflucht. Heute wird auch hier jeder Quadratzentimeter saniert und genutzt, Georgetown steht in voller Blüte.

Noch weiter zurückschauend stellen wir fest, dass die alte Tabakstadt keineswegs immer rein weißes Territorium war. Hausbesitzer und Bewohner zählen heute so gut wie alle zur weißen Mittelklasse. Sicher, am Wochenende tummeln sich Menschen aller Hautfarben in Georgetowns Straßen, Geschäften und Restaurants. Ein paar Bankangestellte sind schwarz, ebenso die Verkäufer in der Billig-Drogerie *CVS*, aber die wohnen natürlich nicht hier, sondern reisen allmorgendlich an aus den *suburbs*.

Ach ja, und der Blumenverkäufer von *Peter's Flowerstand* (leider gibt's den heute nicht mehr) an der Ecke *O Street* und *Wisconsin Avenue*, der war auch schwarz. Ab und zu halfen morgens ein paar fleißige Lateinamerikaner, die äußeren verwelkten Blätter von Peters rosaroten Rosen abzuzupfen, was stets einen wunderschönen Blütenteppich auf der Straße ergab. Abends bekamen wir, nur ein paar Häuser entfernt wohnend, die sehr ausgedünnten Sträuße als Mitbringsel, für die unsere Gäste recht teuer bezahlt hatten. Lange dachten wir, der Verkäufer sei Peter und damit der Besitzer dieses florierenden Geschäftes. Bis schließlich mal der wahre Peter mit seinem Luxusschlitten aufkreuzte, um nach dem Rechten zu sehen. Und der war natürlich ein Weißer.

Dabei waren Georgetowns Bewohner bis in die 1930er Jahre durchaus ethnisch gemischt, rund ein Drittel der Bevölkerung wurde seit 1776 als schwarz registriert, freie ebenso wie Sklaven. Allein die katholische Georgetown University hielt 272 Sklaven, die sie 1838 auf Druck des Papstes verkaufte. Schon 35 Jahre später, nämlich 1873, erhielt diese Uni als erste weiße Hochschule einen schwarzen Präsidenten. Der Anteil der freien schwarzen Bevölkerung Georgetowns stieg beständig. In der zweiten Hälfte des 19. Jahrhunderts lebten zum Beispiel um die 1000 schwarze Familien in *Herring Hill*, einem Teil Georgetowns, benannt nach den Fischen, die aus dem nahen *Rock Creek* geangelt und dann zum Abendbrot serviert wurden. Einige Schwarze arbeiteten als Gärtner, Köche und Stallknechte für wohlhabendere weiße Familien, andere hatten es zu Universitätsabschlüssen und höheren Positionen gebracht.

Von jeher galt das alte Tabakstädtchen als relativ liberal. So weiß man zum Beispiel, dass die Freizeitaktivitäten im *Rose Park* an der Ecke *O Street/26th Street* sich nie an ethnische Grenzen gehalten haben. Als die Stadt den Spielplatz in den späten 1930er Jahren erneuern ließ und zum krönenden Abschluss ein Schild «Nur für Farbige» aufstellte, hagelte es sofort Proteste, und der Stein des Anstoßes wurde wieder entfernt.

Genau in diesen Jahren begann aber auch die Vertreibung der Schwarzen aus Georgetown. Wirtschaftsstimulierende Programme des amerikanischen Präsidenten Franklin Roosevelt zeigten ihre Wirkung. Immobilienmakler entdeckten die Attraktivität der historischen *townhouses*, eine Phase umfassender Restaurierung begann. Schwarze Mieter konnten sich die steigenden Preise nun nicht mehr leisten; schwarze Hauseigentümer litten unter gestiegenen Grundsteuern oder konnten den hohen Geboten nicht widerstehen, verkauften und zogen vor die Stadt.

Geblieben sind heute nur vier Kirchen, die vorrangig von afroamerikanischen Gläubigen – nun allerdings aus dem Umland anreisend – besucht werden. Dazu gehört die *Mt. Zion United Methodist Church*, die älteste schwarze Gemeinde Washingtons, die im 19. Jahrhundert als Stützpunkt der *underground railroad* diente, einem losen Netzwerk, das entflohenen Sklaven half. Ganz anders die Entwicklung der *Holy Trinity Church* auf der *O Street*, die Tom und die Kinder zeitweilig besuchten. Der sonntägliche Gottesdienst lässt niemanden ahnen, dass dies einst die einzige Georgetowner Kirche für schwarze Katholiken war. Eher schon denkt man an ein Ereignis aus der jüngeren Geschichte: Es war die letzte Kirche, die John F. Kennedy besuchte, bevor er nach Dallas fuhr und dort erschossen wurde.

Seit den 1950er Jahren ist Georgetown weitgehend weiß. Wirtschaftlicher Aufschwung, einige politische Maßnahmen, die Wiederentdeckung historischer Werte und der Attraktivität einer gewachsenen Umgebung haben das bewirkt. Wird die Wiederbelebung des Washingtoner Ostens ebenso verlaufen? Wird die östliche *O Street* in den nächsten zehn Jahren das erleben, was die westliche schon hinter sich hat? Werden wir, die weißen Städter, dann im schicken *O Street Market* einkaufen gehen, und werden die einzigen Schwarzen weit und breit die Supermarktangestellten sein, die uns helfen, unsere Plastiktüten im Auto zu verstauen?

Das ist nicht unwahrscheinlich.

Und noch weiter östlich: Werden wir einen Café latte trinken und die erste Frühlingssonne genießen auf einer Terrasse genau dort, wo einst *SOME* täglich Hunderte von Bedürftigen versorgte? Wird *SOME* vielleicht eine stattliche Summe für das Grundstück kassiert haben und davon nun viele segensreiche Projekte finanzieren – allerdings ganz woanders?

Auch das ist nicht unwahrscheinlich, wird aber noch wesentlich länger dauern, da es noch weiter im Osten liegt.

Noch hocken hier die Obdachlosen in der Sonne, nicht auf Kaffeehausstühlen, sondern auf umgekippten Getränkekisten. Doch auch hier weht inzwischen ein frischer Wind.

Der alte *liquor store* am äußersten östlichen Ende der *O Street* ist samt seiner kugelsicheren Barrikaden verschwunden. *Dollar Plus Food Store* heißt es jetzt am Eingang des renovierten Ladens an der Ecke zur *North Capitol Street*, dieser lärmenden Schnellstraße, die zum Kapitol führt. Bei *Dollar Plus* gibt es so gut wie alles für ein oder zwei Dollar: Jesusfiguren, Mausefallen, gepolsterte Toilettendeckel, Seife und Schokolade – aber keinen Alkohol. Simon Sbaii, der Besitzer, ist ausnahmsweise nicht aus Asien eingewandert. Er ist halb Marokkaner, halb Kanadier, geboren in Paris, verheiratet mit einer Amerikanerin. Er ist jung, smart, unternehmungslustig, hat wenig Kapital, aber große Pläne für sein Geschäft. «Die Leute sagen mir, was sie gerne kaufen würden, und ich besorge es: Mützen, T-Shirts, Geschenke zum Valentinstag … Wird gemacht!» Hinten will er anbauen für eine Wäscherei, einen großen Kühlschrank für Milch und Fleisch möchte er anschaffen, und am liebsten würde er auch Kaffee ausschenken: «Aber die Behörden spielen nicht mit. Ich soll ein Waschbecken anschließen und den Teppich entfernen. Zu teuer!» Er will die Preise so niedrig halten, dass es sich die Kundschaft dieser Gegend leisten kann. Er kennt seine Kunden, plaudert mit ihnen, hält den Damen die Tür auf. Alles undenkbar, würde er sich hinter Plexiglas verschanzen.

Hat er keine Angst, keine Probleme mit Ladendiebstahl? «Nicht wirklich», sagt er und zeigt auf seine Video-Anlage. Sieben Kameras sind in dem kleinen Geschäft installiert. Und manchmal glaubt er fast, die brauche er bald nicht mehr, konnte er doch neulich hören, wie draußen auf der Treppe ein Kunde den anderen ermahnte: «Klau nichts bei dem! Der ist ein netter Kerl!» Simon lacht. Er schaut sehr optimistisch in die Zukunft.

Unser schönstes Ferienerlebnis

Ein Ausflug in die Provinz

Seit über 20 Jahren mietet sich der weit gefächerte Familienclan unserer Freunde in Wisconsin im August für eine Woche am *Little Silver Lake* ein. Es kommen die Großeltern und Tanten, die ewigen Singles und die frisch Verheirateten, die engsten Freunde, kleine und große Kinder. Und sie kommen mit Sack und Pack, alle verfügbaren Autos voll gestopft bis zum Dach mit Mikrowellen, Luftmatratzen, Salaten, Toastbrot, fettarmer Margarine, fettfreien Chips, Maiskolben, Grillfleisch, Kuchen, Bier, Bloody Mary Mix. Auch ein Fernseher und ein Videorecorder werden angeschleppt, nachdem es vor Jahren einmal tagelang geregnet hat und sich alle schrecklich langweilten. Seither hat es natürlich kaum noch geregnet. Eine Videokamera, Fotoapparate und dicke Fotoalben vom letzten Urlaub und den jüngsten Familienfeiern (irgendjemand heiratet immer, wenn nicht, wird ein Baby geboren) gehören auch zum Standardgepäck.

All das wird verstaut in mehreren einfachen, leicht heruntergekommenen Hütten. Die schwimmenden Inseln und Plastikboote werden aufgepumpt, die Liegestühle – mit Haltern für Getränke ausgestattet – werden am Ufer aufgestellt. Wir machen es uns gemütlich.

Es gibt ein traditionelles Urlaubsprogramm, das jedes Jahr mit Begeisterung wiederholt wird. Die älteren Herrschaften haben ihre Golfschläger dabei. Golf ist in Amerika kein Elite-, sondern ein Volkssport. Es gibt jede Menge öffentliche Plätze, wo Arbeiter, Angestellte oder Ärzte für 20 Dollar pro Runde nebeneinander spielen können. Die Ausrüstung ist für ein paar Dollar zusätzlich auszuleihen. Am *Little Silver Lake* geht es noch ein Stück einfacher zu. In einiger Entfernung vom Ufer wird ein Ruderboot verankert, und dann schlagen Groß und Klein um die Wette alte Bälle in den See. Wer die meisten Bälle ins Boot trifft, hat gewonnen. Natürlich gehen viele Bälle daneben und sinken auf den Grund. Am nächsten Tag tauchen die Kinder ins Wasser und bekommen für jeden gefundenen Ball einen *dime*, also zehn Cent. Die meisten Bälle werden allerdings auf ewig im Schlamm verschwunden bleiben.

Am nächsten Tag geht es auf den nahe gelegenen Schießplatz. Überwacht ist er nicht – wir sind schließlich mitten auf dem Land, und Waffenbesitz ist grundsätzlich erlaubt. Hatten wir erwähnt, dass auch Pistolen und Gewehre zum Urlaubsgepäck gehören? Ted, der Älteste in der Gruppe, übernimmt sozusagen die Schirmherrschaft und versucht, die angeheiterte Gruppe davor zu bewahren, unkontrolliert mit den Waffen herumzufuchteln und sich gegenseitig zu verletzen. Wir schießen zunächst mit Pistolen auf leere Bierdosen.

Dann fährt Toms alte Schulfreundin Kathy schweres Geschütz auf, eine *pump gun*, so eine Arnold-Schwarzenegger-Flinte, die nur vier große Patronen fasst, aber die haben es in sich. «Wenn ein Einbrecher nur hört, wie du durchlädst, dann weiß er schon, was auf ihn zukommt», klärt uns Kathy auf und zieht das am Lauf angebrachte Magazin einmal zurück und dann wieder nach vorne. «KLICK, KLACK», macht es mit einem satten Geräusch. «Einbrecher sind meistens selbst bewaffnet, und sie wissen, dass sie mit bewaffneter Gegenwehr rechnen müssen. Wer mein Haus unerlaubterweise betritt, der will etwas Böses und muss damit rechnen, erschossen zu werden», erklärt Kathy ungerührt, bevor sie abdrückt. Bierdosen sind zu klein für diese geballte Schrotladung. Sie zielt auf einen Vier-Liter-Milchcontainer. «KRA-WUMM!» – die große Plastikflasche tanzt auf dem Schießplatz herum, zerfetzt von der Munition.

«Probiert auch mal!», fordert Ted uns auf. Vorsichtig und skeptisch geht Tom in Position. Gleich wird der Lärm des Schusses sicher sein Trommelfell beschädigen und der Rückschlag ihm die Schulter auskugeln ... Kathy errät seine Gedanken: «Du stehst da, als machtest du gleich in die Hosen», lästert sie. Sabine dagegen verdient sich mit ihrer Zielsicherheit den Respekt der Gruppe.

Es ist ein unbekümmertes Feriendasein, nicht getrübt von Umweltsorgen und ähnlichen Bedenken. Jeden Abend knistert ein gemütliches Feuerchen vor den Hütten. Es wird gesungen, gespielt und gequatscht. Leere Bier- und Coladosen fliegen in die Flammen, wo sie zischend zu einem silbrigen Brei zerschmelzen. Und wenn das Feuer nicht richtig lodern will, holt Dave – dem Protest seiner Frau zum Trotz – den teuren französischen Staubsauger. Der saugt nicht nur, sondern lässt sich auch auf Blasen umschalten. Dave rollt eine Verlängerungsschnur von der Hütte bis zum Lagerfeuer und legt los, dass die Funken sprühen. Nun schmelzen die Büchsen noch schneller in den hohen Flammen.

Währenddessen räkeln sich die Kinder – zwischen vier und vierzehn Jahre alt – drinnen auf einem Matratzenlager. Auf dem Bauch liegend, den Kopf in die Hände gestützt, kleben sie mit der Nase am Fernseher und starren gebannt auf das Hauen und Stechen der drei Musketiere. Plötzlich wird das Säbelklirren abgelöst von einer Liebesszene. D'Artagnan liegt mit einer Gespielin im Bett. Die beiden küssen sich, und man sieht die nackte Schulter der Dame. Wie von der Tarantel gestochen springt Diane, Mutter von zwei Jungen, auf. «Mach die Augen zu!», befiehlt sie ihrem Vierzehnjährigen energisch, während sie dem anderen tatsächlich die Augen zuhält, bis D'Artagnan fertig geküsst hat. Hektisch greift sie nach der Fernbedienung und spult weiter zum nächsten Toten. Der ist wenigstens bekleidet.

Nach den *Drei Musketieren* schiebt Diane die nächste Videokassette in den Recorder. «Auf diese Art schlafen sie am besten ein», versichert sie, «an Krach sind sie von zu Hause gewöhnt.» Es ist 23 Uhr. Die Kleinsten sind schon am Dösen. «Schlaft jetzt!», werden sie von ihrer Mutter alle zwei Minuten aufgefordert. Als die Jüngsten trotz kämpfender Fernsehhelden und schwatzender Erwachsener tatsächlich eingeschlafen sind, wird härterer Stoff aufgelegt. Arnold Schwarzenegger erscheint auf der Bildfläche – mit seiner *pump gun*. Nun wird richtig drauflosgeballert, -geschlagen und -geblutet.

Kinder und Enkelkinder, Eltern und Großeltern genießen den jährlichen Urlaub am See gleichermaßen. Wir übrigens auch. Generationenkonflikte scheinen hier unbekannt zu sein. Dass ein Zweig der Familie sich dieses Jahr in seiner Hütte abschottet und kein Wort mit dem Rest der Urlauber wechselt – aus für Außenstehende völlig unverständlichen Gründen –, das belebt die Gespräche, verdirbt aber niemandem die Stimmung. Wie immer kommt jeder auf seine Kosten. Es gibt keine Zwänge im Tagesablauf. Jeder steht auf, wann er will, macht, was er will, isst, wann er will. Auch Gäste bedienen sich einfach aus dem übervollen Kühlschrank, der nie leerer zu werden scheint.

Nur der Sonntag bietet für alle ein Einheitsprogramm: Man geht in die Kirche, da gibt es keine Ausnahme.

Nach sechs Tagen neigt sich der Urlaub dem Ende zu. Es war für alle die längste Ferienreise des ganzen Jahres – uns, die deutschen Besucher, ausgenommen. Als am Freitagabend die Luft aus den Schlauchbooten gelassen wird, verspricht man sich, im nächsten Sommer wiederzukommen. Die Liegestühle werden entsandet, der Fernseher eingepackt, die Reste verteilt. Dann wird ein letztes Lagerfeuer angezündet, in dem die letzten Bierdosen leise vor sich hin zischeln. Fürs nächste Jahr sind die Hütten schon wieder gebucht.

Sex unterm Sternenbanner

Die Grenzen der Leidenschaft

«Reden Sie über Drogen mit Ihren Kindern,
es ist nicht so schwierig, wie über Sex zu sprechen!»
Anzeige in der «Washington Post», 9. Februar 1998

In einem Park findet eine Amerikanerin eine kleine Schildkröte. Vorsichtig nimmt sie das Tier auf und erklärt einer Gruppe von Kindern, wie man es am besten anfasst, nämlich wie ein belegtes Brötchen, vier Finger oben und den Daumen unten. «Nicht am hinteren Ende anfassen!», mahnt sie, denn: «That is the bathroom end.» Wieder etwas dazugelernt: Schildkröten haben Badezimmer-Enden.

Die Amerikaner sind Meister der Euphemismen. Sie nennen Vagina und Penis *private parts*, Pornofilme *adult movies*, Ehebruch *adultery* (*adult* ist der Erwachsene). Nötige sexuelle Aufklärung kündigen Eltern und Lehrer (sofern es der Lehrplan erlaubt) so an: «We have to talk about the facts of life!» Schimpfwörter werden nie ausgesprochen, auch nicht, um sie zu verdammen. Aus *fucking* wird das *f-word*, aus *nigger* das *n-word*. Ein amerikanisches Bilderbuch klärt Kleinkinder darüber auf, dass *urin* und *BMs* ins Töpfchen gehören. *BM* steht für *bowel movements*, das heißt Stuhlgang. Der Bilderbuch-Verlag will den Eltern die schwierige Wahl eines passenderen Wortes überlassen. Nach vielen Jahren in den USA kommt es auch uns unanständig vor, das Wort «Toilette» auszusprechen. Selbst kalte, schmutzige

Tankstellenklos werden hier *restroom* genannt. In Privatwohnungen fragt man nach dem *bathroom*.

Unsere Kinder haben die dezenten Sprachregelungen derart verinnerlicht, dass ihnen vor Entsetzen der Mund offen stehen bleibt, wenn Besucher aus Deutschland sich ganz ungeniert aus dem Schimpfwortkatalog bedienen. «Mama, Mama, der hat das Sch-Wort gesagt!» Wenn wir uns recht erinnern, war unsere Ältere bereits fünf Jahre alt, als sie das böse Sch-Wort zum ersten Mal bewusst registrierte. Und auch wir, früher durchaus unempfindlich gegen unflätige Bemerkungen, fühlen uns inzwischen peinlich berührt angesichts der weit verbreiteten Hemmungslosigkeit im deutschen Sprachraum.

Vergreift sich im amerikanischen Antennenfernsehen einer im Ton, so übertönt ihn garantiert ein dezenter Pieps. Selbst in billigen Nachmittags-Talkshows darf kein Fluch an das Ohr der Zuschauer dringen. Da dürfen Männer ihren Vamp-ähnlich angezogenen Frauen vorwerfen, sie kleideten sich wie Huren, Frauen dürfen ihre Männer auslachen, weil sie zu fett sind, um Sex zu haben. Anschließend dürfen sie aufeinander losgehen. Jeder kann zuschauen, wie sie sich am liebsten in den A... treten würden, doch das A-Wort wäre eine Zumutung: «Bleep!»

Hin und wieder gelingt es, die puritanischen Sprachwächter mit ihren eigenen Waffen zu schlagen. «Do infants enjoy infancy as much as adults enjoy adultery?», fragt ein T-Shirt-Aufdruck scheinbar unschuldig. Genießen Kinder die Kindheit genauso wie Erwachsene den Ehebruch? Allerdings würden sich nur die wenigsten Amerikaner mit diesem T-Shirt in der Öffentlichkeit sehen lassen. Sofern sie selbst Kinder haben, würden sie es nicht einmal in den eigenen vier Wänden anziehen.

Auch New Yorks Sittenwächter verfingen sich in den eigenen Netzen. Als der ehemalige Bürgermeister Rudolph Giuliani versuchte, Striptease-Etablissements, die *adult clubs* genannt werden, aus bestimmten Nachbarschaften Manhattans zu verdrängen, trickste ihn ein findiger Unternehmer aus. Er gewährte Jugendlichen in Begleitung Erwachsener Zutritt zu seinem Club und argumentierte, nun sei das ja kein reiner Erwachsenen-Club, kein *adult club* mehr. Obwohl sein Angebot nur von einem einzigen Vierzehnjährigen (einem Touristen aus Südamerika mit seinen Eltern) wahrgenommen wurde, bekam der Clubbesitzer vor Gericht in erster Instanz Recht.

Moderne Technologien stellen die Bewahrer althergebrachter Tugenden vor neue Herausforderungen. Als wir uns für einen Computerkurs anmelden, müssen wir folgende Erklärung abgeben:

> «1. Während meines Computertrainings könnte ich mit Internetseiten konfrontiert werden, die beleidigend sind. Ich weiß, dass der Trainer den Inhalt des Internets nicht kontrollieren kann. Deshalb werde ich ihn für solche Vorkommnisse nicht verantwortlich machen.
> 2. Während des Kurses werde ich mich sehr bemühen, Internetseiten zu meiden, die ‹adult oriented material› oder illegale Daten enthalten oder Daten, die andere als beleidigend empfinden könnten.»

Als wir eines heißen Sommertages nackte Kinder auf einem öffentlichen Spielplatz in Georgetown planschen sehen, gerät unser Amerikabild fast aus den Fugen. Denn eigentlich ist die Abneigung gegen Nacktheit in diesem Land so groß, dass allein das Wort *nudity* schon einen obszönen Beigeschmack zu haben scheint. Und das fängt bereits bei den Jüngsten an. Man lässt sein Baby unter keinen Umständen nackt herumkrabbeln, nicht am Strand, nicht im Park, nicht am Swimmingpool. Man kauft stattdessen dem *baby boy* ein Höschen und dem *baby girl* einen kleinen Badeanzug. Die drei, vier Jahre alten Freundinnen unserer Kinder weigerten sich, ins Planschbecken in unserem Garten zu steigen, weil sie keinen Badeanzug dabeihatten. Einmal konnten wir in einem Schwimmbad beobachten, wie eine Mutter versuchte, ihrem Baby die Windel unter vorgehaltenem Badetuch zu wechseln, was geradezu akrobatische Fähigkeiten erforderte.

In den ersten Jahren unseres Elterndaseins war das ständig ein heißes Thema zwischen uns: Während Tom überzeugt war, das amerikanische Schamgefühl dürfe auf keinen Fall durch einen nackten Kinderpopo verletzt werden, sah Sabine überhaupt nicht ein, warum sich ihre Kleinen bei 30 Grad im Schatten Schwitzepusteln in dicken Windelpaketen holen sollten. Das ein oder andere Mal wagte sie es, ihre Nackedeis frei herumlaufen zu lassen. An die eher verwunderten als missbilligenden Blicke anderer Urlauber kann sie sich bis heute sehr gut erinnern.

Kinder, die in Amerika aufwachsen, erleiden geradezu einen Kulturschock, wenn sie im sommerlichen Deutschland durch einen Park streifen oder ins Freibad gehen. Frauen, die sich barbusig in der Sonne aalen – so was haben sie in ihrem Leben noch nicht gesehen. «Oben ohne» ist in Amerika tabu. Wer das ignoriert, riskiert, von der Polizei abgeführt zu werden. So werden wir am Strand in Florida Zeugen, wie sich Uniformierte in voller Montur zwei halb entblößten Skandinavierinnen nähern und drohen, sie in Gewahrsam zu nehmen, falls sie nicht umgehend ihren Busen bedeckten. Während seiner Studienzeit versucht Tom einmal einem amerikanischen Freund den kulturellen Unterschied zu erklären: «Bei uns gilt nicht die Frau, die sich oben ohne sonnt, als unanständig, sondern der Mann, der ungeniert gafft.» Der Freund nickt, als habe er verstanden, und resümiert: «Also muss man heimlich gaffen.»

Auch in die Sauna geht niemand nackt, es sei denn, sie ist nach Geschlechtern getrennt. Kinder ziehen sich ebenso wenig wie Erwachsene mal eben schnell am Strand um, auch nicht versteckt unter Handtüchern und Umhängen. «Ich bin froh, dass ich nicht mehr in den Kindergarten gehe, wenn wir zurück nach Deutschland ziehen», eröffnet unsere Jüngere uns eines Tages. Denn dort, das hat sie in einem deutschen Buch gelesen, ziehen sich Mädchen und Jungen gemeinsam um, bevor sie schwimmen gehen. «Igitt!»

Und dann diese knappen Badeslips ... Die enttarnen jeden sofort als frivolen Europäer. In den USA trägt der Mann jene Schlabbershorts, die sich dezent in die Pofalte schmiegen, wenn er aus dem Wasser steigt. Während die Älteren diese Badebekleidung für anständiger halten als hautenge *Speedos*, gelten sie bei Jüngeren (auch in Europa) inzwischen als *cool*. «Tom, du provozierst die anderen Urlaubsgäste», beschwert sich Toms engste Schulfreundin Kathy, als er in den 80er Jahren bei einem Besuch in Wisconsin wagt, in seiner deutschen Badehose in den See zu springen. Tom vergewissert sich später bei ihrer Mutter, dass es sich nicht um einen Scherz handelt: «Ist das wirklich anstößig?» «Nun», befindet die und sucht händeringend nach einer höflichen Formulierung, um mehr Diskretion in der Badekleidung anzumahnen, «es sieht irgendwie orientalisch aus.» Ist der Orient auch nicht gerade für gewagte Freizügigkeiten bekannt, Tom bekommt auf jeden Fall für den Rest der Ferien ein paar Boxershorts von Kathys Bruder.

Natürlich vermeidet eine Mutter, ihr Baby in der Öffentlichkeit zu stillen. Sie erledigt das zu Hause, in ihrem Minivan oder im *family restroom*. Manche Geschäfte stellen dafür sogar einen Schaukelstuhl aufs stille Örtchen. Wenn dieser nun fehlt und der *restroom* gänzlich ungeeignet zu sein scheint, dann lässt die stillende Mutter Brust und Baby unter einem speziell für diese peinlichen Situationen vorgesehenen Tuch verschwinden. Sind die Kleinen etwas älter, aber noch nicht alt genug, um ihre Bedürfnisse ganz zu kontrollieren, dann dürfen sie auf keinen Fall mal kurz hinter einem Baum oder einem Auto verschwinden. Nie haben wir eine Mutter oder einen Vater gesehen, die bzw. der sein Kleinkind kurzerhand in einer Ecke «abhält», weil «es» so dringend ist. Angesichts solcher Schamhaftigkeit ist die spärliche Ausrüstung der amerikanischen *restrooms* verblüffend, sei es in Kaufhäusern, Sportclubs oder Restaurants: Türen, die nur vom Knie bis zum Hals reichen, sind keine Seltenheit, mehrere Zentimeter breite Ritzen links und rechts sind üblich. Die Abtrennungen zwischen den Kabinen sind fast überall so dürftig, dass eigentlich alle Amerikaner an öffentliche Bedürfnisverrichtung gewöhnt sein müssten. Von der ansonsten häufig beschworenen *privacy* – Privatsphäre – keine Spur.

Privacy ist selbst unserer fünfjährigen Tochter schon ein Begriff. Ihre ahnungslosen Eltern verwirrend verkündet sie eines Morgens: «Die Lehrerin hat gesagt, wenn ich ein Kleid anziehen will, dann soll ich auch eine Hose anziehen.» Wir fürchten, den letzten modischen Trend für Vorschulkinder verpasst zu haben, und fragen in der Schule nach, was es damit wohl auf sich hat. «Oh», antwortet die Klassenlehrerin, «das ist wirklich keine schlechte Idee! Denn kleine Mädchen sind sich ihrer *private parts* nicht immer bewusst. So kommt es beim Spielen und Turnen vor, dass ihr Kleid hochrutscht. Und das könnte wiederum das Interesse der Jungen wecken.» Wir versuchen uns vorzustellen, wie sich lüsterne Blicke der Kindergarten-Buben an rosa geblümten Schlüpferchen festsaugen. Die Lehrerin fährt unbeirrt fort: «Bei den Vierjährigen achten wir noch nicht so sehr darauf, aber bei den Fünfjährigen, da wollen wir langsam bestimmte Gewohnheiten einführen. Denken Sie nur, wenn die Mädchen draußen Rad schlagen oder so.» Die Erziehungsabsichten der Lehrerin fallen bei unserer Tochter und ihren kleinen Freundinnen auf fruchtbaren Boden. Sie verteidigen ihre *privacy* mit bemerkenswerter Hingabe.

Die frühkindliche Anti-Sexualerziehung treibt in manchen Regionen und Schulen gar seltsame Blüten. Im Februar 2006 wird in Brockton, Massachusetts, ein Erstklässler für drei Tage von der Schule suspendiert. Der Vorwurf: *sexual harassment,* also sexuelle Belästigung. Der Sechsjährige, der wahrscheinlich weder eine Ahnung hat, was *harassment* ist, noch weiß, wie man es buchstabiert, hatte zwei Finger in den Hosenbund eines Mädchens gesteckt. Zu Hause erklärt er seiner Mutter, das Mädchen habe ihn zuerst gepufft und er habe das zurückgegeben. Während die Mutter, fassungslos und befremdet, nicht einmal weiß, wie sie ihrem Sohn erklären soll, was er falsch gemacht hat, hat die Schule den Vorfall der örtlichen Polizei und dem Büro für sexuelle Belästigung gemeldet. Da das Gesetz in Massachusetts frühestens Siebenjährige vor Gericht zitiert, wird keine Anklage erhoben. Die Schulverwaltung fühlt sich zunächst völlig im Recht. Schließlich hat das *Brockton School Committee* sexuelle Belästigung unter Schülern folgendermaßen definiert: «Unerwünschter physischer Kontakt in Form von Berühren, Umarmen, Streicheln oder Zwicken.» Später allerdings entschuldigen sich die Verantwortlichen bei der Familie für die Handhabung der Angelegenheit. Der Junge wechselt auf Wunsch seiner Eltern die Schule.

Wie in der Europäischen Union gibt es auch in den Vereinigten Staaten ein Gesetz gegen sexuelle Belästigung am Arbeitsplatz, allerdings ist dies in Amerika wesentlich mehr im öffentlichen Bewusstsein und genießt breite Unterstützung aus ganz verschiedenen Bereichen der Gesellschaft. Wer hier Poster von nackten Frauen in den Spind an seinem Arbeitsplatz hängt, einer Kollegin in den Po kneift oder einfach nur eine anzügliche Bemerkung über ihr Aussehen macht, weiß, dass er seinen Job riskiert. Frauenrechtlerinnen und Gleichberechtigungsaktivisten auf der einen Seite finden sich ausnahmsweise vereint mit der Abstinenz predigenden religiösen Rechten auf der anderen Seite. Nicht immer lassen sich die Beweggründe klar auseinander halten: Geht es tatsächlich um den Schutz von Frauen vor Anzüglichkeiten und Übergriffen, oder geht es um die ideologische Verbreitung von Prüderie und Sexualfeindlichkeit?

Debatten gibt es – wie in Europa – immer wieder um die Definition sexueller Belästigung. Schulen, die sich bemüßigt fühlen, entsprechende Regeln in ihre Hausordnung aufzunehmen, orientieren sich weitgehend an der Arbeitswelt, der Welt der Erwachsenen, ohne zu berücksichtigen, dass Jugendliche oder gar Kinder einen ganz anderen Erfahrungshorizont haben. Wie viele «unerwünschte Kontakte» gibt es wohl im Verlauf einer Zehn-Minuten-Pause auf dem Schulhof? Und wie viele davon haben auch nur im Entferntesten eine sexuelle Bedeutung? Nun will natürlich niemand vorschlagen, dass eine Schule Belästigungen ignorieren sollte. Im Gegenteil, das amerikanische Vorgehen gegen sexuelle Belästigung könnte unserer Meinung nach in mancher Hinsicht gut als Vorbild für Europa dienen. Frappierend und verstörend ist allerdings, mit welcher Vehemenz zuweilen die im Allgemeinen noch nicht besonders ausgeprägte sexuelle Begierde von kleinen Kindern bekämpft wird.

Hintergrund solch rigider Schulpolitik ist auch die Angst vor Schadensersatzklagen. 1996 sprach eine Jury in San Francisco einer Vierzehnjährigen 500 000 Dollar Entschädigung zu, weil die Schule nichts unternommen hatte gegen einen Mitschüler aus der 6. Klasse, der in ihrer Gegenwart wiederholt seinen Penis anfasste und sie fragte, warum ihre Brüste nicht größer seien. Seither erregen immer wieder neue Fälle von «Baby-Belästigern» – so die Zyniker in der Diskussion – die Öffentlichkeit.

Im selben Jahr wird in New York der siebenjährige De'Andre Dearinge für drei Tage von der Schule suspendiert, weil er ein kleines Mädchen geküsst und ihr eine Anstecknadel vom Pullover gerissen hat. Die Anstecknadel habe ihn erinnert an die Geschichte von einem Teddybären, der so einen Anstecker verloren hat, erklärt der Junge später.

In Albuquerque, New Mexico, gerät 2002 sogar ein Fünfjähriger ins Visier, weil er versucht, ein gleichaltriges Mädchen zu küssen und zu streicheln. Der Junge wird zur psychologischen

Beratung geschickt, während das Mädchen auf Veranlassung der Mutter den Kindergarten wechselt.

Während wir an diesem Kapitel schreiben, wird in der Klasse unserer nun elfjährigen Tochter ein Schüler für zwei Tage suspendiert, weil er – nicht zum ersten Mal – anzügliche Bemerkungen machte. Es ist eine öffentliche Grundschule, die bis zur sechsten Klasse geht. «Willst du meine Lippen schmecken?», hat der Junge eine Mitschülerin gefragt, die dazu offensichtlich überhaupt keine Lust hatte. Grundlage für die Suspendierung ist die Hausordnung, die «unerwünschte sexuelle Annäherungen» untersagt, sei es in Worten oder Taten. In der fünften Klasse, so unser Eindruck, wissen die meisten Kinder durchaus, wovon die Rede ist, mag ihre Vorstellung auch noch vage sein. «Wenn wir ihnen jetzt nicht beibringen, dass solche Belästigungen unakzeptabel sind, wann dann?», begründet die Klassenlehrerin die Maßnahme.

Ein Vorfall, der sich vor ein paar Jahren in Oshkosh, Wisconsin, ereignete, macht deutlich, was dabei herauskommt, wenn man den richtigen Zeitpunkt verpasst. Nachdem ein Erstklässler wiederholt versuchte, seine Klassenkameradinnen zu küssen, und deswegen mit Schulverweis bedroht wird, entrüstet sich der vierunddreißigjährige Vater. Zur Rechtfertigung seines Nachwuchses führt er an: «Ich bin auf eine katholische Schule gegangen. Ich bin Mädchen hinterhergestiegen, und es hat mir Spaß gemacht!» Wie der Vater so der Sohn? Auf zur Mädchenjagd wie in «guten alten» Zeiten?

Die bekennenden Machos sind inzwischen eindeutig in der Minderheit. Bei aller Uneinigkeit darüber, wie Belästigungen an Schulen zu handhaben sind, herrscht doch Einigkeit darüber, dass Kinder lernen müssen, unwillkommene Avancen jeglicher Art zu unterlassen. Was aber, wenn aus den Grundschülern Teenager geworden sind, die sich nichts mehr herbeisehnen als eine Berührung, eine Hand im Hosenbund, einen Kuss oder mehr? Wie gehen Jungen und Mädchen aufeinander zu? Was ist erlaubt, was verboten? Und was tun sie einfach trotzdem?

Als Tom Mitte der 1970er Jahre in Wisconsin ankam, sah er sich mit einem regelrechten System konfrontiert, das die Annäherung der Geschlechter mehr oder weniger in überschaubare Bahnen lenkt: das *dating*. Wenn ein Junge ein Mädchen mag, dann bittet er sie zu einem *date*. «Do you want to go out for movie and pizza Saturday night?» Aus Deutschland war Tom eher mit dem Prinzip der festen Freundin vertraut; ein Junge «ging» mit einem Mädchen. «Going steady» war den amerikanischen Mitschülern zwar nicht völlig unbekannt, blieb aber die absolute Ausnahme. In der ganzen Jahrgangsstufe gab es nur ein Pärchen, das *steady*, also fest zusammenging. Alle anderen pflegten das *dating*. Tom war nicht ganz klar, was so eine Verabredung *american style* denn nun bedeutete.

Das fängt beim Bezahlen an. Landet man gemeinsam in einem Restaurant, einer Bar oder im Kino, begleicht häufig der Junge die Rechnung, jedenfalls sofern die Einladung eindeutig von ihm ausging. Es gibt auch die Variante des *dutch date*, bei dem jeder die Hälfte zahlt; offenbar gelten Holländer als ungesellig und sparsam. Es geht weiter mit der Frage, ob sich dem Essen oder dem Kinobesuch erste Zärtlichkeiten anschließen oder ob es ein rein kameradschaftliches Zusammensein war. Wenn der Junge bezahlt hat, könnte er sich ermutigt sehen, zumindest eine Annäherung zu versuchen. Mädchen raten sich oft gegenseitig, lieber die Rechnung zu teilen, wenn sie von vornherein Zweideutigkeiten ausschließen wollen. Grundsätzlich ist *dating* unverbindlicher als eine «feste Beziehung», aber nicht so unerotisch wie das Verhältnis zwischen zwei guten Freunden aus Kindertagen.

Ein entscheidender Moment ist die Verabschiedung. Kommt es zum Kuss oder nicht? Ein Kuss bedeutet nicht notwendigerweise, dass man sich wiedersehen und die Beziehung vertiefen wird. In Europa ist ein Kuss oft das Zeichen, dass man sich jemandem grundsätzlich zuwendet. In Amerika dagegen hält man es mehr mit einer Textzeile des Songs «As time goes by» aus dem Film *Casablanca*: «A kiss is just a kiss.» Die unterschiedliche Bewertung des Kusses führte während des Zweiten Weltkrieges und danach zu folgenreichen Missverständnissen zwischen den in Europa stationierten GIs und europäischen Damen. Die amerikanischen Soldaten drängten am Ende des Abends auf einen Kuss. Ihr *date* wehrte erst ab, aber wenn sie dann schließlich einwilligte, kam es häufig am selben Abend zu mehr. Für die Europäerinnen war ein Kuss eben viel mehr als ein Kuss: Er war ein grundsätzliches Einverständnis. So galten sie bei den GIs schnell als leichtlebig. Umgekehrt hatten die fremden Soldaten bei ihnen schnell den Ruf von heillosen Draufgängern, die gleich beim ersten Mal auf körperliche Liebe drängten.

Einmal wagte Tom in seiner Schulklasse, das *dating* grundsätzlich in Frage zu stellen. «Ich halte es für eine sozialisierte Form der Prostitution.» Die zugegeben provokante These baute sich so auf: Prostitution ist das Zahlen von Geld in Erwartung von Sex. Beim *dating* bezahlt in der Regel der Junge und versucht dann im Gegenzug so viel wie möglich an körperlicher Zuneigung zu erlangen. Ein Aufschrei war die Folge, vor allem bei den Mädchen. Der Lehrer stand aber ganz in der großen amerikanischen Tradition, andere Meinungen als Bereicherung der Debatte anzusehen, und beharrte darauf, dass Tom seine These erläutern dürfe. «Lasst ihn ausreden», forderte er. Tom daraufhin zu den Mädchen: «Wisst ihr eigentlich, wie die Jungs über euch reden? Wenn die eure Pizza bezahlen, erwarten sie was im Gegenzug. Und montags erzählen sie sich dann, was sie bekommen haben.»

Was man «bekommen» hat, wird bis heute in der Terminologie des Baseballs weitergegeben: In dieser Sportart gibt es vier Markierungen auf dem Spielfeld, *base* genannt. Es gilt, möglichst von einer zur nächsten und dann immer weiter zu kommen. Genauso funktioniert in der Vorstellung pubertierender Schüler auch ein *date*: *First base* bezeichnet den oberen Teil des Körpers, bedeutet also Küssen. *Second base* geht etwas tiefer, bedeutet, den Busen streicheln. *Third base* geht noch tiefer, nämlich in die Hose. Danach kommt nur noch der *home run*, der Geschlechtsverkehr.

Im College scheint das klassische *dating* heutzutage allerdings ersetzt zu werden durch wesentlich direktere Umgangsformen. Tom Wolfe beschreibt in seinem 2004 erschienenen Roman «Ich bin Charlotte Simmons» das zeitgenössische Universitätsleben. Das Buch beruht auf ausführlichen Recherchen des Autors an mehreren Unis. Dort fand er das Gegenteil von Prüderie vor: Sex scheint für viele Achtzehn- bis Zweiundzwanzigjährige Dreh- und Angelpunkt des Alltags zu sein. Amerikanische Erstsemester sind in der Regel nicht älter als achtzehn, sie wohnen alle auf dem Campus. *Dating*, so stellte der Autor auf seinen Reisen durch die Hochschulen fest, wurde weitgehend abgelöst durch ein anderes System: *hooking up*. Darunter ist beiläufiger, unverbindlicher Sex zu verstehen.

Darauf steuern die Beteiligten in so unverblümter Weise los, dass den angeblich so freizügigen Europäerinnen glatt die Spucke wegbleibt. Eine unserer Freundinnen, Mitte zwanzig, ist fassungslos, als sie von einer Party in Washington kommt. «You wonna hook up?», fragte sie ein Typ, kaum hatte sie ein paar Worte mit ihm gewechselt. Und das heißt nicht etwa: «Willst du dich bei mir einhaken?», sondern meint ohne Umschweife: «Willst du mit mir ins Bett gehen?» Heute Nacht, ohne weitere Verbindlichkeiten, das versteht sich von selbst, zumindest für die meisten, die das Spiel mitmachen.

Ungefähr die Hälfte aller amerikanischen Fünfzehn- bis Neunzehnjährigen hat nach Aussagen des *Center for Disease Control and Prevention* bereits sexuelle Erfahrungen gemacht. Die Aussagekraft solcher Umfragen und Statistiken ist allerdings nicht sehr zuverlässig. Zum einen gehört diese delikate Angelegenheit zu jenen Fragen, die besonders gerne falsch beantwortet werden. Zum anderen gibt es seit geraumer Zeit im Land der unbegrenzten Möglichkeiten recht unterschiedliche Vorstellungen darüber, was Sex denn nun eigentlich sei. So bezeichnete sich in einer Studie der Universität Kalifornien rund die Hälfte der befragten Teenager als Jungfrauen. Ein gutes Drittel dieser Jungfrauen berichtete allerdings, an Aktivitäten von gegenseitiger Masturbation bis zu Oralverkehr beteiligt gewesen zu sein. Aber das gilt für viele amerikanische Jugendliche nicht als Sex. Die traditionelle Einteilung der erogenen Zonen in übersichtliche *bases* scheint aus der Mode gekommen zu sein.

Schon 1991 stellte das Kinsey Institute fest, dass 59 Prozent aller Studentinnen und Studenten Oralverkehr nicht als sexuelle Handlung einordneten. Und das war mehrere Jahre, bevor der ehemalige amerikanische Präsident Bill Clinton versuchte, die Weltöffentlichkeit von ebendieser Einschätzung zu überzeugen. Clintons erste Reaktion nach dem Bekanntwerden des berüchtigten Sex-Skandals im Weißen Haus bleibt in Amerika unvergessen. «Hören Sie gut zu: Ich hatte keine sexuellen Beziehungen mit dieser Frau, Miss Lewinsky», sagte der Präsident und fuchtelte beschwörend mit dem Zeigefinger herum. Als er später zugeben musste, sich mit Monica Lewinsky doch körperlich eingelassen zu haben, versuchte er das Wesen dieser Beziehung zu erklären. Die Verteidigungslinie des gelernten Juristen Clinton sorgte für internationale Erheiterung und Verblüffung: Sich mit einer Praktikantin im Weißen Haus oralem Vergnügen hinzugeben, sei zwar moralisch verwerflich, aber da kein Geschlechtsverkehr stattgefunden habe, sei es technisch kein Sex. Auf so etwas können nur Anwälte kommen. Oder Puritaner. Eine ähnliche Erklärung hatte er schon angeboten hinsichtlich seiner Affäre mit der Angestellten Paula Jones, die sich erfolglos bemühte, Bill Clinton wegen sexueller Belästigung auf Schadensersatz zu verklagen.

Dass Paula ihre Klage zurückzog, war Clinton schließlich 850 000 Dollar wert.

Wahrscheinlich ist die Zahl der Amerikaner, die Fellatio und Cunnilingus noch für Sex halten, bald in der Minderheit. Annehmend, dass es sich hierbei um harmlose Freizeitbeschäftigungen wie Radfahren und Basketballspielen handelt, ist Oralverkehr im vergangenen Jahrzehnt zu einer populären Beschäftigung unter Jugendlichen geworden, und zwar schon in der Mittelstufe angefangen. Das beobachten Lehrer und Schulpsychologen. Die Eltern sind entsetzt, gehören sie doch noch zu jener Generation, die oralen Sex zur intimsten Handlung zählt, die man überhaupt praktizieren kann.

Mit der Aufregung der Älteren können die Jungen nichts anfangen. Der Präsident hat's schließlich auch getan, und spätestens seither weiß doch jeder, dass Oralverkehr «no big deal» ist, also keine große Bedeutung hat. «Kinder aus der sechsten und siebten Klasse, die ganz oben auf der Beliebtheitsskala stehen, geben mit solchen Aktivitäten an», erzählt eine Fünfzehnjährige der Tageszeitung *USA Today*. «In meiner Schule ist es Konsens, dass Oralsex Mädchen populär macht, während Geschlechtsverkehr sie zu Außenseitern stempeln würde. Die Grundhaltung ist, dass man oralen Sex haben kann ohne eine emotionale Bindung. Es ist etwas, das auf einer Party passiert, worüber es Geraune unter Freunden gibt und das eine Woche später vergessen ist.» (16. November 2000)

Dabei haben Erziehungsberechtigte und Medien alles darangesetzt, die Machenschaften des damaligen Präsidenten vor ihren Kleinen geheim zu halten. Griffige Formulierungen haben amerikanische Journalisten schnell parat, so auch in diesem Fall. *Monicagate* wird der Skandal getauft – in Anlehnung an jene Affäre, die 1972 Präsident Richard Nixon zum Rücktritt zwang. Wenn über *Monicagate* berichtet wird, halten die Moderatoren dazu an, Minderjährige aus dem Zimmer zu schicken, bevor sie sich genüsslich in scheinheiliger Anständigkeit suhlen und die neuesten Details ausbreiten. «Bedenken Sie, es ist noch heller Nachmittag, Kinder könnten zuhören», ermahnt CBS-Moderator Dan Rather einen Korrespondenten, bevor der loslegt mit seinem Bericht über den Sonderermittler Kenneth Starr, der den zügellosen Präsidenten zu Fall bringen will. Andere Journalisten appellieren an empfindliche Erwachsenenseelen: «Achtung, Sie könnten sich durch die folgenden Nachrichten verletzt fühlen.»

Bevor CNN das Video mit Bill Clintons Aussage vor der Jury abspielt, wiederholt der Sender alle drei Minuten: «Inhalt und Sprache könnten Sie verletzen und unpassend für Kinder sein.» Doch die Nation lässt sich nicht abschrecken, Millionen lauschen dem Geständnis des Präsidenten – manche mit echter, manche mit gespielter Empörung. Aber viele auch mit einer Mischung aus Verständnis und gleichgültigem Amüsement. Fast ein Jahr lang versucht die konservative Opposition, Clinton zu Fall zu bringen. Während der ganzen Zeit bleiben seine Beliebtheitswerte stabil. «Wenn das in Frankreich passiert wäre, hätten die Franzosen ihrem Präsidenten einen Orden gegeben», antwortet ein junger Amerikaner vor dem Weißen Haus, als wir ihn fragen, was er von der Sache halte. Sicher eine Einzelmeinung, aber ohne den Rückhalt in der Öffentlichkeit hätten die demokratischen Abgeordneten möglicherweise Clintons Amtsenthebung zugestimmt. Trotz der Affäre mit einer Untergebenen wollten die meisten Amerikaner ihren Präsidenten behalten. Das ist die oft unterbewertete Seite von *Monicagate*. Ganz so verklemmt, wie man es gerne darstellt, sind Amerikaner offenbar nicht. Jedenfalls nicht alle. Für viele Eltern bestand das Hauptproblem darin, das nicht gerade vorbildliche Verhalten des Präsidenten ihren Kindern zu erklären.

«Diese Zeitung kaufen Sie lieber nicht!», rät uns die Kassiererin an einer Tankstelle in Virginia während dieser skandalträchtigen Zeit. «Ist alles nur über Clinton.» Schon ihr siebenjähriger Sohn, klagt sie, löchere sie täglich mit Fragen. «Er will alles über diesen Fleck auf Monicas Kleid wissen, und ich weiß nicht, wie ich es ihm beibringen soll, denn er liebt den Präsidenten wirklich.» So wie dieser Kassiererin geht es auch anderen Müttern. Anlass für die Medien, ihre lüstern-ausführliche Berichterstattung über den Skandal auszudehnen bis in die Ratgeberecken.

«Wie sag ich's meinem Kinde?» wird zu einer der wichtigsten Fragen in Wochenendbeilagen. Die *Washington Post* zieht eine Psychologin zu Rate, die empfiehlt, die aktuellen Ereignisse als Anlass für moralische Lektionen zu nutzen: «Sie können Ihren Teenager darauf aufmerksam machen, wie mächtig Sex sein kann und dass man deshalb vorsichtig und verantwortungsvoll sein muss. Und dass Sie deshalb darum bitten, die Zimmertür aufzulassen, wenn ein Freund des anderen Geschlechts zu Besuch ist.» Später veröffentlicht die Zeitung eine Abschrift von Clintons Vernehmung in einer separaten Einlage, damit man sie herausnehmen und vor den Kindern verheimlichen kann.

Das Wochenmagazin *Newsweek* erteilt Tipps unter der Überschrift: «Mami, was ist oraler Sex?» Auch hier gehen die Experten davon aus, dass die Eltern in erster Linie an geschickt getarnten Ablenkungsmanövern interessiert sind. Fünf- bis achtjährige Kinder seien glücklicherweise mehr am Thema «Lügen» als am «Sex» interessiert. «Wenn sie wissen wollen, was oraler Sex ist, geben Sie eine sehr kurze Antwort», rät eine Kindertherapeutin, ohne ins Detail zu gehen. Mit Zehn- bis Elfjährigen solle man über den Treueschwur sprechen, den Paare leisten, wenn sie heiraten. Falls ein Kind fragt, warum die Leute so viele Witze über Clinton und Zigarren machen, empfiehlt die Vorsitzende des Sexualaufklärungsverbandes folgende Antwort: «Es gibt endlos viele Arten, sexuell aktiv zu werden, aber ich bin nicht darauf vorbereitet, dieses spezielle Verhalten mit dir zu besprechen. Ich würde lieber mit dir über die schlechte Entscheidung sprechen, die diese Person getroffen hat.» Eltern von Teenagern sollen die «goldene» Gelegenheit ergreifen, über Ethik zu sprechen, und klar machen, dass es eine Sache ist, sexuelle Gefühle zu haben, aber eine andere, sie auszuagieren.

Ratschläge ganz im Sinne des jetzigen Präsidenten George W. Bush, der bemüht ist, andere Signale als sein Vorgänger zu setzen. «Ich werde Ehre und Würde wiederherstellen im Weißen Haus!», versprach er schon im Wahlkampf. Die Website seines Gesundheitsministeriums *4parents.gov* propagiert sexuelle Abstinenz als jugendliche Bürgerpflicht und sät Misstrauen gegen jegliche Art von Verhütungsmitteln. Sexualpädagogen, die für eine umfassende Aufklärung über Verhütungsmittel, Sexualpraktiken und durch Geschlechtsverkehr übertragene Krankheiten plädieren, haben derzeit keinen einfachen Stand. Oberwasser haben konservative Pädagogen, die fürchten, ausführliche Information könnte Teenager zu sexueller Aktivität anregen. Das heißt noch lange nicht, dass sie tatsächlich in der Mehrheit sind. Aber sie sind laut, unduldsam und aktiv. Und längst nicht so charmant wie Kathleen Turner in dem Film «Peggy Sue hat geheiratet», als sie ihre Tochter mit einem einzigen Satz über die «facts of life» aufklärt: «Honey, weißt du, was ein Penis ist?», fragt sie und schaut ebenso erwartungsvoll wie herausfordernd. «Halt dich davon fern!» Aber das galt schon 1986, als der Film für den Oscar nominiert wurde, nicht gerade als vorbildliche Sexualpädagogik.

Das lückenhafte Wissen verführt Jugendliche zu falschen Annahmen. So meinen nicht nur viele, Oralverkehr sei kein Sex, sondern sie glauben obendrein, er sei sicher, weil man davon weder schwanger noch krank werden könne. Sie haben keine Ahnung, dass es eine Reihe von Geschlechtskrankheiten gibt, die sich nicht ausschließlich durch vaginalen Sex ausbreiten. Andere wissen zu wenig über Kondome, gebrauchen sie deswegen falsch oder gar nicht. So zeigt eine Studie kurioserweise, dass Teenager, die einmal öffentlich geschworen haben, jungfräulich zu bleiben, bis sie heiraten, sich fast ebenso häufig mit einer Geschlechtskrankheit infizieren wie andere Jungen und Mädchen, die diesen Schwur nie geleistet haben.

So genannte *virginity pledges*, Jungfräulichkeitsgelübde, wurden initiiert von der *Southern Baptist Convention*, die 1993 die Kampagne *True Love Waits* («Wahre Liebe wartet») ins Leben rief. Mehr als 200 000 Teenager leisten in den ersten Monaten der Kampagne einen feierlichen Eid:

«Ich glaube, dass wahre Liebe wartet. Vor Gott, vor mir selbst, meiner Familie, meinem date, meinem/r zukünftigen Partner/in und meinen zukünftigen Kindern, verpflichte ich mich, sexuell rein zu bleiben bis zu dem Tag, an dem ich heirate.»

Manche legen ihr Gelöbnis im Rahmen hochzeitsähnlicher Zeremonien ab, organisiert von Kirche und Eltern, mit feierlichem Essen oder einem Empfang mit Kuchen. Einige erhalten von ihren Eltern einen goldenen Ring, ganz so wie ein Ehering, den sie später ihrem Ehemann bzw. ihrer Ehefrau überreichen sollen. Im Sommer 1993 reisen 20 000 Jugendliche nach Washington und stellen dort 211 000 unterschriebene Verpflichtungen auf der *National Mall* aus, der weiten Rasenfläche zwischen dem Kapitol und dem Washington Monument. «Pet your dog, not your date!» – «Streichle deinen Hund, nicht deinen Freund!», fordern sie, und die *Newsweek* titelt: «Virgin cool». Eine auserwählte Gruppe der Demonstranten wird ins Weiße Haus geladen, um den damaligen Präsidenten zu treffen. Und das ist ausgerechnet Bill Clinton. Doch zu diesem Zeitpunkt weiß noch niemand, dass sein unzüchtiges Verhalten bald weltweite Schlagzeilen produzieren wird.

Die Eltern der jungfräulichen Teenies sind selbst aufgewachsen im Zeitalter der sexuellen Liberalisierung. Befreiten sich viele Frauen damals mit dem Schlachtruf: «Das ist mein Körper, und ich schlafe mit so vielen Männern, wie ich will!», so rufen ihre Sprösslinge heute aus: «Das ist mein Körper, und ich brauche mit niemandem zu schlafen, wenn ich nicht will.» Zwischen diesen Lebenshaltungen liegen zwar Welten, aber trotzdem atmen die einst freizügigen Mütter und Väter auf: Besser prüde Kinder als HIV und ungewollte Schwangerschaften. Der Puritanismus hat viele Freunde: den Feminismus, den lieben Gott und Aids.

Die Enthaltsamkeitskampagne richtet sich an Jungen und Mädchen gleichermaßen, doch reagieren die angehenden Männer wesentlich zurückhaltender. Die meisten Jungs bezweifeln, dass sie mit lauthals propagierter Keuschheit in ihrem Freundeskreis tatsächlich für cool gehalten werden. Mädchen reagieren positiver. Viele sind dankbar für Ratschläge, die ihnen helfen, sich nicht unter Druck setzen und zum Sex drängen zu lassen. Gemeinsam ist es leichter, «Nein!» zu sagen, ohne sich altmodisch und hinterwäldlerisch zu fühlen. Sie tragen ihre Keuschheitszeugnisse stolz und nicht selten mit Pathos vor sich her.

«Du bist wie eine wunderschöne Rose.
Jedes Mal, wenn du vorehelichen Sex hast,
wird dir ein kostbares Blütenblatt genommen.
Lass deinen späteren Ehemann
nicht einen kahlen Stängel halten.
Sei enthaltsam!»

Diese Anstecknadel aus kleinen Rosen kam 1993 anlässlich der Demonstration in Washington auf den Markt und ist noch heute für $ 1.95 online zu bestellen im *Abstinence Outlet*. Die männliche Version erschien erst ein Jahr später und fällt etwas sachlicher aus. Es ist eine «Hundemarke» mit Kette, wie sie auch von Soldaten getragen wird, zu haben für $ 2.75:

«Wahre Männer üben Selbstkontrolle.
Sei enthaltsam!»

Das Angebot solcher Propagandamaterialien ist inzwischen recht vielfältig. Das *Abstinence Outlet* bietet zum Beispiel: *eros eraser*, Radiergummis mit der Aufschrift: «Manche Fehler sind nicht leicht auszuradieren.» Oder Gummiarmbänder und *mood pens* («Stimmungsstifte»), die warnen: «Der sicherste Sex ist *kein* Sex!» Nach Aussagen der Organisation *True Love Waits* haben 2,4 Millionen Jugendliche seit 1993 einen Keuschheitsschwur abgelegt.

Allerdings sind nicht alle wahrhaftige Jungfrauen. Einige sind *reborn virgins* in ihrer *secondary virginity*, wiedergeborene Jungfrauen in ihrer zweiten Jungfräulichkeit. Was das heißt? Es bedeutet: Sie hatten ihre sexuellen Erlebnisse und wurden bekehrt. Sie würden am liebsten ungeschehen machen, was passiert ist. Sie bereuen, was sie getan haben, und geloben, es bis zur Hochzeit nicht wieder zu tun. Dieses Gelübde verschafft ihnen den Anspruch auf eine zweite Jungfräulichkeit.

Sofern sich so etwas nachvollziehen lässt, sind Jugendliche in den Vereinigten Staaten nicht weniger, aber auch nicht mehr sexuell aktiv als Gleichaltrige in Europa. Trotzdem werden nirgendwo in der westlichen Welt so viele Minderjährige schwanger wie in den USA. Nach Aussage des amerikanischen Gesundheitsministeriums erwarten jedes Jahr ungefähr eine Million junger Frauen unter 21 ein Baby, die Hälfte ist nicht älter als siebzehn. In den meisten Fällen sind die Schwangerschaften weder geplant noch erwünscht. Ein Drittel wird durch Fehlgeburt beendet, ein weiteres Drittel durch Abtreibung, ein Drittel wird ausgetragen. Je ärmer die Mädchen und ihre Familie, desto wahrscheinlicher ist eine frühe ungewollte Schwangerschaft. Und damit ist für die meisten der Weg aus der Armut heraus verbaut. Nur wenige Teenager-Mütter beenden ihre Schulbildung, die Hälfte bleibt auf Sozialhilfe angewiesen.

Für viele Sexualforscher ist offenkundig, warum in den USA so viele Mädchen unabsichtlich schwanger werden. «Weil wir keinen

Sexualkundeunterricht haben, der über Verhütung aufklärt, weil wir zu Hause nicht darüber sprechen, weil wir Teenagern keinen Zugang dazu verschaffen, weil wir in unseren Medien nicht dafür werben», stellt Victor C. Strasburger von der Medizinischen Hochschule New Mexicos fest.

Nur 18 von 50 amerikanischen Bundesstaaten verlangen derzeit von öffentlichen Schulen, Sexualkundeunterricht anzubieten. In einigen Staaten, wie z. B. Louisiana, erfahren die Kinder etwas über Aids, aber nichts über andere beim Sex übertragene Krankheiten. In anderen Staaten, etwa Washington State, wird im Unterricht von Verhütung bis zur Homosexualität alles angesprochen. Doch fast überall bleibt den Erziehungsberechtigten das Recht unbenommen, Aufklärung von ihren Kindern fern zu halten.

Gerade erst mussten wir uns schriftlich einverstanden erklären, dass unsere Tochter in der 5. Klasse etwas über Sexualität erfährt. «Bevor wir das Thema ‹menschliche Sexualität› ansprechen, werden die Eltern von Minderjährigen benachrichtigt», informiert uns ein Brief der Schule. «Ein Schüler ist entschuldigt und muss nicht teilnehmen, wenn Eltern oder Erziehungsberechtigte schriftlich darum bitten.» Dieses Vorgehen gilt für alle öffentlichen Schulen in Washington. Das heißt, Eltern können ihre Kinder von solchen Informationen abschirmen, jedenfalls was den Unterricht angeht. Manche vergessen dabei leider, dass sie das Thema zwar aus dem Lehrplan, nicht aber aus dem Leben ihrer Kinder verbannen können. Spätestens ab der Mittelstufe gehört «Sex» zu den beliebtesten Gesprächsstoffen in der Pause – und nicht immer bleibt es beim Reden. Unweigerliche Erfahrungen, die von Erziehungsberechtigten nicht zu kontrollieren sind. Zwar sind die meisten amerikanischen Eltern Umfragen zufolge der Meinung, dass sexuelle Aufklärung in den Lehrplan gehört, wenigstens in der Mittel- und Oberstufe. Doch wenn es dann um die inhaltliche Gestaltung geht, bringen konservative Bedenkenträger die Reformen nicht selten zum Scheitern.

Anfang 2006 laufen Eltern und Pastoren Sturm gegen ein Aufklärungsprogramm für achte und zehnte Klassen in Montgomery County, einem Landkreis in der Nähe von Washington. Stein des Anstoßes: Das Programm stelle Homosexualität als genetisch bedingt dar und behaupte, in jungen Jahren sexuelle Erfahrungen mit dem eigenen Geschlecht zu machen sei normal. Obendrein soll während des Unterrichts ein Video gezeigt werden, in dem ein Mädchen versucht, ein Kondom über eine Gurke zu ziehen. Nach lauten Protesten einiger Eltern werden an dieser Unterrichtseinheit nur noch Jugendliche teilnehmen, deren Eltern eine Einverständniserklärung unterzeichnet haben. Für Schülerinnen und Schüler, deren Eltern nicht einverstanden sind, werden Alternativen geboten: ein anderes Aufklärungsprogramm, das ausschließlich auf Enthaltsamkeit abhebt, oder die Beschäftigung mit einem harmlosen Thema wie Stressbewältigung oder gesunde Ernährung.

Ähnlich wie die Unterrichtsinhalte werden die Inhalte von Fernsehshows und Kinofilmen überwacht. Eine staatlich beaufsichtigte Behörde, die *Federal Communications Commission (FCC)*, setzt und kontrolliert Regeln für terrestrische Radio- und Fernsehsendungen. Schützenhilfe erhält die Kommission vom *Parents Television Council (PTC)*, einer streng konservativen Gruppe, die die Kontrolle am liebsten auch auf Kabel- und Satellitenprogramme ausdehnen würde. Diese Programme sind bisher ausgenommen, weil sie nicht allgemein zugänglich sind, sondern vom Konsumenten gezielt gekauft werden müssen.

Die *FCC* kann drakonische Strafen verhängen. Für einen höchstens zwei Sekunden kurzen Blick auf die nackte Brust der Sängerin Janet Jackson wurde der Sender CBS zu einem Bußgeld von 550 000 Dollar verdonnert. Während der Halbzeit des *Superbowl* im Februar 2004 trat Jackson gemeinsam mit dem Sänger Justin Timberlake auf. Der *Superbowl*, eine Art Pokalendspiel des amerikanischen Footballs, erweist sich alljährlich als Straßenfeger und hat die höchsten Zuschauerquoten aller Fernsehsendungen. Über 80 Millionen hocken vor dem Bildschirm, Jung und Alt, ganze Familien, Enkelkinder auf Großpapas Schoß – und ausgerechnet hier passiert es: Mit einer ruckartigen Bewegung reißt Timberlake an Jacksons schwarzem Bustier und legt ihre Brust frei. Orkanartige Empörung geht durch die Medien und richtet sich – erstaunlicher- oder bezeichnenderweise? – mehr gegen Janet Jackson als gegen Justin Timberlake. *Nipplegate* nennen die Amerikaner die Posse, in Anspielung auf *Watergate* – als habe die entblößte Brust ähnlich weit reichende Bedeutung wie der Abhörskandal.

Der Sänger spielt in der Nachlese das Unschuldslamm, auch Janet gibt sich reumütig. Beide entschuldigen sich und behaupten, ein Kostümfehler sei schuld gewesen. Davon unbeeindruckt schickt sich eine Bankangestellte aus Tennessee an, stellvertretend für alle gekränkten Zuschauer auf Schadensersatzzahlungen zu klagen. Die Klage wird allerdings zurückgezogen. Es hätte ihr wohl auch an Rückhalt gefehlt. Denn einen Tag nachdem die *FCC* ihr geharnischtes Urteil verkündet, bringt die *Kaiser Family Foundation* Ergebnisse einer Umfrage auf den Markt. 67 Prozent der amerikanischen Eltern sahen in der ungewöhnlichen Superbowl-Einlage keinen Grund zur Sorge um die Moral ihrer Kinder. Solchen Umfrageergebnissen schenken europäische Medien allerdings wenig Aufmerksamkeit. Sie passen nicht zum Klischee des verklemmten Puritaners.

Auch wenn *Nipplegate* nicht zu folgenreichen Privatklagen führte, so war der Skandal doch schwerwiegend genug, um die amerikanische Mediengeschichte zu beeinflussen. Es gibt seither keine wirklichen Live-Übertragungen großer Shows mehr. Die *Grammy*-Preisverleihung, die CBS nur wenige Tage nach *Nipplegate* zu überstehen hatte, wurde um fünf Minuten zeitversetzt ausgestrahlt. Heute sind die Sender etwas erfahrener, die Methoden verfeinert. Ob Sportereignis oder Oscar-Verleihung – die

Verzögerung beträgt nur noch 10 bis 15 Sekunden, Zeit genug, um nackte Haut und unanständige Wörter unkenntlich zu machen. 2006 spielen die Rolling Stones während der Halbzeit des *Superbowl.* Vorher gibt es viele Spekulationen – und eine Pressekonferenz der Stones. «Die Verantwortlichen sind nervös», sagt Mick Jagger grinsend. «Ihre Angst dreht sich wohl darum, wie oft jemand zur besten Sendezeit im Fernsehen ‹*fuck*› sagen kann.» Nach dem F hört man nur noch einen langen «Bleep». Einige Tage später, während des *Superbowl*, gehen nur «saubere» Stones-Songs über den Äther.

Im Gegensatz zu den über Antenne zu empfangenden Programmen dürfen Kabel- und Satellitensender zwar zeigen, was sie wollen, aber auch sie nehmen gegebenenfalls Rücksicht auf besondere Empfindlichkeiten und warnen, bevor es losgeht: *V – BN – AC – AL* liest der verantwortungsvolle Zuschauer da zum Beispiel und schickt sofort die Kinder aus dem Raum. Achtung, heißt das nämlich, der folgende Film enthält *Violence, Brief Nudity, Adult Content, Adult Language* – also Gewalt, kurze Nacktheit, Sex und Schimpfwörter.

Natürlich gibt es auch in den Vereinigten Staaten Diskussionen über den Zusammenhang von realer Gewaltanwendung und Brutalität in Filmen und Computerspielen. Doch verlaufen diese Debatten wesentlich gelassener als alles, was auch nur im Entferntesten mit Sex zu tun hat. Zu jeder Tages- und Nachtzeit erschießen, erstechen oder erschlagen sich Western- und Krimihelden, Raumschiffbesatzungen, Außerirdische und sonstige Kino- und Fernseh-Kreaturen. Die Aufregung hält sich in Grenzen. Aber wehe, es läuft jemand nackt über den Bildschirm, dann springen die Moralapostel der Nation im Dreieck.

Während allgemein empfängliche Radio- und Fernsehprogramme staatlich kontrolliert werden, hat sich die Kinofilmindustrie einer Art Selbstkontrolle unterworfen. Das geschah, nachdem 1967 der Gebrauch des bösen Wortes «fuck» in zwei Filmen große Proteste hervorgerufen hatte. In der Folge gründete die *Motion Picture Association of America (MPAA)*, ein Zusammenschluss der sieben größten Hollywood-Studios, eine zwölfköpfige Kommission und entwickelte ein Beurteilungsraster. Gegen eine nicht unerhebliche Gebühr, deren Höhe sich nach dem Umfang des jeweiligen Filmbudgets richtet, können Produzenten ihre Produkte bei der *MPAA* prüfen und sozusagen abstempeln lassen. Das ist zwar nicht verpflichtend, wird aber trotzdem in den meisten Fällen so gehandhabt. Ein Film ohne *MPAA*-Kontrolle wird in der Öffentlichkeit von vornherein skeptisch beäugt und hat kaum eine Chance, zum Kassenschlager zu werden. Heute gibt es fünf Kategorien, die als Entscheidungshilfe für die Eltern gedacht sind:

Rated G – Uneingeschränkt geeignet für jede Altersgruppe.

Rated PG – Einige Szenen mögen für Kinder nicht geeignet sein. (PG steht für parental guidance, das heißt elterliche Begleitung).

Rated PG-13 – Einige Szenen mögen für Jugendliche unter 13 nicht geeignet sein, trotzdem wird jeder zugelassen. Elterliche Kontrolle strengstens empfohlen.

Rated R – Jugendliche unter 17 sind nur in Begleitung Erwachsener erlaubt (R steht für restricted, beschränkt).

Rated NC-17 – Jugendliche unter 18 sind nicht zugelassen (NC steht für no children).

Die Filmindustrie hat bei jeder Produktion einen Balanceakt zu absolvieren. Bekommt der Film ein *R* für *restricted*, werden Eltern ihren Kindern unter 17 nicht erlauben, ihn anzuschauen. Wird er als zu harmlos eingestuft, werden die Teenager selbst ihn als Kinderkram zurückweisen.

Am begehrtesten bei Filmemachern ist die Kategorie *PG-13*, die elterliche Kontrolle strengstens empfiehlt, da einige Szenen für Jugendliche unter 13 nicht geeignet sein mögen. Trotz dieser Empfehlung haben Jugendliche jeglichen Alters auch ohne Begleitung Zugang zu diesen Filmen. *PG-13*-Kinofilme spielten in den vergangenen Jahren rund doppelt so viel ein wie *Rated-R*-Filme, obwohl letztere zahlreicher auf dem Markt sind. Junge Teenager und *preteens* sind die am meisten umworbene Zielgruppe. Sie sind die fleißigsten Kinogänger. Sie scheuen nicht davor zurück, ein und denselben Film mehrere Male hintereinander anzuschauen. Und sie haben – abgesehen von sportlichen Aktivitäten – nicht allzu viele Möglichkeiten, ihre Freizeit zu verbringen. Bars, Restaurants und Discos sind für sie noch tabu. Sie besitzen noch keinen Führerschein, sind also angewiesen auf Orte, die ihre Eltern für sicher halten. Das sind vor allem Einkaufszentren und Kinos. In den Einkaufszentren mit großen Multiplexkinos setzen Mütter und Väter am Freitag- und Samstagabend ihre Dreizehnjährigen in Gruppen ab, versorgt mit einem Handy und ausreichend Taschengeld für Kinokarte, Popcorn und Cola. Sie verlassen sich darauf, dass der Nachwuchs – wie besprochen – die ungeeigneten Filme meidet oder gegebenenfalls von den Kinobetreibern zurückgewiesen wird.

Die Arbeit der Kontrollkommission ist abgeschotteter als Politbürositzungen in der Sowjetzeit. Noch nicht einmal die Namen der Mitglieder sind öffentlich. Detaillierte Richtlinien für ihre Arbeit werden unter Verschluss gehalten, die Juroren sind zur Geheimhaltung verpflichtet. Man weiß nur, welche Aspekte von den Gutachtern untersucht werden: Sprache, Sex, Drogengebrauch und Gewalt. Eine Analyse der beurteilten Filme lässt allerdings Rückschlüsse zu. So scheint es, dass zum Beispiel das *f-word*, einmal gebraucht, den Film sofort von *PG* nach *PG-13* katapultiert. Das *f-word*, zweimal gebraucht, führt direkt in die Kategorie *R*. Halt, so einfach ist das auch wieder nicht. Unter Umständen reicht ein *f-word*, um den Stempel *R* zu erhalten, nämlich dann, wenn es in ausdrücklich sexuellem Sinne gebraucht wird. Also:

«That f... guy» darf man ruhig einmal sagen vor Dreizehnjährigen, während «That guy is f... a woman» sofort in die Kategorie R und damit von der wichtigsten Kundengruppe wegführt.

Die offensichtlich recht formale Handhabung führt nicht selten zu fragwürdigen Ergebnissen. So bekommen Kinobesucher in einem *PG-13*-Film kaum je einen nackten Busen zu sehen, auch nicht außerhalb jeglichen sexuellen Kontexts. Die natürliche, gar unschuldige Nacktheit ist aus der amerikanischen Vorstellungswelt völlig verschwunden. Ein nackter Körper wird grundsätzlich als Aufforderung zur Lüsternheit interpretiert und erlaubt nur wenige Reaktionsweisen: wegsehen, Verbot oder kichern und feixen. Gleichzeitig sind gerade die *PG-13*-Filme voll von sexuellen Anspielungen: Geschlechtsverkehr, Oralverkehr, eindeutige Tänze – nichts wird ausgespart, wenngleich die Vollendung der Phantasie der Jugendlichen überlassen bleibt. Das ist die Kunst des Teenagerfilmemachens: nicht zeigen, aber jeden wissen lassen, was gleich passiert, und rechtzeitig ausblenden.

Schluss jetzt mit der Anständigkeit! Vergessen wir nicht, dass das angeblich so puritanische Amerika die Weltzentrale der Sexfilmindustrie beherbergt. Von Los Angeles aus nördlich gelegen, gewissermaßen hinter den Hügeln von Hollywood, liegt das Tal von San Fernando, im Volksmund nur *The Valley* genannt. Heerscharen von Kameraleuten, Tontechnikern und Beleuchtern arbeiten hier wie am Fließband. Der Ausstoß: über 10000 Titel im Jahr.

Tom hat das Vergnügen, die Pornobranche für einen Fernsehfilm genauer unter die Lupe zu nehmen. Er trifft die Porno-Regisseurin Jane Hamilton, die in Los Angeles gerade den Film *Loves Passion* dreht. Jane war früher selbst Darstellerin. Sie verkörpert den wirtschaftlichen Aufstieg der Branche. «Der Siegeszug des Videos hat uns raus aus den Porno-Kinos und rein ins traute Heim gebracht», verkündet sie nicht ohne Stolz. Ihre Crew dreht nicht mit Amateurkameras, sondern auf Film. Sie hat ein Budget von über 100 000 Dollar.

Ironischerweise hat gerade die Anti-Porno-Welle in Amerika der Branche erst richtigen Auftrieb gegeben. Während in New York und anderen Städten die Sexkinos massenweise geschlossen wurden, tat sich ein viel besserer Markt auf, der des Individualkonsums. Seit man nicht mehr ins Schmuddelkino muss, um sich anregen zu lassen, ist die Hemmschwelle auch unter Saubermännern gesunken. Was Jane und ihre Kollegen tagsüber produzieren, schauen Millionen reisender Geschäftsleute abends im Hotelzimmer, ohne erkannt zu werden. Die Hotelketten erhalten 20 % vom Umsatz. Ein Millionengeschäft für alle Seiten. Dazu kommt die Verwertung durch das Bezahlfernsehen im Kabelnetz. Die Nachfrage ist riesig, die Filme können gar nicht so schnell abgedreht werden, wie sie gebraucht werden.

In den letzten zehn Jahren hat die Branche bewusst ein Starsystem à la Hollywood entwickelt. Die Hauptdarstellerin von *Loves Passion* heißt Julie Ashley, jedenfalls nennt sie sich so. Die wichtigsten Köpfe und Körper sind nicht mehr austauschbar. Stars binden Zuschauer und werden mit den Produktionsfirmen identifiziert. Ein verkleinertes Abziehbild des großen erfolgreichen Hollywoodsystems.

Die Produzentin Jane Hamilton ist eine zierliche, aparte Frau. Sie wirkt kein bisschen anzüglich, sondern schlichtweg professionell. Sie ist verheiratet mit einem Tontechniker, der in derselben Branche arbeitet, und führt ein normales, bürgerliches Familienleben. Im Gespräch mit Tom erinnert sie sich an die Zeit von *Watergate*. Während des Politskandals um Präsident Nixons Regierung wurde ein Pornofilm berühmt: *Deep Throat*. Diesen Filmtitel benutzten nämlich die beiden Reporter Bob Woodward und Carl Bernstein als Decknamen für ihren wichtigsten Informanten. Vor kurzem kam *Deep Throat* nochmal in die Schlagzeilen, als der Informant enttarnt wurde. «Wir haben eine komische Einstellung zum Sex in Amerika», findet Jane. «Als Anfang der 70er Jahre der Kultporno *Deep Throat* rauskam, wurde für Pornos genauso Werbung gemacht wie für andere Filme. Sie wurden nicht anders behandelt als zum Beispiel Horrorfilme. Dann kam ein Punkt, an dem Amerika sich fragte: Was sollen wir erlauben, was nicht? Und aus irgendwelchen Gründen war die Entscheidung: Gewalt ist okay, Sex nicht. Seitdem sehen Sie in den Zeitungen keine Anzeigen für Pornofilme mehr.»

Die Firma, für die Jane ihre Filme dreht, *VCA Pictures*, ist einer der vier größten Pornoproduzenten der Welt. Das Studio liegt unscheinbar in einem Gewerbegebiet. Janes Boss, der Chef von *VCA*, ist Russel Hampshire. Er begrüßt Tom und das ARD-Team entspannt in einem kurzärmeligen Hawaiihemd. Seine Frau macht bei *VCA* die Buchhaltung. Mittwochs gehen sie mit der Belegschaft Bowling spielen. Wenn Russel seine Firma präsentiert, hat man den Eindruck, einen ganz normalen mittelständischen Betrieb zu besichtigen. Keine Nacktfotos an den Wänden – aber 100 000 bis 150 000 Pornokassetten im Lagerraum.

VCA liefert die Ware zunächst an Zwischenhändler, die sich mit der rechtlichen Lage an den jeweiligen Bestimmungsorten auskennen. «In den USA definiert jede einzelne Stadt und Gemeinde selbst, was ‹Obszönität› bedeutet.» Russel Hampshire rollt mit den Augen. «Es gibt 500 000 bis 600 000 verschiedene Gemeinden in den USA. Wie sollen wir wissen, was wo erlaubt ist und was nicht?» An der Wand von Russels Büro hängen einige patriotische Reliquien. Er hat im Vietnamkrieg gekämpft und den «Bronze-Star», eine amerikanische Tapferkeitsmedaille, erhalten. In dieser Hinsicht ein Vorzeigeamerikaner. Aber er fühlt sich in die Ecke gedrängt: «Unsere religiöse Rechte – die wollen einem vorschreiben, was man in seinen eigenen vier Wänden tun und lassen soll. Sie schreiben ganze Bücher darüber, wie man uns am besten den Prozess macht. Dabei sind wir nur normale Geschäftsleute. Etwa 600 Millionen Pornofilme gehen in einem Jahr über den Ladentisch. Das sind eine Menge Videos. Die haben nicht nur ein oder zwei Exhibitionisten im Regenmantel angeguckt, wie uns die religiöse Rechte und die Regierung weismachen wollen. Sehr viele Leute gucken das!»

Über vier Milliarden Dollar pro Jahr setzen die Pornofilme mittlerweile um. Der Löwenanteil davon verteilt sich auf Russels *VCA Pictures* und drei andere große Firmen – alle angesiedelt im Tal von San Fernando. Natürlich arbeiten diese Betriebe nicht unter Quarantäne. Es gibt reichlich Verflechtungen mit der regionalen Wirtschaft. Allerdings diskret. Ein kleines Beispiel: Russel verschickt jede Woche über 100 000 Kassetten, alle mit Hochglanzhüllen versehen, damit die Hauptdarstellerinnen dem potenziellen Kunden schön lüstern entgegenschmachten. Ein gutes Geschäft für die örtliche Druckerei. «Die kriegen dicke Aufträge von mir.» Wie dick? «Etwa 80 000, manchmal 100 000 Dollar pro Monat.» Um die Beziehungen zur Pornoindustrie zu verstecken, hat die Druckerei eine unabhängige Tochterfirma gegründet, die die nackten Körper aufs Papier bannt. Die Druckmaschinen sind allerdings dieselben, die am nächsten Tag vielleicht Märchenmotive auf Kartons pressen.

Weil Pornofilme als Einzelvideos verbreitet werden, braucht man viele Kopien. Tausende von Kopien. Im Kopierwerk von *VCA* herrscht dementsprechende lärmende Betriebsamkeit. Achtzehn Angestellte eilen zwischen Stellwänden mit technischen Geräten hin und her. Hier ziehen sie Kassetten heraus, dort stecken sie welche hinein. «Klack, klack, klack», machen die Kassetten schluckenden Bandmaschinen unaufhörlich. Bis zu 36 000 Kassetten pro Tag können in dieser Abteilung bespielt werden. Die knapp 3000 Videogeräte müssen professionellem Standard genügen, um die Dauerbelastung auszuhalten. Solche Geräte und eine solche Struktur erfordern Geld. Mindestens 6 Millionen Dollar an Investitionen bräuchte man, erklärt Russel, um eine solche Firma aufzubauen. «Wir machen auch viele Kopien für andere Firmen, sogar für unsere Konkurrenz. Das bringt ungefähr die Hälfte unseres Umsatzes. Wir erhalten auch Aufträge von Kirchen; für die kopieren wir religiöse Videos. Wir sagen ihnen offen, wer wir sind. Manche wollen dann lieber nicht. Aber wir kopieren für Kirchen auch viel umsonst, und so ist es den meisten egal.»

Auch die Kunst bleibt von eigenwilligen moralischen Wertungen nicht verschont. Ein mit uns befreundeter Künstler bereitet eine Ausstellung in einem Restaurant vor. Die Einladungskarte soll das Porträt einer nackten Frau zeigen. Doch der Restaurantbesitzer erhebt Einspruch: «Das macht meine Kundschaft nicht mit!» So ein Motiv, an Dutzende von Leuten verschickt, könne Anstoß erregen, fürchtet er. Nach den entgeisterten Blicken, die Sabine einmal dafür erntete, dass sie einen *Spiegel* mit einem kleinen Schwarzweißfoto der nackten Uschi Obermeier im Flugzeug offen liegen ließ, bezweifeln wir nicht, dass der gelungene Akt dem einen oder anderen Gast den Appetit verderben könnte.

Ende der 1990er Jahre zeigen zwei Vorfälle, dass selbst international anerkannte Kunstwerke vor dem Zugriff radikaler Sittenwächter nicht sicher sind. In Oklahoma befindet ein Richter, dass der Oscar-gekrönte Film *Die Blechtrommel*, produziert von Volker Schlöndorff nach einem Roman von Günter Grass, Kinderpornographie und Obszönitäten enthalte. Den Anstoß dazu gab der Vorsitzende einer rechts-religiösen Gruppe, und zwar 1997, fast 20 Jahre nach Erscheinen des Films. In der Folge beschlagnahmt die Polizei Kopien in Büchereien, Videoläden und drei Privathäusern. Ein Jahr später wird gerichtlich entschieden, dass der Film gegen kein Gesetz verstößt. Das Video kann nun auch in Oklahoma wieder angeschaut werden.

Der Vorwurf der Kinderpornographie wird auch gegen zwei Bildbände der Fotografen David Hamilton und Jock Sturges erhoben. Die Bücher, *The Age of Innocence* und *Radiant Identities*, enthalten Fotos nackter Kinder. In 40 Städten protestieren 1998 religiöse Aktivisten vor und in den Filialen der Buchladenkette *Barnes & Noble* und zerstören dabei eine Reihe ausgestellter Exemplare. An mehreren Orten werden Ermittlungen gegen die Buchhandlung eingeleitet, einige Anklagen erhoben. Der Streit wird schließlich beigelegt. *Barnes & Noble* verspricht, die Bücher nicht mehr offen in niedrigen, von Kindern zu erreichenden Regalen auszulegen, weist aber die Beurteilung der Bücher als pornographisch entschieden zurück.

Als im selben Jahr zwei Bilder des österreichischen Künstlers Egon Schiele nach einer Ausstellung im New Yorker *Museum of Modern Art* beschlagnahmt werden, nehmen wir sofort an, dass nun auch Schiele für einen Pornographen gehalten wird. Stattdessen stellt sich heraus, dass amerikanische Erben österreichischer Juden Anspruch auf die Bilder erhoben haben, denn sie waren ihren einstigen Eigentümern von den Nazis abgenommen worden. Unsere Erwartungen an die amerikanische Sittenstrenge werden eben nicht immer erfüllt …

Während wir Europäer schnell dazu neigen, Meinungen und Verhaltensweisen zu ideologisieren, haben die Amerikaner zu vielen Dingen ein eher praktisches Verhältnis. Die Puritaner, die zu den ersten Einwanderern gehörten, haben die Weltanschauung dieser Nation sicherlich entscheidend mitgeprägt. Aber eben nicht nur die. In den USA treffen die unterschiedlichsten Kulturkreise und Religionen zusammen, aus Europa, Asien und Afrika. All diese Menschen unterschiedlicher Herkunft müssen im Alltag miteinander auskommen, ohne sich zu beleidigen oder gegenseitig ihr Schamgefühl zu verletzen. Natürlich können sie keine Einigkeit darüber erzielen, was moralisch anständig ist und was nicht. Das öffentliche Leben funktioniert auf dem kleinsten gemeinsamen Nenner. Die Zurückhaltung, der dezente Umgang mit allem, was auf Widerspruch stoßen könnte, hilft, Zusammenstöße zu vermeiden.

Die amerikanische Gesellschaft unterscheidet zwischen einem öffentlichen und einem privaten Raum. Im öffentlichen Raum soll nichts Anstoß erregen. Amerikaner verstricken sich mit Fremden nicht gleich bei der ersten Begegnung in emotionsgeladene Debatten über Politik oder Religion – viel zu konfliktträchtig. Und Sex gehört erst recht nicht in die öffentliche Sphäre: Solange man sein Gegenüber nicht einschätzen kann, vermeidet man alles, was eventuell verletzen könnte. Die Faustregel für den öffentlichen Raum ist: Er muss familientauglich sein. Wer mit seinen Kindern an der Hand spazieren geht und an einem Kiosk vorbeikommt, soll nicht von nackten Covergirls überrascht werden, lächeln sie nun von Pornoheften oder politischen Magazinen. Wer mit seinen Kindern einkaufen geht, dem sollen keine Flüche um die Ohren fliegen. Erwachsene unter sich vergessen schon mal die puritanischen Anstandsregeln – aber nicht, bevor sie sich vergewissert haben, dass alle in der Runde das vertragen können.

Las Vegas – der Sündenpfuhl

Mormonen, Mafia und Mogule

Es ist tiefdunkle Nacht. Durch die halb offenen Fenster weht staubige, trockene Luft in den alten Geländewagen. Im Sommer 1976 haben nur wenige Autos eine Klimaanlage. Dieses hat keine. Im Auto sitzen fünf Männer verschiedenen Alters: Einer geht auf die dreißig zu, hat lange Haare und trinkt aus einem Flachmann neunzigprozentigen Desinfektionsalkohol. Der Zweite hat kurze, gepflegte Haare und ist Anfang zwanzig. Er hatte jung geheiratet; er und seine Frau wollten sich nacheinander das Studium finanzieren. Kaum war sie fertig, machte sie sich aus dem Staub. Jetzt will er sich in Kalifornien an der Uni einschreiben. Tagsüber liest er ein Taschenbuch *Wie man es in die Medizinische Fakultät schafft*. Der Nächste ist Balletttänzer; er hat einen Stoppelhaarschnitt und sieht sehr athletisch aus. Doch sein Beruf hat seine Beinmuskeln in Mitleidenschaft gezogen; sie zucken oft unkontrolliert, wogegen er in kurzen Abständen alle möglichen Pillen einschmeißt. Wieder ein anderer heißt Wayne, ist aus einer italienisch-amerikanischen Familie in New York und will Schauspieler werden. Sein Plan: in Los Angeles einfach bei den Filmstudios rumhängen, bis sich eine Chance ergibt.

Der Letzte ist Tom, noch nicht ganz achtzehn. Es ist eine Zufallsgemeinschaft: Alle sind per Anhalter unterwegs – Richtung Westen. Tom hat einige Wochen zuvor in Wisconsin seinen High-School-Abschluss gemacht und erfüllt sich seinen Jugendtraum: Ein *road trip* nach Kalifornien, bis zum Pazifik will er. Er hat die Eltern in Deutschland vorher nicht um Erlaubnis gefragt. In Los Angeles hat er eine Anlaufstelle: Ein Klassenkamerad hat ein Sommerstipendium. Während der Semesterferien nehmen die großen Universitäten begabte Schüler für Spezialkurse auf. Der Freund hat also den Sommer über ein Zimmer auf dem Campus von UCLA, der *University of California, Los Angeles.*

Zwei Tage rollt die bunt gewürfelte Truppe durch die Wüste. In der ersten Nacht schlafen sie irgendwo auf offener Feldbahn. Tom legt sich aus Angst vor Klapperschlangen auf das Dach des Wagens, bis er vom Zähneklappern des Möchtegern-Medizinstudenten wach wird. Der hat weder einen Schlafsack noch eine warme Jacke dabei, und in der Wüste ist es nachts ebenso kalt, wie es tagsüber heiß ist. Tom kramt einen Pulli aus seinem Seesack. Die Nacht ist nicht nur kalt, sondern auch völlig schwarz. In der folgenden Nacht fährt der Wagen weiter, lässt Kilometer um Kilometer hinter sich. Keine Ortschaften entlang der Straße in Sicht, nur die Scheinwerfer anderer Autos bringen etwas Abwechslung. Die Straße geht leicht bergauf, aber das merkt man kaum in der Dunkelheit. Auf dem Kamm des Hügels angekommen, wird plötzlich durch die Windschutzscheibe ein Lichtstreifen sichtbar. Er breitet sich rasch aus. Dann liegt es vor ihren Augen: ein ganzes Meer von Lichtern, einige ruhig, andere flimmernd und zuckend. Las Vegas. Eine Insel von Licht mitten in der schwarzen Wüstennacht.

Es dauert noch etwas, bis die zusammengewürfelte Fahrgemeinschaft eintaucht in dieses Energiezentrum. Keiner hat viel Geld in der Tasche, aber das macht nichts, denn zu dieser Zeit verlässt sich Las Vegas noch ganz und gar auf die Gewinne aus dem Glücksspiel, alles andere ist billig zu haben. An der taghellen Freemont Street steigen Tom und die anderen Tramper aus. Hier im alten *Downtown* und nicht auf dem Las Vegas Boulevard schlägt damals noch das Herz der Stadt. Der berühmte Neon-Cowboy und das Cowgirl gegenüber blinken einladend und zeigen auf das Kasino, in das sie die Passanten locken sollen. Die meisten Zockerpaläste sind zu dieser Zeit in Mafia-Hand, aber das weiß Tom zum Glück nicht.

Gemeinsam mit Wayne, dem Möchtegern-Schauspieler, macht er sich auf zum *Caesars Palace*, einem riesigen Kasino im altrömischen Stil auf dem Las Vegas Boulevard, dem so genannten Strip. Eintritt ist hier wie überall erst ab 21, Tom ist 17. Er muss aber einfach mal ein Kasino gesehen haben und lässt sich von diesen Vorschriften nicht abhalten. In der Halle überall Tische mit Spielern, die Chips vor sich aufgehäuft haben, dazwischen balancieren junge, spärlich bekleidete Kellnerinnen Drinks auf Tabletts. Es dauert nicht lange, und ein Wachmann kommt auf Tom und Wayne zu: «Entschuldigung, sind die Gentlemen auch 21?» Plonk! Während Toms Herz in die Hose rutscht, hört er Wayne antworten: «Ich bin 23.» Das stimmt sogar. «Na, dann entschuldigen Sie vielmals», gibt sich der Uniformierte zufrieden und verabschiedet sich lächelnd, ohne nach Tom zu fragen oder sich einen Ausweis zeigen zu lassen. Es ist kaum zu glauben!

Einmal in diesem Tempel des Hedonismus zugelassen, gilt es nun, so lange wie möglich drinzubleiben und Studien zu betreiben. Nach einiger Zeit verschmelzen die Gestalten, die Einrichtungsgegenstände und alle Geräusche zu einem Begriff: Geld. So scheint es jedenfalls den jungen Beobachtern, die selbst keines haben. Hier werden keine Waren hergestellt oder verkauft; es werden keine Gefühle oder Gedanken ausgetauscht. Alles reduziert sich aufs Geld. Die Spieler, die vor ihren Karten sitzen: Sie denken ans Geld. Die Bedienungen mit ihren knappen Kostümen und ihren Tabletts: Ihr Blick ist kalt, man kann die Dollarzeichen in den Augen sehen. Die Croupiers – Geld.

Später sitzt Tom draußen am Rand eines riesigen Springbrunnens und hat alttestamentarische Gefühle. Tagelang hatten er und die anderen nur Wüste gesehen. Und mittendrin plätschert nun das Wasser, säumt satter Rasen die Auffahrt zu einem nachgebauten römischen Palast, wo sich alles um den Mammon dreht. Reklameschilder aus Neonlichtern, mehrere Stockwerke hoch. Von dem Strom, den sie fressen, könnte man anderswo sicherlich mehrere Familien vor dem Erfrieren retten. Während Tom sinniert, kommt ein dicker Mann aus dem Kasino. Er trägt ein weißes Dinnerjacket, an jedem Arm hängt eine junge Frau. Er lässt sich sein Auto vorfahren und steckt dem *boy* fünf Dollar Trinkgeld zu. Irgendwie ist sich Tom sicher: Das kann alles nicht recht und richtig sein.

Gut 20 Jahre später buchen wir die erste gemeinsame Reise nach *sin city*. Tom ist überzeugt, dass Sabine ein kurzer Blick auf das blinkende Wüstenwunder ausreichen und dass sie ziemlich schnell die Nase voll haben wird von der gedankenlosen Verschwendung und dem marktschreierischen Vergnügungswahn dieser Stadt. Die meisten unserer deutschen Freunde finden Las Vegas entweder richtig schrecklich – oder sie finden es interessant, ABER zu schrill, zu laut, zu aufdringlich, zu oberflächlich, zu materialistisch, zu kapitalistisch, zu umweltfeindlich, zu dekadent. Mit anderen Worten: So etwas wie diese Stadt dürfte es eigentlich gar nicht geben, ganz ähnlich, wie Tom damals bei seinem ersten Besuch empfand.

Und eigentlich findet Sabine das natürlich auch.

ABER: Wo die Liebe hinfällt ... Ja, genau das passierte nämlich. Sabine verliebte sich. Schon beim nächtlichen Anflug auf die Glitzermetropole, die unvermittelt in der dunklen Wüste funkelt wie eine Ansammlung von Diamanten, Rubinen und Smaragden auf schwarzem Samt, war es um sie geschehen. Es war Liebe auf den ersten Blick. Und was, bitte schön, kann man dagegen tun? Nichts! Wo die Liebe hinfällt, das kann man sich nicht aussuchen. Viele Frauen kennen das Gefühl: Der Kerl ist zwar ein Schuft, aber ich liebe ihn trotzdem. Sabine hat sich also in Las Vegas «verguckt». Die Stadt sieht einfach scharf aus.

Es gibt nichts Schöneres, als auf dem falschen Eiffelturm zu stehen oder auf der Terrasse der *Voodoo Lounge*, um zu beobachten, wie die Sonne die umliegenden Berge rot färbt und nach und nach die Lichter in der Stadt angehen, bis schließlich die Wüste in der Dunkelheit verschwindet und einem nur noch ein flirrender Teppich zu Füßen liegt. Die hellen Punkte am Horizont halten wir zunächst für Sterne, denn sie sind starr am Himmel aufgereiht. Erst nach einer halben Minute löst sich der erste Punkt und bewegt sich auf Las Vegas zu. Kurz darauf der zweite und so weiter. Es sind doch Flugzeuge. Die Luft ist so klar, dass man weit in die Ferne schauen kann, so weit, dass selbst sich bewegende Objekte wie fixiert erscheinen. Die Flugzeuge landen in dichter Folge. Zwischen 21 Uhr und 1 Uhr nachts hat der Flughafen Hochbetrieb.

McCarran ist einer der umtriebigsten Flughäfen der Welt, genauer gesagt der fünftgrößte hinsichtlich der Flugbewegungen, mit mehr als 600 000 Starts und Landungen im Jahr 2005, und der neuntgrößte hinsichtlich der Passagiertransporte: Über 35 Millionen Fluggäste wurden 2005 über diesen Flughafen befördert. Noch bevor sie ihre Koffer abholen, erhalten sie Gelegenheit, ein paar Dollar zu gewinnen oder zu verlieren. Der Flughafen ist voller Spielautomaten. Die Stadt kennt keine Ruhezeiten. Gestörte Nachtruhe? «Das ist kein Lärm», konstatiert Flughafen-Boss Randall Walker, «das ist der Klang des Geldes.» Und wer will schon schlafen im Mekka des Nachtlebens?

Als wir bei unserer ersten gemeinsamen Reise kurz vor Mitternacht im Hotel eintreffen, halten wir das für eine außergewöhnlich späte Ankunftszeit. Weit gefehlt. Die Warteschlangen am Taxistand und beim Hotel-Empfang sind mindestens so lang wie tagsüber. Nach dem Einchecken erfordert das Auffinden unseres Hotelzimmers ohne Navigator volle Konzentration und einen guten Orientierungssinn. Die Hotels in Las Vegas haben unerhörte Dimensionen. Wir folgen den Hinweisschildern und rollen unsere Koffer über den weichen Teppich quer durchs Kasino. Der Weg zum Zimmer führt zwangsläufig zwischen den Spieltischen hindurch; Hotellobby und Spielhalle gehen nahtlos ineinander über. Es rasselt und klingelt unaufhörlich, an den Tischen und den einarmigen Banditen herrscht reger Betrieb. Auf dem Weg ins Bett, auf dem Weg zum Frühstück, permanent werden wir in Versuchung geführt. Ein letzter *quarter* aus der Hosentasche gegraben – vielleicht klappt's ja diesmal. Und wer fürchtet, hier sowieso nur zu verlieren oder höchstens ein bisschen Kleingeld zu gewinnen, der trifft garantiert auf einen Glücklichen, der gerade seinen Gewinn in Eimern auffängt.

So war das jedenfalls bei unserem ersten Besuch. Inzwischen läuft auch der Geldtransfer im Kasino nicht mehr so geräuschvoll ab. Die passionierten Automatenspieler schleppen nur noch selten Plastikhumpen voller Kleingeld mit sich herum. Die meisten Geräte wurden inzwischen auf Dollarscheine umgestellt. Zwar klingeln nun die Automaten immer noch pausenlos vor sich hin, aber das Reichtum versprechende Klappern und Rasseln der Münzen ist weitgehend verstummt. Der Gewinn wird nur noch als kleines Zettelchen ausgespuckt, das man an der Kasse einlösen kann.

Aber wir kommen ja auch nicht hauptsächlich zum Spielen, sondern zum Gucken und Staunen nach Las Vegas. Die Wüstenmetropole bietet die phantasievollsten Bauten, bezaubernde Dekorationen, beeindruckende Shows, bizarre Museen. Sie ist der Nährboden für wahnwitzige Ideen und grenzenlose Träume. Leicht verrückte oder auch ganz vernünftige Geldgeber sind abenteuerlustig genug, um die Verwirklichung der Visionen zu finanzieren. Las Vegas ist ein von Menschenhand geschaffenes Naturereignis. Seine verschwenderische Pracht inmitten der kargen Wüste wirkt wie ein selbstherrliches Allmachtspostulat, wie eine gotteslästerliche Herausforderung. Las Vegas beweist, dass sein kann, was nicht sein darf.

Das mag man für verwerflich halten, gewiss. Aber möchte ernsthaft jemand abstreiten, dass es faszinierend ist? Sabine würde es nicht erlauben.

In Las Vegas gibt es einfach alles: weiße Tiger, Hammerhaie, einen brodelnden Vulkan, den Eiffelturm und die Brooklyn Bridge; eine ägyptische Pyramide mit dem Grab des Tutenchamun (echt handkopiert von ägyptischen Künstlern); brennende, versinkende und wieder auftauchende Schiffe; echte (wirklich!) Monets und Renoirs; Bühnen, die wie Swimmingpools sind; die prickelndsten Achterbahnen und die größten IMAX-Kinos; riesige, wundervolle Glasblumen und entzückende botanische Gärten, so prächtig, dass die Besucher die Pflanzen immer wieder berühren, um sich zu überzeugen, dass sie nicht aus Plastik sind. Aber nein, alles echt! Auf dem nachgemachten *Canal Grande* navigieren sogar Frauen die Gondeln – im wirklichen Venedig undenkbar. Komplette Straßenzüge wurden in die Kasinohallen gesetzt. «Wollen Sie draußen oder drinnen sitzen?», fragt uns der Kellner in einem Restaurant im *New York-New York*. Die Illusion ist perfekt, dabei ist der «Himmel über Manhattan» bloß die Decke der Lobby. Der «Himmel» im *Caesars Palace* lässt es sogar Tag und Nacht werden. Man kann also drinnen draußen sitzen, um Mitternacht beobachten, wie der Morgenhimmel hell wird. Man kann die Götter belauschen, Papageien beschimpfen oder mit Pinguinen frühstücken. Man kann sich auch einfach in eine Bar setzen und zuschauen, wie die Sonne untergeht. Das ist das Größte – aber das haben wir ja bereits erwähnt.

Fast trotzig stellt die Wüstenmetropole ihre Wasserspiele zur Schau. Römische Brunnen im *Caesars Palace*, ein französischer vor dem *Paris*, Wasserfälle vor dem *Mirage* und dem *Wynn*, ein See mit hundert Fontänen, die zu Musik tanzen, vor dem *Bellagio*, ein Flüsschen vor dem *New York-New York*, Kanäle im *Venetian* – fast kein Hotel verzichtet auf solche Dekoration. Und fast jedes Hotel hat mindestens einen Swimmingpool, wenn nicht ganze Pool-Landschaften. Tonnen von Wasser verdunsten täglich in der gleißenden Hitze. Auf dem *Strip* und *Downtown*, wo sich die großen Kasinos konzentrieren, merkt man nichts von den bedrohlichen Wasserproblemen der Region.

Geringer Niederschlag über mehrere Jahre zu Beginn dieses Jahrtausends hat die Reserven ausgetrocknet. Der Wasserspiegel des nahe gelegenen, vom Hooverdamm gestauten Sees, des *Lake Mead*, ist gefährlich gesunken. An seinen Ufern sieht man den Pegel der Vorjahre: Mehrere Meter steigt der Fels dunkel aus dem Wasser auf, dann – wie mit dem Lineal gezogen – ist er hell. Erst seit 2005 scheint sich die Tendenz langsam umzukehren, der Pegel ist wieder leicht gestiegen. Bringt der Colorado nicht genug Wasser aus den Bergen, vertrocknen nicht nur die Ernten, es gehen auch für Millionen Menschen die Lichter aus. Der Fluss versorgt sieben südwestliche Bundesstaaten, alle haben rasch anwachsende Bedürfnisse. Die am Hooverdamm gewonnene Energie geht nur zu vier Prozent an Las Vegas.

Abgesehen von regelmäßigen Trockenperioden werden die Probleme vor allem durch den steilen Anstieg der Bevölkerungszahlen im amerikanischen Südwesten verursacht. Dabei ist Las Vegas die am schnellsten wachsende Stadt in den Vereinigten Staaten. 1930 lebten dort rund 5000 Menschen, 1960 waren es 65 000, 1990 – 260 000, und 2005 hatte Las Vegas 570 000 Einwohner. Diese Zahlen beziehen sich nur auf das engere Stadtgebiet. Rechnet man die Vororte mit, so sprechen wir von rund 1,7 Millionen Einwohnern. Was woanders eher rar ist, ist hier Massenware: Platz und Arbeitsplätze. Ein einziges der großen Hotel-Kasinos bietet so viele Jobs wie eine durchschnittliche Kleinstadt. Die niedrigen Immobilienpreise waren für viele Hausbesitzer so verlockend, dass sie ihr Eigentum in Los Angeles oder San Diego teuer verkauften, um dann in Las Vegas ein doppelt so großes Haus zum halben Preis zu erwerben. Der Immobilienmarkt allerdings ändert sich mit der zunehmenden Beliebtheit der Stadt.

Das rasante Tempo des Wachstums bringt zwar vielfältige wirtschaftliche Möglichkeiten, aber auch jede Menge infrastruktureller Engpässe. Weder die Wasserversorgung noch der Bau von Straßen, Schulen oder anderen sozialen Einrichtungen können mit der Geschwindigkeit Schritt halten. Die Luftverschmutzung ist enorm. Zwar hat die Stadt Maßnahmen ergriffen, sie reichen aber nicht, um die Probleme in den Griff zu bekommen. Es gibt strenge Auflagen für die Bewässerung von Rasenflächen, das Waschen von Autos und den Betrieb von Zierbrunnen. Neubauten dürfen nur noch ein begrenztes Maß an Grünflächen aufweisen, der Bau neuer Swimmingpools ist verboten. Wer seinen Rasen abschafft, erhält dafür eine Belohnung.

Auf dem *Strip* allerdings wird weiterhin hemmungslos Wasser und Energie verschwendet. Hotels und andere Unternehmen der Touristenbranche erhalten Ausnahmegenehmigungen. Die Touristen bleiben weitgehend verschont von den Einschränkungen. Tausende tummeln sich täglich in den Pools, Klimaanlagen laufen auf Hochtouren, Lichter flimmern Tag und Nacht. *Wynns* 50 Hektar großer Golfplatz strotzt nur so vor kräftigem Grün; wie viel Wasser es braucht, um den Rasen so saftig zu halten, verrät das Hotel leider nicht. Die Springbrunnen auf dem *Strip* abzustellen wäre so, als nähme man einer Diva die extravaganten Kleider. Es wäre der Anfang vom Ende. Las Vegas sieht sich selbst als Stadt ohne Grenzen, wirbt mit seinen unendlichen Möglichkeiten für unbeschränktes Vergnügen. Der Begrenztheit der Ressourcen Rechnung zu tragen, fällt hier noch schwerer als anderswo.

Nur noch ein Teil der Touristen kommt allein zum Spielen nach Las Vegas. Die gigantischen Themenhotels erscheinen vielen als lohnendes Ziel für eine Reise. Die Hotels bieten die besten Chefköche der Welt; Weinkeller, die besser sortiert sind als in Frankreich – das alles in originellem, geschmackvollem Ambiente. Großzügige Wellness- und Fitness-Bereiche, Swimmingpools mit Palmen und echtem Sandstrand. Diskotheken und Bars mit ausgefallenem Dekor, vom Eisblock als Theke bis zur Tanzfläche mit Dusche. Aufwendige *production shows* mit frappierenden Effekten. Das alles ist Anreiz genug für einen Besuch, auch wenn man sich nicht dem Glücksspiel verschrieben hat.

Der Versuch der 1990er Jahre, die Glitzerstadt zum familienfreundlichen Ausflugsziel umzuwandeln, kann jedoch als gescheitert erklärt werden. Es bleiben zwei, drei Hotels, die seit ihrer Gründung gezielt Attraktionen für Kinder anbieten. Die anderen bekennen sich seit der Jahrtausendwende wieder offen zum sündhaften Charakter der Stadt. Auch wir haben einmal unsere Kinder mitgenommen. Spätestens, als sie anfingen, herumliegende Visitenkarten von nackten *call girls* zu sammeln wie sonst Pokémon-Karten, haben wir uns gefragt, ob unsere Töchter wohl am richtigen Ort sind. Striptease, Glücksspiel und Cocktails – das lässt sich nicht ohne Komplikationen in ein Kinderprogramm einbauen. Für Amerikaner ist dieser Tatbestand noch eindeutiger als für Europäer.

Die Stadt scheint das einzusehen, beschränkt ihr Kinderprogramm auf ein Basisangebot und steuert wieder ungehemmter auf das Sündhafte zu. «What happens in Las Vegas, stays in Las Vegas», heißt das vielsagende Motto. Umso erstaunter ist der geneigte Besucher, wenn er feststellen muss, dass Prostitution in dieser Stadt verboten ist. Natürlich heißt das keineswegs, dass es keine Prostituierten gibt. Doch arbeiten sie weitgehend über Kundschafter, die den Kunden anlocken sollen. Dutzende von Einwanderern aus Lateinamerika, nicht selten illegale, stehen rund um die Uhr auf dem Las Vegas Boulevard, um Visitenkarten mit nackten Mädchen und Telefonnummern zu verteilen. Irgendjemand hat ihnen beigebracht, so mit den Kärtchen auf die Hand zu klatschen, dass es knallt. Jeder Passant, der sich dann umschaut, hat – schwups – so ein Kärtchen oder gar eine Zeitung mit *pin-up-girls* in der Hand, ob er will oder nicht. Zwar sollen die

Karten den Eindruck einer ganz persönlichen Kontaktaufnahme vermitteln, doch handelt es sich um organisierte Zuhälterei. Besonders charmant findet Sabine, wenn die Jungs sie fast über den Haufen rennen, um Tom direkt neben ihr mit so einer Lolita-Telefonnummer zu versorgen.

Bordelle gibt es in Clark County, dem Bezirk, zu dem Las Vegas gehört, nicht. Man muss schon eine Weile fahren, um solche Einrichtungen in anderen Countys Nevadas aufzusuchen. Sie tragen Namen wie *Angel's Ladies Ranch, Shady Lady Ranch* und *Cottontail Ranch*. Einige stammen noch aus dem vorletzten Jahrhundert, als sie vor allem Eisenbahnbauer und Minenarbeiter bedienten. Manche Prostituierte halten sich mehr oder weniger geduldet in Bars und Clubs der Kasinos auf. Vorbei jedoch sind die Zeiten, als der *bell captain*, der offiziell dafür sorgt, dass die Koffer auf dem richtigen Zimmer landen, alles vermittelte: Showtickets, Damen, Drogen – und dafür Prozente kassierte. Zusammen mit einem gut geschmierten Hotelwachmann achtete er auch darauf, dass weiblicher Konkurrenz umgehend die Tür gewiesen wurde.

Mitte der 1980er Jahre hoben Polizei und Staatsanwaltschaft dieses Kuppel-System aus den Angeln. Bordelle aus dem Umkreis versuchen, die Marktlücke zu füllen, und schicken Limousinen in die Stadt, um ihre Kunden abzuholen. Denn außerhalb von Clark County, dem Bezirk um Las Vegas, ist Prostitution nicht verboten. Ab und zu gibt es Vorstöße, die Prostitution zu legalisieren und *Downtown* einen Rotlicht-Bezirk einzurichten. So soll besser kontrolliert werden, was sowieso nicht zu verhindern ist. Doch viele Kasino-Betreiber sprechen sich entschieden dagegen aus.

So mancher Besucher bringt seine Begleitung einfach mit. Las Vegas ist die Stadt der Messen und Konferenzen. Es gibt also jede Menge Geschäftsreisender, die ihre angetraute Hälfte zu Hause lassen und – sehr klassisch – ihre Sekretärin mitbringen. Als Sabine einmal früher im Hotel eintraf als Tom, wollte man sie nicht aufs Zimmer lassen. Weder Ausweis noch Kreditkarte konnten die nette Dame am Empfang erweichen. Tom hatte auf seinen Namen gebucht und Sabine bei der Anmeldung nicht erwähnt. Woanders wäre das kaum ein Problem gewesen. Wohl aber in Las Vegas. Wie sich nach längeren Diskussionen und schließlich einem klärenden Telefonat mit Tom herausstellte, haben die Hotels einschlägige Erfahrungen. Es ist vorgekommen, dass ein Gast plötzlich zwei Frauen auf dem Zimmer hatte: die Geliebte und die nachgereiste Ehefrau. Das war für alle Seiten unerfreulich und darf nicht wieder vorkommen. Schließlich sollen sich die Gäste wohl fühlen und Spaß haben.

Auch wenn man sich in Las Vegas tage- und nächtelang ohne Glücksspiel beschäftigen kann – man sollte die Stadt nicht verlassen, ohne gespielt zu haben. Im Kasino steht die Zeit still. Es gibt keine Uhr, es ist immer gleich hell und gleich kühl (für die meisten Europäer zu kalt). Die Atmosphäre sorgt dafür, dass man alles vergisst und sich in die Kunstwelt fallen lässt. Schon nach zwanzig Minuten können wir uns nicht mehr vorstellen, dass es draußen helllichter Tag ist und die gleißende Wüstensonne den Beton auf 30 Grad Celsius erhitzt.

An kleinen Tischen für sechs bis acht Spieler wird *Black Jack* (17 + 4) und *Poker* angeboten. Beim *Roulette* und beim *Craps* (ein populäres Würfelspiel, bei dem es recht munter zugeht) sammeln sich größere Gruppen. Kleine Schildchen auf den Tischen zeigen den Mindesteinsatz an. Mitte der 1990er Jahre gab es noch jede Menge Fünf-Dollar-Tische, heute ist es schon schwierig, einen Zehn-Dollar-Tisch zu finden. Am Wochenende beträgt der Mindesteinsatz vielerorts 25 Dollar. Oft stellt man sich beim Glücksspiel verzweifelte Gestalten vor, die tief in der Nacht ernst und buchstäblich mit Pokermiene ihrer traurigen Beschäftigung nachgehen. In Wirklichkeit wissen viele Touristen, dass sie hier nicht gewinnen werden. Es gibt Umfragen, die zeigen, dass die meisten erwarten, hier Geld zu verlieren. Es geht also vielen gar nicht um den *Jackpot* – es geht ums Amüsement. Wenn das Verlieren schon zum Programm gehört, dann doch bitte mit Vergnügen. Und so ergeben sich an den Spieltischen häufig nette Gespräche.

Wir kaufen für 50 Dollar Chips und spielen *Black Jack* – an einem Fünf-Dollar-Tisch. Barbara, unser Croupier, gibt uns freundlich und gelassen Anfängertipps. Fast die Hälfte der Croupiers hier sind Frauen. Unsere Mitspieler sind ein nettes Ehepaar in den Fünfzigern, eine beleibte Dame Anfang 50 (sie setzt immer für zwei) und ein Mann in unserem Alter. Die Atmosphäre ist entspannt. Ab und zu kommt eine junge Dame in superkurzem Röckchen vorbei und fragt nach unseren Getränkewünschen; die Drinks sind umsonst, solange man spielt. «Oh, I'm sorry», sagt Barbara und streicht mit einer weiten Armbewegung die Chips ein, «ihr habt zwar das Richtige gemacht, aber leider kein Glück gehabt.» Unser Stapel mit den Chips wächst und schrumpft und wächst und schrumpft. Wir haben eineinhalb Stunden Spaß und hören auf, als wir unsere 50 Dollar wieder eingespielt haben. Wir wechseln zum Roulettetisch. Der Croupier wirkt allerdings streng und verkniffen, es hält uns nicht lange.

Freitag- und Samstagnacht weht ein anderer Wind im Kasino. Ein reicher Jüngling kauft im Vorbeigehen Chips für 1000 Dollar, offensichtlich hoffend, dass das aufgetakelte Maskottchen an seiner Seite ihm Glück bringen wird. Die erfahrenen Wochenendspieler sind eingetroffen. Im Pokerraum des *Mirage* sind alle Tische voll besetzt. Männer verschiedenen Alters und verschiedener Herkunft gehen hier ihrem ernsthaften Geschäft nach. Kein Lachen, kein Lächeln, keine Frauen in der ersten Reihe. Halt, doch: An einem Tisch pokern zwei ältere Damen, die eine begleitet von ihrem Mann (der einzige männliche Glücksbringer, den wir sehen). Obwohl es im *Mirage* ebenso kühl ist wie in den anderen Kasinos, hat ein Japaner einen batteriebetriebenen Miniventilator vor sich aufgebaut, offensichtlich um zu verhindern, dass Schweißausbrüche sein Blatt verraten. Der Mann bewegt sich kaum, sein Gesicht zeigt nicht die geringste Regung. Jetzt wissen wir, was ein *pokerface* ist.

Die so genannten *high roller*, Gäste, die häufig kommen und mit hohen Einsätzen spielen, werden vom Hotel rundherum verwöhnt: Eine Limousine holt sie vom Flughafen ab, eine Luxus-Suite wartet zum Nulltarif, Champagner und Dinner sind auch umsonst. Die *high roller* müssen sich nicht in die langen Warteschlangen einreihen, weder beim Einchecken noch am Büfett. Als «geladene Gäste» wird ihnen bevorzugte Behandlung zuteil, damit sie sich schnellstmöglich wieder ihrem Hobby widmen können. Bei der Verteilung der Vergünstigungen zählt für die Kasinobesitzer die Zeit, die der Gast am Spieltisch verbringt. Auch die Höhe der Einsätze wird berücksichtigt. Unmaßgeblich ist dagegen, wie viel ein Gast gewinnt oder verliert. Denn rein statistisch ist erwiesen: Früher oder später wird ein regelmäßiger Spieler eine Menge Geld im Kasino lassen.

Der Pokerraum ist nicht der richtige Ort für uns. Wir sitzen ganz gerne im *Paris* oder im *New York-New York* an der Bar, wo uns die in der Theke eingelassenen Monitore die Wahl lassen zwischen verschiedenen Kartenspielen. Beim ersten Mal haben wir noch brav Dollar um Dollar bezahlt. Später dann haben wir entdeckt, dass es mindestens einen Drink frei gibt, wenn man gleich zehn Dollar hinblättert. Und das ist doch schon die halbe Miete, oder? Wenn der Croupier uns jetzt nach unserer Spielerkarte fragt, dann schauen wir auch nicht mehr ratlos zurück, sondern zücken ganz cool unsere Plastikkärtchen. Diese geben wir entweder ab oder stecken sie selbst in den Automaten. So kann der Haus-Computer die Zeit, die wir am Spieltisch verbringen, registrieren. Wer lange genug aushält, bekommt entsprechende Vergünstigungen. Es mag nicht gleich eine VIP-Betreuung sein wie bei einem *high roller*. Normalsterbliche erhalten vielleicht zwei Showtickets oder ein Abendessen gratis, vielleicht auch zwei

Übernachtungen in einem Standardzimmer. Bei uns hat es bisher nicht einmal dazu gereicht. Unsere Karte, die wir im *Paris* erhalten haben, gilt in mindestens zehn Kasinos, die alle wirtschaftlich zusammengehören. Las Vegas ist die Stadt der Großmogule. Höher, besser, größer, schneller heißt die Devise.

Wie ist eigentlich aus der kleinen Wüstenoase eine der attraktivsten, am schnellsten wachsenden Großstädte Amerikas geworden? Ironischerweise standen die asketischen Mormonen Pate bei der Geburt von *sin city*. Natürlich wussten sie damals noch nicht, welchen Charakter diese Siedlung einst annehmen würde.

1855 erbaut eine Gruppe von mormonischen Missionaren nahe der Wasserquellen in der Mojave-Wüste ein Fort, um den Paiute-Indianern ihre Religion und ihre landwirtschaftlichen Techniken nahe zu bringen. Aber die Paiute haben keine Lust auf solcherlei Belehrungen und fallen in regelmäßigen Abständen über das Fort her, bis es schließlich 1857 verlassen wird. Die Entdeckung von Bodenschätzen zieht neue Siedler an. Nach Vollendung der Eisenbahnlinie, die Südkalifornien mit Utah verbindet, wird die Oase zur idealen Raststätte auf der Strecke.

Die Gründung der Stadt Las Vegas (spanisch: «Die Auen») erfolgt 1905. Arbeiter kommen und suchen ihr Glück in den Blei- und Silberminen. Seinen Schub als Vergnügungsmetropole erlebt Las Vegas ab 1931 durch den Bau des Hooverdamms. Tausende schuften auf der nur 60 km entfernten Baustelle. Der Wall soll nicht nur der Stromversorgung dienen, sondern auch den mächtigen Colorado zähmen, der den Südwesten Kaliforniens regelmäßig durch Überflutungen bedroht. Bevor die eigentliche Arbeit beginnen kann, werden gigantische Tunnel in die Berge gesprengt, durch die der Fluss während der Baujahre umgeleitet wird. Dann werden Millionen Tonnen Gestein – genug, um eine zweite Chinesische Mauer zu errichten – aus dem Black Canyon gehoben, um das Loch anschließend mit einer Mauer aus Beton und Stahl zu füllen. Tag und Nacht ackern bis zu 5000 Arbeiter unter härtesten Bedingungen: Hitze, Staub, Steinschlag, und das alles in extremen Höhen. Im Durchschnitt führt das zu 50 Verletzten an einem einzigen Tag; 97 Arbeiter bezahlen den Bau mit dem Leben. Als der Hooverdamm 1935 fertig gestellt wird, ist er 221 Meter hoch und am Fuß fast ebenso breit. Er ist der größte Damm der Welt zu jener Zeit.

Die Arbeiter reisen ohne ihre Familien an und suchen nach der Schicht Ablenkung. Es trifft sich gut, dass 1931 das Glücksspiel in Nevada legalisiert wird. Außerdem werden die Scheidungsgesetze liberalisiert, was viele Kurzzeit-Bewohner anzieht, die kommen, um sich nach sechs Wochen rechtmäßig trennen zu lassen. So erlebt Las Vegas seinen ersten Boom, während ganz Amerika mit der großen wirtschaftlichen Depression kämpft.

Der Zweite Weltkrieg bringt neue Einwohner und Einnahmequellen. In dieser Zeit ziehen viele Schwarze in die Gegend, um in der Magnesium-Fabrik anzuheuern. Auf dem Truppenübungsgelände, das später zur *Nellis Air Force Base* wird, werden 50 000 Soldaten ausgebildet. Mit der Rüstungsindustrie, die hier in der Wüste genügend Platz, Wasser und billige Energie vorfindet, kommen auch Gefahren: Zehn Jahre lang werden monatlich überirdische Atomtests durchgeführt, nur knapp 120 km von der Stadt entfernt. Doch Kasinobetreiber und -kunden lassen sich davon kaum beeindrucken.

Wie könnte die amerikanische Mafia – *Mob* genannt – dieses lukrative Städtchen einfach links liegen lassen? Glücksspiel gehört schließlich dort, wo es illegal ist, zum kriminellen Handwerkszeug. Und nun ist das Ganze auch noch legal! Kasinos sind nicht nur einträglich, sie funktionieren auch bestens als Geldwaschanlagen und erleichtern die Steuerhinterziehung. Um die Kasino-Profite entbrennt ein Bandenkrieg zwischen den Nachfolgern von Al Capone und Lucky Luciano, den Mafia-Clans aus Chicago und New York.

1946 wird das *Flamingo*, das erste große Luxuskasino, eröffnet, damals sozusagen mitten in der Wüste, am unwirtlichen Highway 91, der Hauptverkehrsader nach Los Angeles. Der Highway wurde später zum Las Vegas Boulevard bzw. *Strip*. Die Legende will, dass die Idee, das *Flamingo* zu bauen, von einem ruchlosen Mafioso namens Benjamin Siegel stammte, der es hasste, wenn Leute ihn «Bugsy» nannten, Versager. Ein «Verbrechen», das seiner Meinung nach mit der Todesstrafe zu ahnden war. In Wirklichkeit geht der Plan auf einen unscheinbareren Mann namens Billy Wilkerson zurück, der gezwungen wurde, die Mafiosi als Investoren zu akzeptieren. Siegels Anteil an der Geschichte des *Flamingo* besteht hauptsächlich darin, dem Projekt zum Misserfolg verholfen zu haben. Nur sechs Wochen nach seiner Eröffnung – mit Stargast Frank Sinatra – erweist sich das Traumschloss als totale Pleite und wird wieder geschlossen. «Bugsy», der Versager, wird später auf Anordnung Lucky Lucianos von einem Killer erledigt.

Das *Flamingo* wird bald nach seiner Schließung wiedereröffnet. Ihm folgen Dutzende von Prunkkasinos, deren Erfolg bewies, dass die Grundidee des verschwenderischen Amüsements mitten in der trockenen Wüste durchaus ankam. Gäste sind nun nicht mehr nur die Arbeiter in der Umgebung, sondern Wohlhabende aus dem ganzen Land. Wer sich mal gehen lassen will und es sich leisten kann, fährt nach *sin city*. Es beginnt die Zeit des glamourösen Entertainments, die Zeit mit Elvis Presley und Liberace (dem in Amerika berühmten, in Deutschland weniger bekannten flamboyanten Klaviervirtuosen), die Zeit des Rat Pack mit Frank Sinatra, Dean Martin und Sammy Davis jr.

Neben Sammy Davis jr. gehören in den 1940er und 50er Jahren andere schwarze Musiker wie Louis Armstrong, Harry Belafonte oder Nat King Cole zu den beliebten Unterhaltungsstars in Las Vegas. Doch geliebt und geachtet werden sie nur, solange sie auf der Bühne stehen. Rassentrennung wird in der Wüste genauso streng gehandhabt wie anderswo in Amerika. Die Stars müssen die Konzerthallen durch die Hintertür betreten. Sie bekommen an den Bars keinen Drink, dürfen im Kasino nicht spielen, im Restaurant nicht essen, im Hotel nicht übernachten. Nach der Vorstellung werden sie ins westliche Las Vegas, ins schwarze Ghetto, gefahren. Am nächsten Tag dürfen sie wiederkommen – durch die Hintertür. Einmal, so erzählt man sich in Las Vegas, habe Sammy Davis jr. sich einfach nicht an die Regeln gehalten und sei plötzlich in einen Hotel-Pool gesprungen. Umgehend wurde das Wasser ausgelassen, ein Reinigungsunternehmen schrubbte am nächsten Morgen die Kacheln.

Es ist sozusagen ein Gebot der Stunde, dass 1955 an der Westside das *Moulin Rouge* eröffnet wird, das erste schwarze Hotel-Kasino in Amerika. Kellner, Zimmermädchen, Tänzerinnen und Sänger – alle sind schwarz, nur die Croupiers nicht. Denn da kein einziges Kasino jemals schwarze Croupiers angeheuert hat, gibt es keine Fachkräfte. Das *Moulin Rouge* wird sofort ein voller Erfolg. Seine nächtlichen Shows werden bestens besucht. Es wird eine Attraktion für Künstler, Angestellte und Besucher der Stadt gleichermaßen. Schwarz und weiß mischen sich auf der Bühne und in den Pausen. Trotzdem wird es nach weniger als einem halben Jahr geschlossen. Warum, das ist bis heute nicht geklärt. Vermutet wird, dass der *Mob* und die Betreiber der großen Kasinos mit Druck und Verlockungen nachgeholfen haben, die Konkurrenz aus dem Weg zu schaffen.

Mitte der 1950er Jahre sagen der Bundesstaat und der Staat Nevada dem organisierten Verbrechen den Kampf an. Ab jetzt kontrolliert eine staatliche Kommission das Glücksspiel und vergibt Lizenzen. Das FBI ermittelt jahrzehntelang gegen die Verbrechersyndikate. In den 1970ern fliegen mehrere Hintermänner auf, die verdeckt Zinsen aus Kasino-Einnahmen kassierten.

Einige Politiker geraten in Verdacht, mit dem *Mob* gemeinsame Sache gemacht zu haben. Es gibt Festnahmen, Verfahren und Verurteilungen. Die Bewegungsfreiheit des *Mob* wird immer mehr eingeschränkt. Aber noch in den 1980er Jahren gehen eine Reihe von Morden in der Gegend eindeutig auf das Konto der Mafia. Ein lokaler Reporter, sehr engagiert an dieser Front, erklärt Las Vegas 1987 zum ersten Mal für Mafia-frei. 1988 verschwindet ebendieser Reporter spurlos von der Bildfläche. Bis heute weiß niemand, wo er ist.

Vielleicht war auch der Mord an der Krimi-Autorin Susan Berman nur das bedauerliche Ergebnis eines zufälligen Verbrechens. Susan Berman kannte Las Vegas seit ihrer Kindheit wie ihre Westentasche. Sie war die Tochter des Mafioso David Berman, der nach Benjamin Siegels Ermordung 1947 im Handstreich das *Flamingo* übernommen hatte. Susan Berman erlebte aus nächster Nähe, wie ihr Vater und seine Kumpane das Wüstendorf in eine einträgliche Glitzerstadt verwandelten. Auf ihren Geburtstagspartys sangen Elvis Presley und Liberace. Sie wurde Journalistin, verfasste mehrere Krimis und Drehbücher, die in dem schillernden Milieu spielen und erklärtermaßen nicht frei von Ähnlichkeiten mit dem wirklichen Leben sind. Um Weihnachten 2000 wurde Susan Berman tot in ihrer Villa in Beverly Hills aufgefunden, nicht weit entfernt von dem Ort, wo es «Bugsy» über 50 Jahre früher erwischt hatte. Sie wurde im Alter von 55 Jahren mit einer kleinkalibrigen Waffe getötet. Vom Täter fehlt bis heute jede Spur.

1964 kommt ein junger Anwalt namens Oscar B. Goodman nach Las Vegas mit weniger als hundert Dollar in der Tasche. Er arbeitet sich schnell nach oben, nicht zuletzt, indem er einige namhafte *Mobster* wie Meyer Lansky und Tony Spilotro, genannt «die Ameise», verteidigt. Goodman wird Millionär. 1989 begeht er feierlich sein 25-jähriges Jubiläum als Rechtsanwalt in Vegas. Vom Bildschirm grüßen ihn seine Mandanten aus dem Knast, die leider nicht dabei sein können, weil sie ihre Jahrzehnte absitzen müssen. Der Schauspieler Tony Curtis, so erzählt man, habe gefragt: «Warum bin ich eigentlich hier? Ich habe niemanden umgebracht.» Goodman behauptet, bis zu diesem Jahr nicht geglaubt zu haben, dass die Mafia tatsächlich existiert. Und wenn er es gewusst hätte? «Dann hätte ich ihnen das Zehnfache in Rechnung gestellt.» Von Reue keine Spur. Voller Stolz stellt er sich 1995 selbst dar, in Martin Scorseses Film *Kasino*, gedreht nach einem Buch von Nicholas Pileggi.

Damit wäre die Geschichte von Oscar Goodman schon verrückt genug. Aber es kommt noch toller: Als er sich eigentlich zur Ruhe setzen könnte, lässt sich Goodman 1999 zum Bürgermeister wählen. Jede Stadt kriegt, was sie verdient. «Eine Vergangenheit als Schurke hinter sich zu haben, das funktioniert in dieser Stadt», kommentiert Autor Nicholas Pileggi in einem Zeitungsinterview. «Diese Stadt wurde von Schurken erschaffen. Wen würden Sie hier als Bürgermeister erwarten, einen evangelischen Prediger?» Mit 86 Prozent der Stimmen wird Goodman 2003 wiedergewählt.

Oscar B. Goodman ist der perfekte Bürgermeister für das Eldorado der Spieler. Er spielt gern, trinkt gern und würde am liebsten die Prostitution legalisieren – als Beitrag zur Stadtentwicklung, wie er sagt – und im alten Gerichtsgebäude ein *Mob*-Museum schaffen. Aber er ist auch ein guter Familienvater, hat mit seiner Frau vier Kinder adoptiert und ist Präsident seiner Synagoge. Und er liefert der Stadt in regelmäßigen Abständen gute *showtime* ganz umsonst: Wenn er zum Beispiel fordert, Graffiti-Sprayern zur Strafe die Daumen abzuhacken. Oder wenn er in einer vierten Klasse auf die Frage, was er am liebsten hätte, wäre er auf einer verlassenen Insel gestrandet, antwortet: eine Flasche Gin. Da regt sich selbst in Las Vegas leiser Protest, aber Oscar bleibt standhaft und verkündet auf der folgenden Pressekonferenz: «Ich werde Kinder nicht belügen. Ich werde nicht behaupten, dass ich einen Teddybär oder eine Bibel mitnehmen würde.» Und offensichtlich lieben ihn die Leute dafür.

Las Vegas liegt vier Autostunden von Los Angeles entfernt. Mit dem Flugzeug ist es ein Katzensprung. Die meisten Las-Vegas-Besucher kommen deshalb von der Westküste. Einige verlegen gleich ganz ihren Wohnsitz hierher.

«Las Vegas ist die Hauptstadt des Showbusiness», sagt Joseph Jackson und schaut aus dem Fenster seiner Limousine. Der Endsiebziger ist das Oberhaupt der berühmtesten Familie der Showbranche. Jedenfalls formal. Wie viel Einfluss er tatsächlich noch auf seine neun Kinder und den Rest des Clans hat, ist schwer abzuschätzen. Aber das spielt auch keine Rolle: Seine wahre Familie – das sind inzwischen die anderen Bewohner des virtuellen Universums der Unterhaltungsindustrie. Als wir für eine Reportage zu seiner Geburtstagsfeier zugelassen werden, bekommen wir einen kleinen Einblick in diese Welt. In Los Angeles, wo die Frau des Patriarchen und Mutter des berühmtesten Jackson-Sprösslings Michael hauptsächlich wohnt, ist der Hochzeitsempfang für ein Enkelkind geplant. Aber Joseph zieht es vor, 430 km entfernt in Las Vegas seine eigene Party zu genießen.

Wie es sich im Schaugeschäft gehört, hat er einen Stab, der alles organisiert. Seine Mitarbeiter haben ein Haus angemietet und einen roten Teppich ausgerollt, der vom Gartentor bis zur Eingangstür reicht. Alle paar Meter sind Öllampen aufgestellt, die Erhabenheit signalisieren sollen. Neben uns stehen das Kamerateam einer Sendung, die sich auf Nachrichten aus der Branche spezialisiert hat, und der Reporter eines Regenbogenmagazins. Die Gäste kommen und wenden sich den Blitzlichtern, Objektiven und Mikrophonen zu. «Ich bin hier, um Joe Jackson meinen Respekt zu erweisen», sagen sie. Und dann gleich hinterher: «Ich mache selbst Musik und habe gerade eine neue Platte herausgebracht.» Damit sind sie gleich beim Wesentlichen – aus ihrer

Sicht. Ein Regisseur hat Werbematerial für seinen Film dabei, das er den Reportern am Eingang unter die Nase hält. Auf die Frage, woher sie das Geburtstagskind kennen, sagen viele: «Ich habe ihn noch nie persönlich getroffen, aber er ist eine große Inspiration für mich, wie für alle im Showbusiness.» Endlich erscheint Joseph Jackson selbst, mehrere junge Damen in Cocktailkleidern an seiner Seite.

Einmal drinnen, setzt sich die Selbstvermarktung der Eingeladenen fort. Ein Conférencier im Garten sagt die Gratulanten an, die er für die prominentesten hält. Einer nach dem anderen kommt auf die Bühne. Der Ablauf ist immer der gleiche: «Happy Birthday, Joe! Mein Name ist Soundso, ich habe eine Show im XY-Kasino, jeden Abend um 9 Uhr, außer mittwochs.» Jeder schlendert durch die Menge und schaut sich um nach wichtigen oder bekannten Leuten.

Jackson senior scheint das alles nicht zu berühren. Er ist in seinem Element. Auf seine alten Tage produziert er noch Musikgruppen. Das gibt ihm auch die Gelegenheit, sich mit jungen Schönheiten zu umgeben. «Das ist Christel, das ist Jessica, das ist die Gruppe *Into You*», stellt Jackson strahlend seine Begleiterinnen vor. Später versucht Christel, zu einem Playback zu singen, aber es gibt Rückkoppelungen, das Mikrophon produziert hässliche Pieptöne. Christel zuckt hilflos mit den Schultern und gibt auf. Eine Model-Agentur hat ein Dutzend hübsche Mädchen angekarrt. Sie gruppieren sich um den alten Mann und posieren für Geburtstagsfotos.

Einige Jahre vorher hatte uns der Pressesprecher eines Kasinos verraten, wie so etwas im Jargon der Stadt heißt. Damals war die französische Schauspielerin Catherine Deneuve eingeflogen worden, um der Eröffnung des *Paris* beizuwohnen. «Wird sie singen oder etwas anderes machen?», hatten wir den Hotelvertreter gefragt. «Sie macht nichts», entgegnete der und erklärte uns gleich die Funktion des europäischen Superstars an diesem Abend: «Sie ist *eye candy*, so nennen wir das in Las Vegas.» *Etwas Süßes fürs Auge* – damit hat der PR-Mann das Konzept der ganzen Stadt zusammengefasst.

Heute Abend sind die gemieteten Süßigkeiten sauer: Nach dem Fototermin mit Joseph Jackson wollen sie schnell wieder weg, aber es steht keine Limousine zur Verfügung. «Das ist unprofessionell», schimpft ihre Agentin mit einem Agenten der Geburtstagsfeier. «Meinen Klientinnen wurde Limousinentransport hin und zurück zugesichert.» Die beiden Agenten liegen sich in den Haaren. Aus diesem Streit hält sich Deborah Oprah raus. Sie ist Josephs Anwältin, und ihre Hauptaufgabe ist es, ihren Mandanten vor unbedachten Äußerungen über seinen umstrittenen Sohn zu schützen: «Herr Jackson gibt keinen Kommentar. Wir sind zum Geburtstagfeiern hier.»

Es ist mit Händen zu greifen, dass der alternde Musikproduzent seinen Zenit im Showgeschäft überschritten hat. Krampfhaft versuchen er und sein Gefolge, den schönen Schein aufrechtzuerhalten – das spricht Bände über die Gesetze einer Branche und über das Wesen dieser Stadt. Eine Fata Morgana ist diese Wüstenmetropole. Sie wirkt besser, wenn man nicht zu genau hinschaut und sich wie ein Kind auf dem Jahrmarkt in ihr bewegt.

Die Befürchtung von Jacksons Ehefrau, die Familie könne an diesem Wochenende zwischen der Hochzeitsfeier in Los Angeles und Joes Party zerrissen werden, scheint gänzlich unbegründet: Keines der Kinder ist zum Geburtstag des alten Herrn erschienen. Aber dafür gibt es in Las Vegas ja Imitatoren. Nachdem den ganzen Abend über – man möchte fast meinen gezielt – das Gerücht verbreitet wurde, Michael Jackson höchstpersönlich werde als Gratulant erscheinen, steigt schließlich ein Doppelgänger auf die Bühne, singt ein paar berühmte Songs, stößt dabei spitze Schreie aus und fasst sich in den Schritt – ganz so wie der richtige Michael. Es ist zwar nicht der wirkliche Sohn des Gastgebers, aber was soll's: Um Echtheit ging es hier noch nie.

Bei der Abreise Richtung Washington ist Toms Sehnsucht überstark, möglichst schnell wieder zur politischen Berichterstattung zurückzukehren, in eine Welt, wo messbare und rationale Maßstäbe gelten. So denkt man. Aber von Las Vegas aus gesehen, ist keineswegs ausgemacht, dass der Regierungssitz wirklich der Mittelpunkt von Vernunft und Verlässlichkeit ist. Es ist eine Frage der Perspektive. «Wohin fliegen Sie denn zurück?», fragt der Taxifahrer auf dem Weg zum Flughafen. «Nach Washington», antwortet Tom, lässt sich seine Erleichterung anmerken und erwartet, dass der Chauffeur das nachempfinden kann. Doch der sieht in der Kapitale seines Landes nur die Parallelwelt seiner eigenen Stadt. «Von Las Vegas nach Washington also», wiederholt er unser Reiseziel. Und dann: «Von einem LaLa-Land ins andere.»

Da mag er durchaus Recht haben. Wenn es allerdings ums Geldzählen geht, dann werden plötzlich – hier wie dort – alle Traumtänzer und Spinner wieder ganz vernünftig. Das Mekka der Unterhaltung bietet, viel mehr noch als die Hauptstadt, einen äußerst fruchtbaren Boden für den typischen amerikanischen Aufstieg vom Tellerwäscher zum Millionär. Solche Karrieren sind nicht nur Mythos, sie werden – häufiger, als man denkt – Wirklichkeit. Auffallend ist, dass Las Vegas Leute mit Spleen, oder sagen wir besser: mit besonderer Note, anzuziehen scheint wie ein Magnet. Da sind nicht nur Showstars wie der Pianist Liberace, Sohn polnisch-italienischer Einwanderer, der nicht so sehr wegen seiner Fingerfertigkeit von sich reden machte, sondern wegen seiner unvergleichlichen, mit Strass besetzten Anzüge und seiner geradezu königlichen Gewänder. Da sind auch recht eigenwillige Personen aus dem Wirtschaftsleben wie der Investor Howard Hughes, der 1967 als einer der ersten großen nicht-mafiosen Geschäftsmänner in die Stadt kam, sich mit seinen unzähligen Krankheiten im *Desert Inn* einquartierte und es kurzerhand aufkaufte, als das Hotel versuchte, den exzentrischen Gast loszuwerden. Oder nehmen wir Kerkor, genannt Kirk, Kerkorian, einen der wichtigsten Männer in Las Vegas und einen der reichsten Männer der Welt.

Kirk Kerkorian wird am 6. Juni 1917 in Fresno, Kalifornien, geboren. Als Sohn armenischer Einwanderer lernt er Englisch erst von seinen Spielkameraden auf der Straße. Mit neun Jahren beginnt er seinen Beitrag zum ärmlichen Familieneinkommen zu leisten, durch den Verkauf von Zeitungen und andere Gelegenheitsjobs. Er träumt davon, ein professioneller Boxer zu werden. Einmal nimmt ihn einer seiner Arbeitgeber mit in seinem Privatflugzeug. Kirk, inzwischen 22, ist begeistert und setzt von nun an alles daran, einen Flugschein zu machen. Den in der Tasche, heuert er bei der *Royal Air Force* an und fliegt während des Zweiten Weltkrieges – unter Einsatz seines Lebens – in Kanada gebaute Bomber nach Schottland, eine äußerst riskante Strecke. Sein Einsatz wird großzügig honoriert.

1945 kauft sich Kerkorian eine Cessna, trainiert damit Piloten und bietet Charterflüge an, häufig «Los Angeles–Las Vegas» oder umgekehrt. Während der 1940er und 50er Jahre ist er ein bekannter *high roller* an den Spieltischen, der mal eben 50 000 Dollar gewinnt oder – häufiger – verliert. Später im Leben gibt er das Spielen ganz auf. Er heiratet zweimal. Seine zweite Frau lernt er in Las Vegas kennen. Sie haben zwei Töchter, Tracy und Linda, nach denen er seine Firma *Tracinda Corp.* benennt.

Kerkorians Geschäfte laufen glänzend. Er kauft und verkauft Grundstücke, Kasinos und Anteile daran. Unter anderem hat er das einst von der Mafia kontrollierte *Flamingo* erworben. Schließlich plant er, das größte Hotel der Welt zu schaffen, und gibt damit den Startschuss für den Bau der Megaresorts, die in den kommenden Jahrzehnten am Las Vegas Boulevard wie Pilze aus der Erde schießen werden. Sein *International* (heute das *Las Vegas Hilton*) wird 1969 eröffnet, 30 Stockwerke hoch, mit 1512 Zimmern. Zu den Gästen auf der Eröffnungsparty zählen Barbra Streisand und Cary Grant, Elvis Presley, Ike und Tina Turner.

Das Hotel, etwas ab vom *Strip*, läuft nicht so gut wie erhofft. Ungefähr zur gleichen Zeit decken Ermittlungen der Justiz Unregelmäßigkeiten im *Flamingo* auf. Es stellt sich heraus, dass ein einflussreicher Mafioso namens Meyer Lansky heimlicher Miteigentümer des Kasinos war und dort an der Steuer vorbei Profite abschöpfte, bevor das *Flamingo* an Kerkorian verkauft wurde. Die Behörden vermuten, Kerkorian habe diese Tatsache absichtlich unterschlagen. Der Verdacht führt dazu, dass Kerkorian ein neuer Börsengang nicht genehmigt wird. Der Millionär sitzt in der Patsche. Er weiß nicht, wie er seine Schulden bezahlen soll, und sieht sich gezwungen, sowohl das *Flamingo* als auch das *International* mit riesigem Verlust an *Hilton Hotels* zu verkaufen. Sogar ein Teil seines Privateigentums, eine Villa in Las Vegas, ein Flugzeug, eine Yacht, kommt unter den Hammer.

Nicht einmal ein Jahr später steigt Kerkorian wie Phönix aus der Asche und verkündet, sich selbst zu übertreffen, mit dem Bau eines weiteren Megahotels. Eigentlich hat er dem Hilton-Konzern zugesagt, kein Konkurrenzunternehmen in Las Vegas aufzubauen. Dass er sich inzwischen bei den MGM-Studios eingekauft hat, bietet ihm die Möglichkeit, unter diesem Firmennamen zu operieren. Das *MGM Grand* wird schon 1973 eröffnet, mit über 2000 Zimmern wieder das größte der Welt. Dieses Hotel wird auch Schauplatz der größten Katastrophe, die das Mekka der Unterhaltung bisher erlebt hat.

Im November 1980 bricht in einem der Restaurants ein Feuer aus. Rauchmelder und Sprinkler sind im Gebäude nur vereinzelt vorhanden. Solche Vorsichtsmaßnahmen waren zur Zeit des Baus noch nicht Gesetz. Das Feuer bleibt sieben Stunden lang unentdeckt, bis es schließlich durchs Kasino und in die oberen Stockwerke rast. 87 Menschen sterben, ungefähr 700 werden verletzt. Das Hotel zahlt eine Dreiviertelmilliarde Dollar Schadensersatz an die Opfer. Obwohl das Unternehmen nur für eine wesentlich kleinere Summe versichert ist, erklärt sich eine Gruppe von Versicherungsgesellschaften bereit, eine nachträgliche Prämie zu akzeptieren und für die Schadensersatzzahlungen aufzukommen. «Versicherungsgesellschaften haben immer betont, dass man ein brennendes Haus nicht versichern könne», kommentiert ein Interessenverband von Versicherungsnehmern das merkwürdige Geschäftsgebaren, «aber wenn der Kunde bedeutend genug ist, kann er offensichtlich ein bereits abgebranntes Haus noch versichern.»

Ein paar Jahre nach der Tragödie verkauft Kerkorian das *MGM Grand* (es heißt heute *Bally's*) und baut zum dritten Mal der Welt größtes Hotel, nämlich das gegenwärtige *MGM Grand* mit 5000 Zimmern. 1993 eröffnet, ist es zehn Jahre später immer noch das zweitgrößte Hotel der Welt. Von da an verlegt Kerkorian sich erst mal darauf, Hotels, die andere geschaffen haben, aufzukaufen. Selbst die Besitztümer eines anderen bekannten Las-Vegas-Moguls, nämlich Steve Wynn, hat sich Kerkorian inzwischen weitgehend einverleibt. Das *Mirage*, in dem bis vor einigen Jahren Siegfried und Roy auftraten, das Piratenhotel *Treasure Island* und das elegante italienische *Bellagio* wechselten 2000 den Besitzer.

Steve Wynn setzte sich währenddessen mit einem neuen Nobel-Kasino ein Denkmal, noch eleganter als das *Bellagio*. Das Kasino heißt schlicht und ergreifend *Wynn Las Vegas*. Auch Wynn gehört zu den schillernden Legenden der Stadt. Sein Startkapital verdankt er einem Coup: Er kaufte einen kleinen Streifen Land, genau zwischen dem *Caesars Palace* und dem *Strip*. Dann drohte er damit, dort das schmalste Kasino der Welt hochzuziehen – *Caesars Palace* wäre vom *Strip* abgeschnitten gewesen. Da kaufte man Wynn das Land lieber ab. Mit dem satten Profit betrieb er seinen Einstieg ins Kasinogeschäft.

Steve Wynns Kasino-Kreationen geben der Vergnügungsmetropole einen kosmopolitischen Anstrich. Vor 1990 war Luxus à la Las Vegas eher aufgeplustert und plüschig. Gutes Essen bestand aus einem möglichst dicken Steak und Pommes frites, getrunken wurde Scotch-Whisky. Eine Show galt als gelungen, wenn die Tänzerinnen möglichst viel Haut zeigten. Heute bietet die Stadt internationale Küche auf höchstem Niveau. Es gibt kaum eine Stadt, in der sich so viele welterfahrene Chefkochs tummeln wie hier. Manche Restaurants haben eine beeindruckendere Auswahl an französischen Weinen als vergleichbare Pariser Lokale. Die Einrichtung dieser Etablissements ist ausgesucht stilvoll, die Preise sind Schwindel erregend. Glücklicherweise, so freut man sich da, wurden die traditionellen Büfetts, wo man für 10 bis 15 Dollar so lange essen kann, bis man platzt, nicht abgeschafft.

Die Glitzermetropole setzt nicht mehr ausschließlich auf eine Karte. Wer sein Geld nicht am Spieltisch lässt, wird heute keine Schwierigkeiten haben, es anderswo loszuwerden. Während die Stadt früher mit billiger Unterkunft und billigem Essen warb, nur um die Leute ins Kasino zu locken, hat sie nun entdeckt, dass es viele andere Attraktionen gibt, für die Urlauber ihr Portemonnaie zücken. In Las Vegas darf man über die Stränge schlagen, in jeder Hinsicht.

Die Stadt ist eine sprudelnde Einnahmequelle, die nicht zu versiegen scheint. Mehr als 35 Millionen Besucher kommen jährlich, Tendenz steigend. Sie bleiben im Durchschnitt drei bis vier Tage und sind nicht zum Sparen aufgelegt. Fast jedes Jahr erweitert sich mindestens eins der gigantischen Kasinos um einen neuen Turm für 1000 bis 2000 Gäste oder sogar mehr. Und trotzdem kann Las Vegas – bisher noch jedenfalls – damit prahlen, dass die Hotels zu ungefähr 90 Prozent ausgelastet sind. Wer glaubt, die einzelnen Objekte mit ihren Tausenden von Zimmern seien gewaltig genug, der irrt. Fast alle gehören zu wesentlich monströseren Firmengruppen, die mehrere Kasinos unter ihrem Dach vereinen und selbstverständlich nicht nur in Las Vegas, sondern auf internationalem Parkett operieren. *Harrah's Entertainment* kontrolliert unter anderem *Caesars Palace, Paris, Bally's, Flamingo* und das *Rio.* Zu Kerkorians Firmengruppe gehört inzwischen die Mehrzahl der großen Kasinohotels auf dem Las Vegas Boulevard: das *Mirage, Bellagio, TI Treasure Island* und *New York-New York* sowie alle Kasinos der *Mandalay*-Gruppe mit *Mandalay Bay, Luxor, Excalibur, Monte Carlo* und *Circus Circus.*

Es scheint nur noch eine Frage der Zeit zu sein, bis der ganze *Strip* in einer Hand ist. Dieses unaufhaltsame «Schneller! Höher! Größer!» – das kann einfach nicht ewig gut gehen. Es ist keineswegs ausgeschlossen, dass die Stadt irgendwann zur *ghost town* wird, wie so viele einst lebhafte, inzwischen verlassene Orte in der Region. Immerhin würde sie auch dann noch ihrem Ruf gerecht werden und sich als Superlativ verabschieden: als größte Geisterstadt der Welt.

Las Vegas ist die Stadt der perfekten Dubletten und Plagiate. Doch hat sie aus all diesen Kopien etwas Einmaliges geschaffen. Eine Stadt wie diese gibt es nirgendwo anders, bisher jedenfalls nicht. Mit Sicherheit kommt bald jemand auf die Idee, sie zu kopieren. Manchmal ist die Fälschung ja besser als das Original, aber eben nur manchmal.

Der Wilde Westen

Lebt es sich in Amerika gefährlicher als in Europa?

Eines Nachts im Sommer 2004 schlägt unser Hund an. Das Übliche, vermuten wir: Der Nachbar kommt spät nach Hause, oder ein paar Rehe grasen im Vorgarten, oder ein Waschbär drückt sich an der Mauer entlang. Das Bellen hört nicht auf. Sabine quält sich aus dem Bett und lugt durch die Gardinen. Vor unserem Haus parkt ein fremder Geländewagen, direkt hinter unserem Minivan. Das fällt auf, denn wir wohnen in einer sehr ruhigen Straße, in die sich nur selten Unbekannte verirren, schon gar nicht nachts um ein Uhr. Na, das sind wohl die College-Kids aus der Nachbarschaft, die während der Ferien ihre Eltern besuchen, denkt Sabine. Doch da sieht sie plötzlich einen jungen Mann im weißen T-Shirt aus dem Geländewagen heraus- und direkt in unser Auto hineinspringen. Im nächsten Augenblick setzen sich beide Fahrzeuge in Bewegung. «Tom! Unser Auto wird gerade geklaut!»

Wir wählen sofort den Notruf 911. Nur fünf Minuten später steht ein massiger Polizist vor unserer Tür, ein greller Scheinwerfer bestrahlt unsere Haustür. *Officer* André sieht aus, als könne sich allein wegen seiner Statur kein Einbrecher an ihm vorbeidrücken. Während seine Kollegin im Wagen wartet, zückt er Block und Stift, um unsere Personalien aufzunehmen. Wir rollen innerlich mit den Augen. Denn das hatten Freunde von uns auch schon erlebt: Während sie nach einem Diebstahl gewissenhaft ihre Geburtsdaten diktierten, verschwand der Dieb mit der Beute. Doch es dauert nur wenige Minuten, und wir merken, dass wir der Polizei in diesem Fall unrecht tun.

«We got 'em, we got 'em, right here on Military Road!», tönt es aus dem Walkie-Talkie, das auf dem vorgewölbten Bauch des Polizisten baumelt. Während wir unser Fahrzeug beschreiben und unsere Namen buchstabieren, werden wir Ohrenzeugen der Verfolgungsjagd. «Uiuuh, uiuuh, uiuuh», heulen die Sirenen im Funkgerät. Die Verfolger sprechen in für uns unverständlichen Codes, der beleibte *Officer* übersetzt. Der Geländewagen konnte entkommen, aber an unserem Minivan sind sie noch dicht dran. «Oh!», hören wir plötzlich, «jetzt sind sie gegen eine Mauer gefahren.» Und weiter geht die Jagd. Dann lassen die Täter unser Auto offensichtlich irgendwo stehen. Die Verfolgungsjagd geht zu Fuß weiter. Der Fahrer unseres Wagens wird schließlich von der Polizei geschnappt, der Typ im weißen T-Shirt entkommt.

André und seine Kollegin bitten Sabine mitzukommen, um das Auto zu identifizieren. In weniger als zehn Minuten erreicht der Streifenwagen den Fundort. Der Minivan befindet sich in recht ungewöhnlicher Position schräg in einer Seitenstraße – mit offener Tür und einem Reifen auf dem Bürgersteig. Sabine identifiziert unsere Familienkutsche im Vorbeifahren. Ganz unbeschadet scheint der Wagen das Abenteuer nicht überstanden zu haben, aber Näheres ist im Dunkeln nicht zu erkennen. Ein freundlicher *Detective* in leicht zerknittertem Anzug und mit nicht weniger zerknittertem Gesicht steckt seinen Kopf durchs Fenster des Streifenwagens und fragt nach einigen Details des Tathergangs.

Dann geht's zur Polizeistation an der Idaho Avenue. Nach zehn Versuchen findet *Detective* Keith den richtigen Zahlencode, um die Tür zu öffnen. Er führt Sabine in ein ebenso unordentliches wie schmutziges Großraumbüro. Dort lässt er sich auf einen Drehstuhl fallen, dem eine Armlehne fehlt, und füttert den Computer im Einfingersystem mit Informationen. Hinter dem Computer liegt ein rosa Teddybär. Unter dem Schreibtisch stehen ein paar sandverkrustete Sandalen, daneben ein Paar gefütterte Winterhausschuhe. Offensichtlich ist man hier für jede Wetterlage gerüstet. Keith starrt auf seinen Bildschirm, liest Berichte, telefoniert und funkt ein bisschen herum. Zwischendurch versichert er, sie würden versuchen, Sabine nicht allzu lange aufzuhalten. Erst mal soll sie ganz genau aufschreiben, was sie gesehen hat.

Als sie fertig ist, ist es drei Uhr, und nichts deutet darauf hin, dass sie bald gehen darf. Keith erklärt, dass er in diesem Fall besonders sorgfältig ermittelt, weil er daran arbeite, eine Serie von Banküberfällen aus den letzten Monaten aufzuklären. Die Bankräuber benutzten vorzugsweise gestohlene Minivans zur Flucht und steckten sie anschließend in Brand, um Spuren zu verwischen. Die meisten Minivan-Marken seien nur sehr unzureichend gegen Diebstahl gesichert, und es sei deshalb ein Kinderspiel, sie zu klauen, erklärt der *Detective*. Deshalb also ist die Polizei sofort so dynamisch in Aktion getreten: Sie glaubten, gewalttätigen Verbrechern auf der Spur zu sein.

Die Überfallserie hatte im Januar begonnen. Zunächst überfielen die Bankräuber eine Filiale der *Bank of America* im Nordwesten Washingtons, wo sie die schwangere Sicherheitsbeamtin überwältigten und 144 000 Dollar erbeuteten. Das Geld war schnell verprasst, und so holten sich die Männer mehr. Bis sie gefasst wurden, hatten sie sechs Banken überfallen und dabei über 360 000 Dollar geraubt. Sie waren bewaffnet bis an die Zähne. Einmal feuerten sie eine Maschinengewehrsalve auf einen Polizisten ab. Nach der Festnahme brauchten die Beamten mehrere Tage, um all die Pistolen, Gewehre und Munition zu dokumentieren.

An jenem Sommerabend allerdings, als der *Detective* den Diebstahl unseres Minivans zu Protokoll nimmt, weiß er noch nicht, dass es ein paar Wochen später zur Festnahme der Bankräuber kommen wird. Also hält er Sabine fest, für den Fall, dass noch irgendwelche Fragen auftauchen. Ein Kollege schaut vorbei, hat

Mitleid und bietet ihr einen komfortableren Raum an. Der Weg dorthin führt vorbei an dem Zimmer, wo der Festgenommene verhört wird. Die Tür hat ein Sichtfenster. Sabine muss sich im Vorbeigehen tief bücken, damit der Täter sie nicht sieht. So wollen es die polizeilichen Spielregeln. Der Mitleidige bringt Sabine zum Aufenthaltsraum: «Feel yourself at home! Make yourself comfortable!» Ein schmutziger Tisch mit Kaffeetassen vom letzten Frühstück, ein paar wackelige Stühle, eine kunstlederne orange-braune Couch und ein Fernseher mit miserablem Antennen-Empfang wirken weder gemütlich noch einladend.

Bevor Sabine auf dem speckigen Sofa einschläft, erscheinen zwei junge Polizeibeamte und melden, das Auto sei da. Ob sie einen Schraubenzieher habe, wollen sie wissen. Warum? Weil das Auto nur noch mit so einem Werkzeug zu starten und auszustellen sei, erklärt einer von ihnen gelassen. Beide waren an der Verfolgungsjagd direkt beteiligt. Jetzt fachsimpeln sie darüber, ob man das gestohlene Auto in die richtige Richtung gejagt habe oder ob es nicht taktisch günstiger gewesen wäre, die Täter in eine nahe gelegene Sackgasse zu treiben. Im Hinausgehen stellt sich heraus, dass Sabine das Protokoll, auf das sie die ganze Zeit gewartet hat, nicht mitnehmen darf, weil es noch von höherer Stelle abgezeichnet werden muss.

Derweil qualmt das Auto auf dem Polizei-Parkplatz röchelnd vor sich hin, eine erbärmliche Kreatur, der Motor läuft, es ist total überhitzt. Die Fahrertür ist eingedellt, die Beifahrertür und die hintere Schiebetür ebenfalls. Ein Scheinwerfer ist kaputt, aus dem Armaturenbrett hängen lose Kabel. Einer der beiden Verfolger, ein kleiner Drahtiger mit Brille, setzt sich hinters Steuer, Sabine fährt im Streifenwagen hinterher. Die Beamtin am Steuer schüttelt fassungslos den Kopf, als sie versucht, dem zerbeulten Minivan zu folgen. Der energiegeladene Kollege befindet sich offensichtlich noch im Verfolgungsrausch mit hohem Adrenalinausstoß. Mit über 70 Sachen heizt er durch die nächtlich verlassenen Wohngebiete. Endlich holt der Streifenwagen ihn ein. Der Drahtige hat das Fenster heruntergekurbelt und pafft eine Zigarette. Ein rasender, rauchender *Cop* in unserem schrottreifen Auto! Vor der Haustür angekommen, wirft er die Kippe aus dem Fenster, werkelt mit dem Schraubenzieher dort herum, wo einmal das Zündschloss war, verschließt den Wagen sorgfältig und verabschiedet sich: «Es tut mir Leid, dass Sie all diese Unbequemlichkeiten hatten und den Schaden. Gute Nacht!»

In den folgenden Tagen stellt sich heraus, dass der Minivan einen Totalschaden hat. Die Versicherung zahlt, und unser Hund bekommt einen großen Knochen. Wir erfahren, dass die Autoknacker nicht zur Bankräuberbande gehören. Deren Kopf, der neunundzwanzigjährige Miquel Morrow, wird noch während unserer letzten Monate in Washington verurteilt – zu lebenslanger Haft plus 95 Jahre. Die jungen Leute, die unseren Minivan klauten, standen mit diesen Gewaltverbrechern offenbar nicht in Verbindung; sie waren nicht vorbestraft und hatten angeblich nur Lust auf eine Spritztour.

Autodiebstahl wird in den Großstädten der Vereinigten Staaten sozusagen als Hobby betrieben. Häufig haben es die Diebe gar nicht darauf angelegt, ihre Beute zu verkaufen. Sie fahren die geklauten Wagen einfach so lange, bis der Tank leer ist oder bis es ihnen langweilig wird. Selten erhalten die Eigentümer ihren Besitz unbeschädigt zurück.

Die Nachbarn wundern sich, dass so etwas in unserer friedlichen Straße vorkommt. Manche schließen nicht einmal die Tür ab, wenn sie ihr Haus verlassen, die wenigsten haben regelmäßig Alarmanlagen an. Wir haben unsere entschärft, weil wir uns noch zu gut an die häufige unnütze Aufregung in unserem früheren Haus in Georgetown erinnern. Auf Anraten unserer Nachbarn dort war die Alarmanlage fast rund um die Uhr aktiv. In den ersten Monaten setzten wir ständig eine ohrenbetäubende Sirene in

Gang, weil wir ein Fenster oder eine Tür öffneten, ohne den Alarm vorher abzuschalten. Fünfzehn Minuten später klingelte es dann: «Everything ok, Ma'am?» Vor der Tür ein Sheriff, wie aus einem Hollywood-Film: breitbeinig, Kaugummi kauend, Hand auf der Hüfte, griffbereit am Colt. Durch seine spiegelnde Sonnenbrille warf er einen misstrauischen Blick über Sabines Schulter in den Flur. «Alles in Ordnung», versicherte Sabine, beruhigt, dass die Überwachung so phantastisch funktionierte. Eigentlich sollte der Wachdienst anrufen, bevor er die Polizei alarmiert. Wenn man dann seinen Code nennt, geht er davon aus, dass wirklich alles in Ordnung ist.

Später kommen wir zu der Überzeugung, dass die dauernde Alarmbereitschaft etwas übertrieben ist, und nutzen die Anlage nur noch, wenn wir das Haus verlassen. Allerdings, Georgetown ist ein lebhaftes Viertel, das nicht nur freundlich gesinnte Besucher anzieht. Es wirkt friedlicher, als es ist. Während unserer Zeit dort werden mehrere Bekannte und Nachbarn Opfer von Raubüberfällen. Niemand wird verletzt, aber fast jedes Mal sind Schusswaffen im Spiel. Und das ist der Unterschied zu europäischen Großstädten: Mit Kinnhaken, Schlagringen oder Messern hält sich hier kaum einer auf. Viele Kleinkriminelle verfügen über eine Schusswaffe, wenn nicht gleich über ein ganzes Waffenarsenal. Und sie zögern nicht, die Waffe einzusetzen, und sei es auch nur für ein Portemonnaie mit Wechselgeld. Die Tötungshemmung ist weitgehend außer Kraft gesetzt.

Im Gegensatz zu anderen Bundesstaaten ist in Washington D.C. der Kauf oder Verkauf sowie das Tragen von Pistolen gesetzlich verboten. Es gibt Ausnahmen, doch dafür muss die Waffe bei der Polizei beantragt und registriert werden. Tom begleitete für eine Reportage eine Spezialeinheit, welche die Washingtoner Polizei gebildet hatte, als die Mordrate auf 400 pro Jahr angestiegen war. Der Chef dieser Einheit, *Officer* Dan Sutherland, ist ein lässig aussehender Mann mit Schnauzbart, schlank, aber keineswegs der drahtige Typ, wie er in Polizeiserien oft dargestellt wird. *Operation Ceasefire* – «Projekt Waffenstillstand» heißt die Spezialeinheit. Ihre Mitglieder: Ortskräfte und Beamte der Bundesbehörden, wie FBI. Ihr einziger Auftrag: Pistolen und Gewehre beschlagnahmen. Nach der Einsatzbesprechung bricht die Truppe in die Nacht der Hauptstadt auf. Es wird eine Fahrt durch Gegenden, die in offiziellen Stadtführern nicht empfohlen werden.

Keine Waffen, aber Geld finden Sutherlands Leute beim ersten Fang des Abends. Mehrere tausend Dollar hat ein mutmaßlicher Drogendealer bei sich. Der Kampf um den lukrativen Handel ist der Hauptantrieb bei den Schießereien der *Gangs* in den Innenstädten. Sutherland zählt die Scheine. Den Verdächtigen werden die Hände auf dem Rücken gefesselt. Obwohl die Beamten hauptsächlich hinter Waffen her sind, werden auch solche Vergehen verfolgt.

Und weiter geht es in die Nacht. Wenig später greifen sie einen Verdächtigen mit einer großkalibrigen Pistole auf. Sie ist mit gefährlichen Spezialpatronen geladen, die besonders große Schusslöcher verursachen. Der Besitzer ist erst vierzehn Jahre alt. Keine Überraschung für Sutherland; eher Kleinkram in einer Stadt, wo das Maschinengewehr zur Lieblingswaffe der *Gangs* gehört.

«Auf der Straße ist diese Pistole hier für 20 bis 30 Dollar zu haben», erklärt der Polizist und hält sie Tom unter die Nase. Berühren darf er sie allerdings nicht, denn sie ist jetzt ein Beweisstück. «In Washington macht das amerikanische Recht auf freien Waffenbesitz keinen Sinn», stellt Sutherland fest. «Hier herrscht praktisch Gesetzlosigkeit. Es ist fast wie früher im Wilden Westen. Nur hier in diesen paar Straßen hatten wir 40 Morde in den letzten Monaten. Für uns Polizisten sind strenge Waffengesetze gut. Das gibt uns eine Handhabe, gegen diese Burschen vorzugehen.»

Immer noch werden in Washington jedes Jahr rund 2000 illegal kursierende Waffen sichergestellt. Sie kommen überwiegend aus den anliegenden Bundesstaaten, deren Gesetze wesentlich lockerer sind. Im angrenzenden Bundesstaat darf man sogar bewaffnet im Landesparlament erscheinen, was der republikanische Abgeordnete John S. Reid auch routinemäßig tut. An einem Morgen im Januar 2006 erreicht er sein Büro im siebten Stock und schickt sich an, seine halbautomatische Pistole in der Schreibtischschublade zu verschließen, wie so oft. Doch während er mit der Waffe hantiert, löst sich ein Schuss. Der Knall hallt durch das Parlamentsgebäude. Niemand wird verletzt. Nur eine kugelsichere Weste, die an der Tür hängt, wird getroffen. Der Abgeordnete entschuldigt sich und sagt, er wisse nicht, wie das passieren konnte. Reid ist Kriegsveteran, erfahren im Umgang mit Waffen und hat einen Waffenschein. Selbst in zuverlässigen Händen scheint eine Pistole nicht ungefährlich zu sein.

Viele Waffen geraten obendrein unkontrolliert an weit weniger verantwortungsbewusste Personen, zum Beispiel über Waffenhändler, die die Käufer nicht – wie es das Gesetz vorschreibt – sorgfältig überprüfen, oder über *gun shows*, wo man Pistolen oder Gewehre kaufen und sofort mitnehmen kann. Auf solchen *gun shows* geben sich Sportschützen, Jäger und Sammler ganz ungezwungen ein Stelldichein. Nur zwanzig Autominuten braucht es von Washington D.C. aus, bis wir zu so einer *gun show* im angrenzenden Bundesstaat Maryland gelangen. Die Waffenschau muss man sich vorstellen wie einen Flohmarkt für Waffenbesitzer. Händler und Privatleute stellen Seite an Seite ihre Ware aus.

An diesem Tag sind über hundert Tische in einer Reithalle aufgestellt. Darauf verteilt liegen: Pistolen, Munition, Gewehre, Literatur, Militaria wie zum Beispiel alte Stahlhelme, Säbel und andere Utensilien. In einer Ecke steht ein richtig schweres Geschütz, offenbar aus dem Zweiten Weltkrieg. Dafür allerdings müsse man Sondergenehmigungen beibringen, klärt uns der Verkäufer auf. Beim Erwerb «gewöhnlicher» Waffen, also solcher, die nicht in der Lage sind, Flugzeuge vom Himmel zu holen, sind die Händler inzwischen zu einem so genannten *Background Check* verpflichtet. Es muss sichergestellt werden, dass der Käufer keine Vorstrafen hat. Es gibt eine Wartefrist, innerhalb derer diese Überprüfung stattfindet. Allein diese gesetzlich vorgeschriebene Maßnahme hat Hunderttausende Vorbestrafte am Erwerb von Waffen gehindert. Wenn ein Interessent überprüft ist und der Kauf stattfinden kann, dann muss die Transaktion mit allen Details festgehalten werden, für den Fall, dass die Waffe bei einem Verbrechen auftaucht.

Aber es gibt Schlupflöcher. Privatleute können auf vielen *gun shows* ihre Pistolen und Gewehre ohne solche Beschränkung verkaufen. Dann verliert sich ihre Spur für die Behörden. Dazu kommen mehrere hunderttausend Schusswaffen, die jedes Jahr gestohlen werden. All diese Objekte zirkulieren auf einem grauen Markt. Viele tauchen erst wieder bei einem Verbrechen auf. Endstation ist dann die Asservatenkammer der Polizei.

Zuständig ist die Behörde für Alkohol, Tabak und Feuerwaffen, abgekürzt ATF. In der ATF-Zentrale darf Tom die ganze Vielfalt der sichergestellten Feuerkraft bewundern: Mehr als 5000 Schusswaffen lagern hier im Archiv. Alle Typen und Kaliber sind darunter, selbst alte Colt-Pistolen tauchen noch bei Raubüberfällen auf. Daneben immer häufiger Maschinengewehre. «Ursprünglich wurden die für die Armee produziert», erläutert der Beamte Andy Vita. «Aber es gibt auch eine halbautomatische Version für den zivilen Markt. Kriminell werden sie oft von paramilitärischen Gruppen benutzt, auch von Rockerbanden und vor allem von Drogengangs. Die wollen ihr Revier verteidigen und brauchen dafür Gewehre mit großer Reichweite.»

Die ATF darf noch nicht einmal Computerdaten über Besitzer und Händler anlegen. Dennoch ist die Behörde zum Feindbild Nummer eins für die amerikanische Waffenlobby geworden. Die

National Rifle Association, NRA, widersetzt sich traditionell den Versuchen der Regierung, den Verkauf von Waffen einzuschränken. Nicht zuletzt aufgrund ihrer Wahlkampfspenden ist sie in der Lage, die Gesetzgebung zu beeinflussen. Von 1998 bis 2003 war der Schauspieler Charlton Heston, dem deutschen Publikum unter anderem durch seine Rollen als «Ben Hur» und «Moses» bekannt, Vorsitzender der NRA.

Tom besucht Charlton Heston in dessen Haus in Hollywood und spricht ihn auf die Folgen der weiten Verbreitung von Pistolen und Gewehren an. Heston, obwohl gesundheitlich etwas angeschlagen, spricht in druckreifen, klaren Sätzen, fast wie auf einer Bühne. Er verteidigt freien Waffenbesitz als in der Verfassung verbrieftes Grundrecht. Die Gründungsväter Amerikas hätten sogar noch wesentlich mehr Waffen im Sinn gehabt: «Thomas Jefferson hat gesagt: Das Ziel ist, dass jeder Mann bewaffnet ist. Das ist eindeutig.» Vor seinen Anhängern macht Heston seinen Standpunkt auf einer Tagung der NRA noch deutlicher: Er schwört feierlich, das Recht auf Waffenbesitz bis zum Äußersten zu verteidigen. Dann hält er demonstrativ ein Gewehr hoch und ruft allen Politikern zu: Wenn sie es ihm abnehmen wollten, dann ginge das nur über seine Leiche. Nur «meinen kalten toten Händen» könnten sie das Gewehr entwinden. Die anwesenden NRA-Mitglieder sind aus dem Häuschen vor Begeisterung.

Nach Schätzungen hat in den USA jeder zweite Haushalt eine Schusswaffe. Das sind 200 Millionen Schießeisen insgesamt – fast für jeden Bürger eine, vom Säugling bis zum Greis. Da ist es kein Wunder, dass sich auch Jugendliche Zugang verschaffen können. Sie erhalten sie entweder illegal von Straßenhändlern oder finden sie zu Hause, wo die Eltern sie oft nicht hundertprozentig sicher aufbewahren.

Wir erleben während unserer Zeit in Amerika fünf Massenerschießungen an Schulen, die weltweit Schlagzeilen machen. Die

Täter sind alle unter 18. Der jüngste ist ein elfjähriges Kind, das in Jonesboro, Arkansas, 1998 gemeinsam mit einem dreizehnjährigen Freund vier Mädchen und eine Lehrerin erschießt. Der folgenreichste Überfall ereignet sich 1999 in Littleton, Colorado, wo zwei Teenager zwölf Mitschüler und einen Lehrer an der *Columbine High School* töten, bevor sie sich selbst erschießen. Amerika ist schockiert. Präsident Clinton tritt vor die Kameras und gibt eine Erklärung ab. Der Filmemacher Michael Moore nimmt das Massaker später zum Anlass, die Waffenkultur der USA in seiner Dokumentation *Bowling for Columbine* kritisch zu beleuchten.

Tom ist zur Berichterstattung in Littleton und erlebt die weinenden und schockierten Mitschüler, die sich mit knapper Not in Sicherheit bringen konnten. Sie schildern ihm die Täter als bedrückt wirkende Kameraden, die sich dunkel kleideten und über seltsamen Internetseiten brüteten. Enttäuschte, frustrierte Jugendliche gibt es in allen möglichen Ländern, gewalttätige Websites und Videospiele ebenso. Der entscheidende Unterschied wird durch den leichten Zugang zu Waffen geschaffen.

Der Zufall will es, dass kurz nach dem Unglück die NRA ihre Tagung in Denver geplant hat. Littleton ist ein Vorort von Denver, und die Tagung wird von vielen Bürgern als Provokation empfunden. «Sie sagen uns, wir hätten nicht hierher kommen sollen», sagt Charlton Heston trotzig zur Eröffnung. «Aber wir sind doch schon hier. Diese Gemeinde ist unser Zuhause. Jede Gemeinde in Amerika ist unser Zuhause.» Immerhin verkürzen die Waffenliebhaber ihr Programm. Man ist sich bewusst, dass die zeitliche Fügung dem Image der Organisation schaden kann. Charlton Heston: «Wenn eine solche isolierte Tragödie geschieht, laufen bei uns die Telefone heiß. Warum bei uns? Weil sie für diese Geschichte einen Bösewicht brauchen.»

Draußen protestieren 8000 Eltern und Schüler gegen die NRA-Tagung. Jemand schlägt eine große Glocke – je ein Schlag für jedes Opfer der Schießerei in der *Columbine High School*. Die

Demonstranten fordern schärfere Waffenkontrollgesetze. Der Vater eines erschossenen Jungen beschwert sich: «Ein halbautomatisches Gewehr, womit mein Sohn ermordet wurde, ist nicht zum Rehejagen da.»

Doch die Stimmung im Land kippt nicht eindeutig gegen die Verbreitung von Schießeisen. Die Opfer von Columbine sind noch nicht geborgen, da sagt man uns schon Sprüche wie diese ins Mikrophon: «Solche Typen kommen immer an Waffen. Das verhindern auch schärfere Gesetze nicht.» Oder: «Nicht die Waffe ist schuld, sondern die Person hinter der Waffe.» Und in Washington assistiert der Fraktionsvorsitzende der konservativen Republikaner, Senator Trend Lott, mit dem Argument, die Täter hätten bei dem Amoklauf 17 Gesetze gebrochen. Man könne dieses Problem nicht mit noch mehr Gesetzen lösen. Angesichts solcher Stimmung muss auch der damalige Präsident Bill Clinton erfahren, dass es keine Mehrheit für grundlegend schärfere Kontrollen gibt. So appelliert er an seine Mitbürger: «Ändert ihr diese Kultur, dann ändere ich die Gesetze.» Doch diese Kultur ist tief in der amerikanischen Geschichte verwurzelt.

Nicht umsonst gilt der Western als das amerikanische Genre schlechthin. Im Western ergötzt sich Amerika selbst immer wieder an seiner wilden Gründungsphase. Larry Furgeson ist Regisseur und dreht gerade den Film *Gunfighters Moon*. Er ist ein gemütlicher, kräftiger Mann mit einem Bart und einer tiefen, sanften Stimme. Den deutschen Besuchern am Set erklärt er in einer Drehpause, was der Cowboy mit dem Colt am Gürtel in den USA bedeutet: «Es gibt eine große Begeisterung und Faszination für Schusswaffen in Amerika, weil dieses Land mit ihnen erobert und gezähmt wurde. Für Europäer ist das schwer zu verstehen. Es hat aber nicht notwendigerweise etwas mit Gewalt zu tun. So wie Geld ja auch nicht gleich ‹Korruption› ist. Es hat mehr zu tun mit einem Gefühl von Freiheit.»

Die Waffe, mit der Amerika seine Vision von Freiheit durchsetzte, erfand Samuel Colt, geboren 1814, gestorben 1862. Zu seiner Zeit mussten Pistolen noch nach jedem einzelnen Schuss umständlich nachgeladen werden, mit Pulver und Kugel. Schritt für Schritt entwickelte er daraus den Revolver. Jetzt konnte man so viele Schuss hintereinander abgeben, wie Kugeln in die Trommel passten. Samuel Colt war ein begabter Selbstvermarkter. Sein berühmtestes Produkt nannte er den *Peacemaker*, also *Friedensstifter*. Es begründete einen Mythos. Vor über hundert Jahren sagte man über den Vater der amerikanischen Pistole: «Gott hat alle Menschen gemacht. Samuel Colt machte sie alle gleich stark.» Das sollte heißen, dass sich ein Siedler gegen eine Übermacht von Schurken zur Wehr setzen konnte.

Präsident Ronald Reagan versuchte an diese Tradition anzuknüpfen und nannte eine amerikanische Mittelstreckenrakete *Peacemaker*. Auf viele Europäer wirkte diese Bezeichnung zynisch. Heute ist *Colt* einer der zehn bestbekannten Markennamen, ähnlich wie *Coca-Cola*. Für viele steht *Colt* nicht nur für ein bestimmtes Produkt, sondern für die ganze Gattung. Man sagt *Colt* und meint Pistolen im Allgemeinen. Was jetzt nach alter Wertarbeit aussieht, war in Colts Tagen die Geburtsstunde der Industrialisierung: Mit austauschbaren Teilen machte er den Sprung vom Handwerker und Waffenschmied zum Rüstungsfabrikanten. Nicht die Automobile von Henry Ford begründeten die Massenproduktion in Amerika, sondern die Pistolen von Colt.

Für Massenproduktion braucht man massenhafte Nachfrage. Und die brachte Colt der Bürgerkrieg. Er rüstete die Nord- und die Südstaaten gleichzeitig auf. Die Armee blieb während des gesamten Bruderkrieges von 1861 bis 1865 bester Kunde der Waffenfabrik. Bei Kriegsende war Colt schon drei Jahre tot. Wie es heißt, starb er an den Folgen der Syphilis. Der Bedarf der Armee an Colts stieg weiter. Er wuchs mit dem jungen Staat, der sich immer weiter nach Westen ausdehnte. Von nun an wurden die

Colts hauptsächlich gegen die Indianer eingesetzt – Bewohner des Landes, aber keine Landsleute. Die Indianerkriege im Westen schlossen sich nahtlos an den Bürgerkrieg an.

Die Stützpunkte der Armee lagen weit verstreut im riesigen Feindesland. Wer sich in der zweiten Hälfte des vorletzten Jahrhunderts in den Westen aufmachte, durfte auf die Unterstützung der Soldaten nicht zählen. Auch der nächste Sheriff oder Marshall war oft tausend Kilometer weit entfernt. Der einsame Siedler, der ins Unbekannte aufbricht und sich und seine Familie auf eigene Faust verteidigt, wurde zum Symbol. Im kollektiven Gedächtnis des Landes eroberte er Amerika, nicht die Obrigkeit. Und Samuel Colt wurde sein Schutzpatron. Denn er gab dem Siedler die Waffe, mit der er den so genannten Wilden Westen befriedete: den *Peacemaker*. Starke, Schwache – alle verließen sich auf diesen Ordnungshüter aus Stahl, um sich in der Weite eines Landes zu behaupten, das noch nicht ihre Heimat war.

Der Mythos vom unabhängigen, bewaffneten Amerikaner ist im Westen der USA noch lebendig. Die Polizei ist zwar nicht mehr Tage, aber doch Stunden entfernt von den Höfen, die irgendwo einsam hinter den Hügeln liegen. Während einer Reportage in Texas biegen Tom und das Kamerateam der ARD vom Highway ab auf einen staubigen Weg. Sie landen bei der *Randolph Cattle Company*. Es wird eine Zufallsbegegnung mit der Familie des Vorarbeiters – und eine Annäherung an Amerikas raue Vergangenheit. Manches am Alltag auf der Ranch sieht noch genauso aus wie früher. Pferde und Waffen sind hier keine Fetische, sondern Werkzeuge.

Als sie bei den Elliotts eintreffen, kommt der Nachwuchs des Elliott-Clans gerade von einem Jagdausflug zurück. Eine Ranch ist um ein Vielfaches größer als ein deutscher Bauernhof, denn wegen des kargen Grasbewuchses brauchen die Rinder eine riesige Fläche, um sich zu ernähren. Die Rancher rumpeln mit Geländewagen über die Hügel, um das Land zu bewirtschaften.

Aber das beste Fortbewegungsmittel ist immer noch das Pferd. So kommen die jungen Elliotts jetzt auch angeritten: etwa ein halbes Dutzend Männer Mitte zwanzig und ein paar junge Frauen. Einige haben das Gewehr noch in der rechten Hand, mit der linken halten sie die Zügel. Sie sind Cowboys, wie ihr Vater Hank, arbeiten aber auf einer anderen Ranch.

Dieses Wochenende ist Familienfeier bei den Elliotts. Manche Vettern und Cousinen wohnen inzwischen im «zivilisierten» Osten der USA. Sie alle sind zusammengekommen, um einen Tag lang die freie Landluft von Texas zu atmen. So treffen Tom und seine Kollegen auf dieser entlegenen Ranch gleich drei Generationen einer Rancherfamilie, deren gesammelte Erinnerung fast zurückreicht bis in die alten rauen Tage. «Früher warst du zunächst mal auf dich allein gestellt», erinnert sich Familienoberhaupt Hank Elliott an seine Kindheit und die Erzählungen seiner Eltern. «Deshalb war es wichtig, dass du mit deinen Nachbarn auskamst. Der Sheriff stand erst an letzter Stelle, von dem war nicht viel Hilfe zu erwarten, denn der war damals ganz allein und für ein riesiges Gebiet verantwortlich. Du musstest also bereit sein, dieses Risiko einzugehen für den Traum von der eigenen Ranch. Und wenn du zäh genug warst, das durchzustehen, nun, dann konntest du bleiben – falls du überlebt hast.»

«Auch heute treibt man noch Viehdiebe mit Waffengewalt von der Ranch», macht Hanks Sohn Wendell den Sprung zur Gegenwart. «Wir zielen nicht direkt auf sie, aber wir schießen, um sie zu vertreiben. Ich selber habe das auch schon getan. Auch heute noch sind wir also unsere eigene Polizei. Waffen gehören hier draußen einfach dazu. Die Leute essen noch die Tiere, die sie jagen. Es ist Teil unserer Lebensart. Wir sind alle mit Waffen aufgewachsen. Wir hatten schon als Jungs Waffen.»

Während die Elliotts ums Lagerfeuer sitzen und den deutschen Besuchern ihr Land und ihr Leben erklären, geht langsam die Sonne unter. Vater Hank steht auf und schaut sich die Hufe der Pferde

Ben's Chili Bowl, eine Institution – eins der wenigen Unternehmen, das die 1968er-Aufstände auf der U Street überlebt hat

Hamburger bei *Johnny Rockets*, Washington 1999

Eine typische Straße, die P Street, Washington 2006

Nach diesem Hurrikan blieb unsere Nachbarschaft eine Woche ohne Strom, Washington 2003

Wachsamkeit in Georgetown, Washington 1998

Protest gegen den Präsidenten, Washington 1999

Alte und neue Ära direkt nebeneinander: O Street, Washington 2005

Orlando Parks: «Begründe deine Hoffnung auf ewigen Dingen», Washington 2005

Obdachlos. O Street, Washington 1998

Weihnachtsgeschenke für Obdachlose, gesammelt von *SOME*.
O Street, Washington 2005

Geschwister. O Street, Washington 1999

John S. Hahn vor dem kugelsicheren Plexiglas in seinem *liquor store*.
O Street, Washington 2005

Polizei vor der *Margaret Murray Washington Career High School*.
O Street, Washington 1998

Herbstlicher Fundraiser an der Schule unserer Kinder,
Washington 2005

Georgetown im Oktober, Washington 1997

An der legendären Route 66, Arizona 2004

Wo die Liebe hinfällt … Las Vegas, 2004

Perfekt kopiert – der Eiffelturm in Las Vegas, 1999

Eye candy – etwas Süßes fürs Auge. Joseph Jackson feiert Geburtstag in Las Vegas, 2004

Mit dem Auto direkt an den Strand, Honolulu 1991

Ein Vietnam-Veteran verkauft Memorabilia, Washington 1999

Michelle Richardson-Patterson – Mutter Courage, Washington 2005

Michelle mit ihrer Stepptanz-Gruppe, Washington 2005

Apesanahkwat in feierlichem Aufzug zur Eröffnung des Indian Museums, Washington 2004

Truthahn mit Ahornsirup-Senf-Glasur, Washington 2002

an, mit denen seine Söhne zum Jagen waren. Er entdeckt etwas, das sich im Hufeisen verklemmt hat, und kratzt es mit dem Messer heraus. Die Menschen auf dieser Ranch sind keine überdrehten Fanatiker. Ihr Umgang mit Waffen ist alltäglich, offen und gelassen. Die Rancherfamilie weiß genau, dass weitab von ihrer ländlichen Idylle, in den dicht besiedelten Metropolen Amerikas, Waffen fast täglich zur tödlichen Bedrohung werden. Aber das überzeugt sie nicht von der Notwendigkeit, die Verbreitung von Schießgeräten einzudämmen. Schwägerin Blane Chapman: «Verbrecher werden immer Waffen haben. Auch wenn alle Waffen vom Markt genommen würden, die Verbrecher hätten doch welche.»

Schusswaffenverletzungen sind die achthäufigste Todesursache in Amerika. Betroffen sind nicht zuletzt Kinder und Jugendliche. Für einen amerikanischen Teenager ist es heutzutage wahrscheinlicher, durch einen Schuss zu sterben als durch irgendeine natürliche Krankheit. In den meisten Fällen ist der Schütze kein Erwachsener, sondern auch ein Jugendlicher. Ende der 1990er Jahre wurden 10 Prozent der illegalen Waffen in Washington D. C. bei Jugendlichen unter siebzehn sichergestellt, 47 Prozent bei Achtzehn- bis Fünfundzwanzigjährigen. Die meisten Verbrechen stehen in Zusammenhang mit Drogen, häufig handelt es sich auch um Racheakte. Hinzu kommen jede Menge Unfälle und Zufälle.

Im Januar 2006 wird in Columbia, Virginia, ein vierjähriger Junge schwer verletzt von einer Kugel, die sich durchs Fenster der Parterrewohnung verirrt hat. Rivalisierende Banden hatten sich auf der Straße eine Schießerei geliefert. Fünf Tage später erschießt ein achtjähriger Junge in Germantown, Maryland, ein siebenjähriges Mädchen, weil es ihm kein Geld geben will. Den geladenen Revolver hat er von zu Hause mitgebracht, wo ihn sein Vater im gemeinsamen Schlafzimmer aufbewahrte.

Im Mai 2004 wird die achtjährige Chelsea in Washington im Wohnzimmer ihrer Tante von einer Kugel getroffen, während sie mit ihren Barbie-Puppen spielt. Chelsea stirbt wenig später. Ursache ist wieder eine Schießerei von *Gangs* auf der Straße.

Wenige Monate vorher, ebenfalls in Washington, wird die vierzehnjährige Princess von sieben Schüssen niedergestreckt, während sie fernsieht. Dieses Mal handelt es sich um eine gezielte Zeugenbeseitigung; Princess hatte unfreiwillig einen Mord beobachtet.

Dies sind nur einige schreckliche Beispiele aus dem Washingtoner Raum. Es vergeht kaum ein Tag, ohne dass die Lokalzeitungen von ähnlichen Ereignissen zu berichten wüssten. Als Sabine für eine Reportage über Sozialhilfe recherchiert, trifft sie zwei schwarze Mütter. Beide leben mit der Gewalt vor der Haustür und können nichts dagegen tun. Alisa Dacosta, 28 Jahre alt, wohnt in Anacostia im Südosten Washingtons und erzählt, wie sie eines Abends noch schnell einen Brief zum Briefkasten gebracht hat. Sie erreichte gerade noch rechtzeitig ihre Veranda, als sie ein schnelles «ditditditdit» hörte. Eine Schießerei unter Drogendealern. «Ich war wirklich nah dran, wirklich nah», erinnert sich Alisa, «tagsüber ist es nicht so schlimm, aber nachts. Ich lebe damit, jeden Tag. Ich habe vor nichts Angst. Wenn deine Zeit gekommen ist, musst du eben gehen. Wenn es noch nicht so weit ist, wird Gott dir helfen.»

Die andere Mutter ist die neunundzwanzigjährige Denise Butler. Sie hatte weniger Glück und trägt nun eine Narbe vom Hals bis zum Bauchnabel, Folge einer Schießerei, in die sie zufällig hineingeraten ist. «Es ist erschreckend, in manchen Gegenden möchte man einfach nicht vor die Tür gehen, nicht einmal für den kurzen Sprung zum Auto», sagt Denise. In manchen Stadtteilen sind solche Vorfälle nicht die Ausnahme, sondern eine alltägliche Gefahr. Aber eben nur in manchen Stadtteilen.

Das Risiko ist sehr ungleich verteilt. Wer als Tourist nach Washington kommt, erlebt davon so gut wie nichts, denn der Westen der Stadt ist wohlhabend und so sicher wie andere Großstädte auch. Oder sagen wir besser, fast so sicher. Immerhin wurden eines Nachts im Juli 1997 drei junge Mitarbeiter in dem nahe gelegenen *Starbucks*-Café erschossen, wo wir uns nach dem Einkaufen ab und zu einen Cappuccino holten. Im Januar 2006 wurde ein Reporter der *New York Times* nicht weit entfernt von unserem Haus erschlagen. In der Zeit dazwischen gab es immer wieder Berichte von Bekannten und Kollegen, die überfallen wurden, aber glücklicherweise unversehrt blieben.

Wirklich gefährlich allerdings ist es im Südosten der Stadt, südlich des Anacostia-Flusses, wohin sich Touristen und der weiße Mittelstand praktisch nie verirren. Zwar gibt es auch hier einige mittelständische Wohnviertel, doch der Anteil der Bewohner, die unterhalb des Existenzminimums leben, ist extrem hoch. Die Zahl gewaltsamer Todesfälle ebenfalls. Über 90 Prozent der Bevölkerung in diesem Teil der Stadt ist schwarzer Hautfarbe.

Für männliche Schwarze zwischen 15 und 24 sind Mord und Totschlag die Todesursache Nummer eins. Zum Vergleich: Für weiße Männer rangiert Mord nicht einmal unter den häufigsten zehn Todesursachen. Kaum eine Familie im Südosten Washingtons ist nicht von der weit verbreiteten Bandenkriminalität betroffen, sei es, dass man sich abends nicht mehr vor die Tür traut, sei es, dass man sich vor die Tür getraut hat und getroffen wurde. Wahrscheinlich gibt es im Südosten keine Familie, die nicht jemanden kennt, der erschossen wurde, oder jemanden, der einen anderen erschossen hat. Inzwischen kommt es sogar immer häufiger vor, dass sich beide Erfahrungen in einer Familie vereinen. Washington ist allerdings nicht mehr die «Mordhauptstadt» der Vereinigten Staaten. Die Mordraten waren 2004 in Detroit, Baltimore und vor allem New Orleans noch höher.

Für drei Wochen im Oktober 2002 sind diese Grenzen zwischen Weiß und Schwarz eingerissen, und der weiße Mittelstand erlebt, wie es ist, in ständiger Furcht vor einer Kugel zu leben. Wir waren im Sommer nach einigen Jahren in Paris gerade zurück in die USA gezogen. Für die Kinder begann die Schule, und ein milder Washingtoner Herbst schien seinen Lauf zu nehmen. Doch dann versanken die Hauptstadt und die umliegenden Landkreise in Angst.

Am 2. Oktober 2002 erschießen Unbekannte einen fünfundfünfzigjährigen Mann in einem Vorort von Washington auf dem Parkplatz eines Lebensmittelladens. Die Polizei tappt im Dunkeln. Das Opfer wurde nicht beraubt, es ist kein Motiv erkennbar. Dies wird der Beginn einer unheimlichen Serie. Gleich am nächsten Tag legen der oder die Killer mit fünf Morden nach. Schon morgens um 7.40 Uhr erschießen sie einen Mann beim Rasenmähen. Eine halbe Stunde später sackt ein Taxifahrer tödlich getroffen an einer Tankstelle zusammen. 25 Minuten danach wird eine Frau vor einem Postgebäude erschossen, bald darauf eine weitere an einer Tankstelle. Es herrscht Panik. In Montgomory County, dem Landkreis nördlich von Washington, schließen sofort die Schulen. Abends streckt der Mörder noch einen zweiundsiebzigjährigen Mann an einer Straßenecke in Washington nieder. Dann beschließt er sein Tagewerk.

Die Polizei bildet eine Sonderkommission und bittet auch die Bundesbehörden um Hilfe. Am nächsten Morgen ist klar: Alle Kugeln stammen aus demselben Gewehr. Die Mordserie hat einen Namen: *the sniper shootings*, die Scharfschützen-Morde. Augenzeugen wollen einen weißen Minivan gesehen haben. Jedes Fahrzeug, das auf diese Beschreibung passt, wird von da an argwöhnisch angesehen. Die Behörden gehen alle einschlägig gemeldeten Wagen durch, aber ohne Erfolg. Am selben Tag drückt der Killer wieder ab – auf einem Parkplatz. Aber sein Opfer überlebt. Wenige Tage später erschießt der Unbekannte einen Dreizehnjährigen, der gerade vor seiner Schule abgesetzt wird. Am Tatort findet sich eine Tarotkarte mit der Aufschrift: «Lieber Herr Polizist, ich bin Gott.» Polizeichef Charles Moose tritt mit Tränen in den Augen vor die Fernsehkameras: «Ein Kind erschießen – jetzt wird es zu meiner persönlichen Angelegenheit.»

Für die Familien in der Gegend ist es das schon. Die Schulen in und um Washington ergreifen Sicherheitsmaßnahmen, auch die Deutsche Schule, die unsere Kinder zu jenem Zeitpunkt besuchen. Klassenausflüge werden gestrichen. Sportunterricht und Spiele werden in Turnhallen verlegt oder vorübergehend gestrichen. Der Schulbus scheint nach dem jüngsten Mord zu unsicher. Wie viele andere Eltern bringen wir unsere Kinder selbst zum Unterricht. Auch bei bestem Wetter finden die Pausen in diesen Wochen drinnen statt. Der Schulhof ist an der Deutschen Schule, wie überall, verwaist. Im Klassenraum werden die Jalousien heruntergelassen, der Unterricht findet hinter verdunkelten Scheiben statt, um dem *sniper* keine Zielscheibe zu bieten. In diesen Tagen verliest Polizeichef Moose eine Warnung des Killers: «Eure Kinder sind nicht sicher. An keinem Ort und zu keiner Zeit.»

Immer wieder schlägt der Unbekannte zu. Ende Oktober gehen zehn Tote auf sein Konto, während die Polizei ein ums andere Mal falschen Spuren nachgeht. Immer wieder ist die Rede von einem weißen Minivan. Durch Zufall kommen die Beamten schließlich zum Erfolg: Ein Autofahrer bemerkt auf einem Parkplatz zwei schlafende Männer in ihrem Fahrzeug und schöpft Verdacht. Er alarmiert die Polizei. Die verhaftet kurz darauf den einundvierzigjährigen John Allen Muhammad und den erst siebzehnjährigen Lee Boyd Malvo – keineswegs in einem Minivan, sondern in einem Pkw, einem *Caprice*. Die beiden hatten das Auto zu einem regelrechten Mordmobil umgebaut: In den Kofferraumdeckel war ein Loch gebohrt, durch das der Gewehrlauf passte. Und der Innenraum war so umgestaltet, dass der Schütze sich ausstrecken und ruhig zielen konnte.

Schnell stellt sich heraus, dass Muhammad und Malvo noch mehr auf dem Kerbholz haben: Schon im September schossen sie zwei Frauen in Alabama nieder, eine starb. Der ältere Täter hatte den jüngeren offenbar wie einen Adoptivsohn unter seine Fittiche genommen und zu den Morden angestiftet. Zunächst ist nicht klar, wer bei welchem Anschlag die Hand am Abzug hatte. Die diversen Prozesse in mehreren Bundesstaaten dauern noch an, als wir Washington 2006 verlassen. Vermutlich wird an Muhammad irgendwann die Todesstrafe vollstreckt, Malvo wird wohl lebenslänglich hinter Gittern landen.

Nach dem Ende der *sniper shootings* ist Washington wie benommen. Die Ratgeberspalten der Zeitungen sind voll von Hinweisen, wie man seine Kinder wieder an ein angstfreies Leben heranführt und einer Traumatisierung vorbeugt. Doch einige Angehörige der Opfer wollen sich nicht mit psychologischen Ratschlägen zufrieden geben. Gemeinsam mit zwei Überlebenden der Anschläge verklagen sie den Hersteller der Tatwaffe. Ebenfalls am Pranger: das Waffengeschäft, aus dem die Schützen das Gewehr entwendet haben könnten. Zwei Jahre nach der Mordserie einigen sich die Parteien außergerichtlich auf die Zahlung von zweieinhalb Millionen Dollar. Der Gewehrproduzent, die Firma Bushmaster, bestreitet jegliche Mitverantwortung für die Morde und betont, aus freien Stücken gezahlt zu haben. Doch die Kläger jubilieren. Dies sei das erste Mal, dass ein Hersteller für die Folgen von Verbrechen bezahlt habe, die mit seinem Produkt verübt wurden, sagt ein Anwalt.

Zwei Jahre später allerdings erleben Waffengegner eine herbe Niederlage: Die Stadt Washington verklagt gemeinsam mit Opfern von Gewalttaten den Waffenhersteller Beretta. Hier wie anderswo im Land argumentieren die Kläger, dass mangelnde Sorgfalt beim Vertrieb solcher Produkte zu großen Schäden und Kosten für die Kommunen führen. In Washington gibt es seit den 1990er Jahren ein Gesetz, das Hersteller, Importeure und Verkäufer von Maschinengewehren und anderen besonders gefährlichen Schießgeräten zur Verantwortung zieht für den Schaden, der durch ihre Produkte entsteht. Doch die Richterin weist die Klage ab. Sie beruft sich auf ein Bundesgesetz, unterschrieben von Präsident Bush und zuvor verabschiedet von seinen Parteifreunden. Das Gesetz schützt die Waffenhersteller vor genau solchen Schadensersatzklagen, wie sie in Washington eingereicht wurde. Dementsprechend unverblümt auch der Name: *The Protection of Lawful Commerce in Arms Act,* Gesetz zum Schutz des legalen Handels mit Waffen. Wenn Bundesgesetz und kommunales Gesetz sich widersprechen, dann siegt das Bundesgesetz, stellt die Richterin fest.

New Yorks Bürgermeister Michael R. Bloomberg lässt sich von diesem Urteil nicht abschrecken. Er strengt in mehreren Bundesstaaten gleichzeitig Klagen an – überall dort, wohin er die Herkunft von New Yorks Mordwaffen zurückverfolgen kann. Außerdem hält er eine Art «Anti-Waffen-Gipfeltreffen» mit Amtskollegen aus anderen Städten ab. Bloomberg ist Republikaner wie Präsident Bush und viele Waffen-Lobbyisten, aber für die Bürgermeister der betroffenen Metropolen sind Waffenkontrollgesetze keine Frage der Parteizugehörigkeit – sie sind eine Frage des Überlebens.

Gerade haben wir uns alle von der Bedrohung durch den *sniper* erholt, da werden wir schon wieder zu besonderen Sicherheitsvorkehrungen aufgerufen. Präsident George Bush rüstet sich für seinen Feldzug gegen Saddam Hussein und rechnet in diesem Zusammenhang mit größeren Terrorattacken gegen die Nation. Befürchtet werden nicht nur konventionelle Bombenattentate, sondern auch chemische, biologische oder atomare Anschläge. Natürlich zählt die Hauptstadt in erster Reihe zu den möglichen Angriffszielen. Behörden, Firmen und Schulen bereiten sich auf den Fall X vor.

Ein «Familien-Bereitschaftsleitfaden» des Bürgermeisters flattert in unseren Briefkasten. Die Broschüre enthält eine «Evakuierungslandkarte» mit den wichtigsten Ausfallstraßen. Jeder weiß, dass diese schon im normalen Berufsverkehr blockiert sind. Nicht auszudenken, was passiert, wenn sich die ganze Stadt auf die Flucht begibt. Für den Fall, dass alles verstopft ist, auch für den Fall, dass eine chemische oder radioaktive Wolke es vorübergehend ratsam erscheinen lässt, frische Luft zu meiden, sollen wir uns im Haus einbunkern. Dazu brauchen wir ein Überlebenspaket, empfiehlt der Bürgermeister: Wasser und Konserven für drei bis fünf Tage, einen nicht-elektrischen Dosenöffner, Ersatzkleidung, Decken, ein Erste-Hilfe-Paket, ein batteriebetriebenes Radio, eine Taschenlampe, viele Ersatzbatterien, eine Extra-Brille oder Kontaktlinsen, falls wir welche tragen. Wir sollen nicht vergessen, das Verfallsdatum der Kontaktlinsenflüssigkeit zu kontrollieren. Der Bürgermeister hat wirklich an alles gedacht! Feuerlöscher, Schraubenzieher, Nadel und Faden, einen Kompass, Mülltüten, Stift und Papier brauchen wir auch. Unser Hund braucht u. a. sein Futter und Schüsseln. Warum für zehn Tage, während wir Menschen uns nur auf drei bis fünf Tage einstellen sollen, erklärt der Überlebensratgeber nicht. Auf jeden Fall braucht der Hund noch seine Impfnachweise, eine Leine, Zeitungspapier und Plastiktüten, damit er sein Geschäft erledigen kann.

Keiner weiß so richtig, wie die Gefahr aussehen wird, die da auf uns lauert. Werden wir alle versuchen, die Stadt zu verlassen, weil das Wasser vergiftet ist? Werden wir uns alle in unserem Notraum im Keller verschanzen, mit feuchten Lappen vor Mund und Nase, um nicht so viel Gift einzuatmen? Für alle Fälle sollen wir dafür sorgen, dass immer genug Benzin im Tank ist. Es wird ebenfalls empfohlen, einen Raum im Haus mit extrabreitem Lassoband zu versiegeln, alle Ritzen an Fenstern und Türen damit dicht zu machen. Innerhalb weniger Tage ist Klebeband in allen einschlägigen Geschäften ausverkauft.

In regelmäßigen Abständen wird *Code Orange* ausgerufen, die zweithöchste Stufe in einem farblich gekennzeichneten Alarmsystem, das versucht, die Risiken von Anschlägen einzuschätzen. Es gibt einen grünen, blauen, gelben, orangefarbenen und roten Alarmzustand, wobei der grüne niedriges Risiko bedeutet, der rote größte Gefahr. Kurz vor und während des Irakkrieges wird *Code Orange* beinahe zum Dauerzustand. Dabei haben die Bürger keine Chance zu verstehen, warum sie sich an einem Tag stärker bedroht fühlen sollen als am Tag zuvor. Ominöse Hinweise werden von den Sicherheitsbehörden zitiert. Nie ist klar, woher die angeblichen Informationen stammen – oder gar, wer wem wann womit gedroht hat.

«Melden Sie verdächtige Handlungen!», leuchtet es auf digitalen Anzeigen über den Schnellstraßen rings um Washington und andere Großstädte. Diese Hinweistafeln warnen jetzt nicht mehr nur vor Staus und Baustellen, sie fordern von Autofahrern Hilfe bei der Terrorbekämpfung. Unser Lieblings-Verkehrshinweis: «Zeigen Sie Terrorismus an!»

Lieferanten wissen nicht mehr, wie sie in der Innenstadt ihre Waren loswerden sollen. *Code Orange* verbietet nämlich, leere Lieferwagen auf der Straße stehen zu lassen. Die Fahrer, fast alle allein unterwegs, dürfen also ihre Autos zur Anlieferung nicht verlassen. Die Blumensendungen zum Valentinstag sind in Gefahr. In den Bürohäusern wird die prompte Evakuierung geprobt. Angestellte haben bequeme Laufschuhe unter ihren Schreibtischen parat. Unternehmen lagern Wasser und Nahrungsmittel in ihren Räumen. Ausländische Firmen diskutieren, wer auf wessen Kosten ins Heimatland flüchten darf.

Auch die Schulen treffen Vorsichtsmaßnahmen. Zur allgemeinen Verwirrung haben sie ebenfalls ein farbliches Code-System, das aber mit dem nationalen Warnsystem nicht übereinstimmt. Wer gehofft hatte, die in der *sniper*-Zeit ausgefallenen Ausflüge könnten nun nachgeholt werden, irrt sich. Die meisten Schulen streichen alle Trips. Die Deutsche Schule lagert Wasser und Lebensmittel ein. Wir werden gebeten, für unsere Kinder eine Notfall-Tasche zu packen: Ersatzkleidung, eine Decke, Taschenlampe – eben alles, was man für eine Übernachtung braucht. Natürlich sind die Eltern schockiert angesichts der Vorstellung, ihre Kinder im Falle höchster Gefahr nicht bei sich zu haben. Es gibt lange Diskussionen, welche Art von Gefährdung die Schule wohl veranlassen könnte, die Tore dichtzumachen und kein Kind mehr rauszulassen. Je länger wir Eltern uns mit möglichen Risiken beschäften, desto mehr ungeklärte bedrohliche Details entdecken wir: Was, wenn ein Anschlag erfolgt, während die Kinder im Schulbus unterwegs sind? Und was eigentlich, wenn man im Fall X gar nicht weiß, was tatsächlich passiert ist? Wir sollen Kontaktnummern in Deutschland hinterlassen – für den Fall, dass tödliche Keime, giftige Gase oder eine simple Bombe die Eltern in der City dahingerafft haben, während die Kinder in der außerhalb gelegenen Schule überlebten.

Kommentatoren in den amerikanischen Medien mokieren sich über den hilflosen Aktionismus. Freunde und Kollegen in Deutschland lachen sich schlapp. Skeptiker vermuten, die Regierung habe nur Panik machen wollen, um den Boden fruchtbar zu machen für ihre Kriegshandlungen. Selbst wenn das zuträfe – komplett aus der Luft gegriffen sind all diese Szenarios ja nicht. Und außerdem: Bleiben Sie mal ganz entspannt und unbeeindruckt, wenn Sie jeden Morgen in der Zeitung lesen, welche Vorsichtsmaßnahme Sie gerade wieder nicht getroffen haben, um Ihre Familie zu retten.

Bis zum heutigen Tag gibt es keine komplette Entwarnung. Das Land befindet sich permanent im *Code Yellow*, also in der mittleren Gefahrenstufe, die erhöhtes, aber eben nicht mehr hohes Risiko bedeutet. Ab und zu wird aus irgendeinem Grund mal wieder *Code Orange* ausgerufen, aber darauf achten wir eigentlich nur noch aus beruflichem Interesse. Die Kinder haben keine Köfferchen mehr in der Schule. Und wir fahren unsere Autos wieder leer bis zum letzten Tropfen. *Code Yellow* ist zum Normalzustand geworden.

Michelle

Mutter Courage in der Hauptstadt

Michelle Richardson-Patterson ist eine ganz außergewöhnliche Frau. Das merkt jeder, schon auf den ersten Blick. Denn sie beabsichtigt keineswegs zu verheimlichen, dass sie etwas Besonderes ist. Im Gegenteil, sie liebt es, sich zur Schau zu stellen. Ihre Hutkollektion reicht vom knallroten Wagenrad bis zum silbern glänzenden Turban. Ihre Kostüme sind zum Teil so wunderbar extravagant, dass eine mittelständische Durchschnittsfrau nicht einmal zu Karneval wagen würde, sich damit zu zeigen. Michelle aber trägt sie mit Freude und Würde. Sie ist Anfang 40 und Mutter von zehn Kindern, sieben Jungen und drei Mädchen, der älteste Spross 23, der jüngste 12. «Mit 15 bin ich zum ersten Mal schwanger geworden», erzählt sie, «und von da an hüpften sie aus mir heraus wie Popcorn.» Zwei ihrer Kinder hat sie verloren: Ihr erstes starb noch als Baby; ihr Sohn James war 17, als er erschossen wurde.

Als Sabine Michelle zum ersten Mal trifft, ist der gewaltsame Tod ihres Sohnes zwei Jahre her. Keine Tränen mehr, Michelle hat einen anderen Weg gefunden, mit ihrer Trauer fertig zu werden. Sie sitzt am Empfangstisch der Parkplatz-Firma, für die sie arbeitet. Noch eine letzte Nachricht hinterlassen, schnell das Telefon umstellen, dann ist sie fertig für die Mittagspause. Sie ist freundlich, warmherzig, scheint für jeden da zu sein, der sie braucht. Heute trägt sie ein glänzendes schokoladenbraunes Kostüm, dazu einen passenden Hut mit einem außergewöhnlichen Drahtaufbau. «Ich muss meine Hände zu Hilfe nehmen», sagt sie, als sie versucht, ihre Kinder der Reihe nach aufzuzählen. Es braucht drei Anläufe, bis dem Anspruch auf Vollständigkeit Genüge getan ist.

Michelle ist eine zutiefst religiöse Frau. Gott gibt ihrem Leben einen Sinn. Gott steht ihr bei in schweren Stunden. Gott beantwortet Fragen, auf die sonst keiner eine Antwort weiß. Kaum ein Satz, in dem Gott nicht erwähnt wird. Gott hilft ihr, das Unmögliche zu schaffen. Zu ihm wendet sie sich auch, als sie mit den tödlichen Schüssen auf ihren Sohn fertig werden muss. Sie spürt, dass Gott nicht nur von ihr fordert, den eigenen Schmerz zu ertragen, sondern noch viel mehr: auf den jungen Mann zuzugehen, der ihren Sohn auf dem Gewissen hat. «Dies ist die schwerste Aufgabe, die Gott mir jemals auferlegt hat», sagt sie, «aber ich habe dem Täter vergeben.»

Wo sie herkommt, ist ein Mord normalerweise Auftakt und Anlass zu weiteren Morden. «Rache!», schwören Freunde oder Bandenmitglieder, während die Familienangehörigen des Opfers nach der Todesstrafe schreien. Michelle ist schwarz; sie ist aufgewachsen im Südosten Washingtons, jenem desolaten Teil der Stadt, wo zerbrochene Fensterscheiben, Drogendealer an der Straßenecke und herumsurrende Kugeln in der Abenddämmerung zum Alltag gehören. Bis die Tragödie ihren Lauf nahm, lebte sie mit ihren Kindern auf *Condon Terrace* in einem Komplex von Sozialwohnungen.

Am 2. Februar 2004 erhält sie einen Anruf, dort am Empfangstisch ihrer Firma, wo sie tagtäglich Telefonate entgegennimmt und weiterleitet. Dieses Mal ist es für sie persönlich. Auf ihren Sohn James sei geschossen worden, teilt man ihr mit; Arm, Bein und Brust seien getroffen. Sie ahnt sofort, dass es um Leben und Tod geht. James ist ihr viertes Kind, 17 Jahre alt, ein talentierter Football-Spieler, den alle *J-Rock* rufen. Eine Stunde nach der Schießerei stirbt er im Krankenhaus.

Zeugen berichten später vor Gericht, was an diesem Morgen

passiert ist. Während sich *J-Rock* mit einem Mädchen vor der Cafeteria der *Ballou Senior High School* unterhält, kommen drei Mitschüler vorbei. Einer davon ist Thomas Boykin, genannt *T.J.* Er lästert über *J-Rock*. Der kontert mit einem verächtlichen «You pretty!», was so viel heißt wie «Du hübscher!» und natürlich ein Angriff auf die männliche Ehre ist. Daraufhin streckt *T.J.* den Sohn von Michelle per Faustschlag zu Boden. Es entwickelt sich ein Kampf, in den noch weitere Schüler eingreifen. Mittendrin zieht *T.J.* eine halbautomatische Pistole aus der Manteltasche. «Glaubst du etwa, ich mache Spaß?», fragt er den Zeugen zufolge. *J-Rock* will klein beigeben, sich zurückziehen, doch sein Gegner feuert fünfmal. Drei Schüsse treffen *J-Rock*, einer der umstehenden Schüler wird ebenfalls verletzt.

Die tödliche Auseinandersetzung ist der vorläufige Höhepunkt einer schon 25 Jahre währenden Fehde zwischen zwei Sozialwohnungssiedlungen im Südosten Washingtons: *Condon Terrace* und *Barry Farm*. Außenstehenden sagen weder diese Namen etwas noch die Betonblöcke, die sie tragen. Aber für die Jugendlichen, die hier aufwachsen, sind diese trostlosen Siedlungen Reviere des eigenen oder des feindlichen Clans – wie Planquadrate auf einer Feldkarte der Armee. Hier, wo die Jungen kaum Hoffnung auf ein Leben außerhalb des Ghettos haben, reduziert sich das Leben auf Kämpfe um imaginäre Territorien. Das Opfer lebte mit seiner Familie im *Condon-Terrace*-Komplex, der Täter kam aus einer *Barry-Farm*-Sozialwohnung. *T.J.* ist 18 Jahre alt, als er seinen Mitschüler *J-Rock* erschießt, um seine Ehre zu verteidigen.

Die Legende besagt, dass alles vor mehr als zwei Jahrzehnten anfing, weil ein *Barry-Farm*-Teenager einem *Condon-Terrace*-Teenager einen Mantel stahl. Seither flackert der Konflikt immer wieder auf. «Es ist wie ein Fluch», erzählen ältere Bewohner, die den «Kriegszustand» aus ihrer Jugendzeit kennen. Bereits im Alter von fünf Jahren sei sich jeder bewusst, wo er hingehöre.

In den Monaten vor *J-Rocks* Tod war die Atmosphäre besonders aufgeladen, die Scharmützel wurden zunehmend auch in der Schule ausgetragen. Ein böser Blick oder eine dumme Bemerkung reichten schon aus, um eine Schlägerei auszulösen. Dabei ging es nicht einmal um Drogen, wie sonst häufig, es ging um Stolz und Loyalitäten. Beide Jungen waren Schüler der *Ballou Senior High School*, und beide standen, so stellt sich während der Gerichtsverhandlung heraus, monatelang Todesängste aus. Für beide wäre es natürlich das Letzte gewesen, sich ihre Angst anmerken zu lassen. So markierten sie erst recht den starken Mann.

In den Auseinandersetzungen, die den Schüssen vorausgingen, befand sich *J-Rock* keineswegs in der Opferrolle. Der Junge von *Condon Terrace* hatte als Football-Star der Schulmannschaft eine prominente Position und wusste nur zu gut auszuteilen. Er war häufig in Kämpfe verwickelt und fand Gefallen daran, *T.J.* oder andere zu demütigen. Einmal drängte er sich zum Beispiel einfach zwischen *T.J.* und dessen Freundin und stempelte ihn so vor dem Mädchen zum Schwächling. Der Hass der Gegenspieler von *Barry Farm* war *J-Rock* sicher. Sie drohten mit Rache. Deshalb schwänzte *J-Rock* wochenlang die Schule, aus Angst vor Übergriffen. Wenn er es wagte, am Unterricht teilzunehmen, ließ er sich die 800 Meter zur Schule mit dem Auto fahren, um auf dem Weg nicht zur Zielscheibe seiner Feinde zu werden. *J-Rock* war ein schlechter Schüler. Außerdem hatte er Drogenprobleme. Die Obduktion ergab, dass sich zum Zeitpunkt seines Todes Marihuana und Ecstasy in seinem Blut befanden.

«Er wollte so gerne ein ‹guter Mensch› werden», berichtet sein Football-Trainer, «aber er wusste nicht wie.» Auch sein Gegner *T.J.* hatte sich mehr als einmal vorgenommen, jeglichem Ärger aus dem Weg zu gehen. Er wollte die Schule beenden und Rapper werden. Nun ist der eine tot, der andere sitzt im Gefängnis.

Anlässlich eines Football-Spiels im November 2003 erfuhr die Polizei von einer ernst zu nehmenden Drohung gegen *J-Rock*. Fast drei Monate lang blieb der Siebzehnjährige daraufhin zu

Hause. Am 2. Februar 2004 war es erst ein paar Tage her, dass er sich wieder zum Unterricht traute. Eine Reihe von Schülern, die in die Auseinandersetzungen verwickelt waren, hatte man bereits an andere Schulen versetzt. Auch für *J-Rock* und *T.J.* stand das zur Debatte. Wahrscheinlich hätte es das Schlimmste verhindert. Noch zwei Wochen vor der Tat hatte sich *T.J.s* Mutter, Pearl Boykin, bei der Schule beschwert. Sie wusste, dass auch ihr Sohn sich bedroht fühlte. Jeden Tag fragte er sich, ob dies nun der Tag sein würde, an dem die anderen ihn drankriegten. Die Schule beruhigte Pearl Boykin, sie solle sich keine Sorgen machen. Man wisse um den Konflikt und werde Maßnahmen ergreifen, um die Situation zu entschärfen. Aber *T.J.* wollte nicht auf eine andere Schule wechseln. Er besorgte sich stattdessen eine Waffe und schoss.

Thomas Boykin alias *T.J.* stellte sich einen Tag nach der Tat. Vor Gericht gab er an, er habe irrtümlicherweise gedacht, *J-Rock* wolle nach einer Waffe greifen. Er wurde zu 16 Jahren Haft verurteilt.

So weit ist dies eine ganz normale Geschichte, wie sie sich in Washington und anderen amerikanischen Großstädten ständig ereignet. Doch während der Gerichtsverhandlung und danach passiert etwas, das dieses Ereignis von anderen abhebt. Der Ruf nach Rache bleibt aus. Normalerweise stehen sich Freunde und Familienangehörige im Gerichtssaal genauso feindlich gegenüber wie Täter und Opfer. Ein paar Jugendliche von *Barry Farm* setzen nach dem Haftprüfungstermin denn auch alles daran, diese Tradition fortzusetzen. Sie drohen, *J-Rocks* Mutter oder einer seiner Schwestern etwas anzutun. Doch Michelle Richardson-Patterson nimmt den Fehdehandschuh nicht auf.

Nach dem ersten Gerichtstermin verlassen die Familien von Opfer und Täter den Saal noch getrennt, jeder beschäftigt mit seinem Kummer. Doch Michelle kann Pearls Schmerz sehr gut verstehen. Wahrscheinlich ahnt sie, dass es auch andersherum hätte kommen können: sie im Gerichtssaal als Mutter eines jugendlichen Täters, der ein Menschenleben auf dem Gewissen hat. Pearl Boykin ihrerseits weiß genau, was in Michelle vorgeht. Sie weiß das sehr genau, hat sie doch selbst vor 15 Jahren einen sechzehnjährigen Sohn verloren. Auch er wurde erschossen. *T.J.* war damals noch ein Kleinkind. Pearl hat nun einen Sohn im Grab und einen Sohn im Knast.

Als im Sommer 2005 das Urteil verkündet wird, umarmen sich beide Mütter und versprechen sich gegenseitige Unterstützung. Sie gründen gemeinsam mit einigen anderen Müttern in ähnlicher Lage eine Gruppe, die sich *Forgiving Mothers Straight from the Heart* nennt, also «Von ganzem Herzen verzeihende Mütter». Sie treffen sich, sie trösten sich, sie halten Ansprachen und Vorträge. Vor allem aber wollen sie in ihrer Umgebung ein Zeichen setzen, um die Spirale von Gewalt, Rache, Hass und Vergeltung zu beenden.

Nach dem Urteil hat Michelle den Mörder ihres Sohnes im Gefängnis besucht. «Nein, das war überhaupt nicht hart», sagt sie. «Wenn man seinen Frieden mit Gott geschlossen hat, ist so etwas leicht. Es war ein Dienst an Gott.» *T.J.* war sehr überrascht, dass die Mutter seines Opfers ihm nicht mit Vorwürfen und Ärger begegnete, sondern mit Verständnis und Mitleid. Er hatte sich schon während der Gerichtsverhandlung bei der Familie Richardson-Patterson entschuldigt für das Leid, dass er ihnen zugefügt hat. «Er verdient eine zweite Chance», findet Michelle. Sie schreibt ihm ab und zu ins Gefängnis, er antwortet.

Nach dem Tod ihres Sohnes hat Michelle die Sachen gepackt und ist mit ihren acht Kindern aus der Stadt raus in einen Vorort gezogen. Man möchte glauben, dass die ganze Familie erleichtert war, den bedrückenden Lebensumständen zu entkommen. Aber bemerkenswerterweise wollten die Kinder ihre vertraute Umgebung nicht verlassen – trotz der Gefahren und der traurigen Erfahrungen. Michelle aber hatte schlichtweg Angst um sie. Als dann die ersten Drohungen gegen die Familie erfolgten, da «fingen die Mädchen an, etwas schneller zu packen». Die Jungen wollten weiterhin ihren Mann stehen. Mehrmals pro Woche kehrt Michelle zurück in den «Wilden Osten» Washingtons, ihre Mädchen und die jüngeren Söhne im Schlepptau. Sie fahren zu ihrer früheren Adresse auf *Condon Terrace*, wo sie manchmal ein paar Nachbarskinder ins Auto laden, um sie mit zur Kirche zu nehmen.

Natürlich haben sie nicht die Gemeinde gewechselt, sondern kommen jeden Sonntag – wirklich jeden Sonntag – aus ihrem Vorort zum gewohnten Gebet in der *Paramount Baptist Church*. Michelle ist ein sehr aktives Mitglied der Gemeinde. Zu besonderen Anlässen tritt sie mit ihrer Frauen-Tanzgruppe während des Gottesdienstes auf. Dann fegt sie mit ihren «Schwestern» (so nennen sich die Frauen untereinander) zwischen den Kirchenbänken durch, alle Fahnen schwenkend in selbst genähten roten Blusen und wallenden weißen Röcken. Michelle ist noch in voller Fahrt, wenn die anderen sich schon langsam zurückziehen. Wendig und flink dreht sie ihren recht massigen Körper, dreht sich bis zur Ekstase, selbstvergessen, als sei sie ganz allein auf weiter Flur. «Alright!» – «O Lord!», wird sie von der Gemeinde angefeuert, bis sie schließlich auf ihre Bank sinkt.

Jeden Mittwochabend übt sie Tänze mit einer Gruppe von Jugendlichen, den *Paramount Gospel Steppers.* Sabine ist zur Probe eingeladen, auf dem Weg dorthin ist es bereits dunkel. Der Weg führt über den Anacostia-Fluss in eine eher unwirtliche Gegend. Eigentlich hätte sie nur rechts-links-rechts fahren müssen, aber plötzlich sieht alles ganz anders aus als beim letzten Mal im Hellen. Sie hat sich also verfahren und steht inmitten einer finsteren Gegend: Die meisten Straßenlaternen sind kaputt, die eine Wohnanlage sieht aus wie ausgebombt, die nächste hat noch ein paar heile Fensterscheiben. Ein Kinderwagen vor der Tür zeugt zwar von harmlosem menschlichem Leben, wirkt aber in dieser Umgebung eher gespenstisch als tröstlich. In dieser Straße wird jedem schlagartig klar, warum sich in amerikanischen Autos sofort nach dem Anfahren alle Türen automatisch verschließen. Bestimmt ist es nicht besonders weise, ausgerechnet hier die Innenbeleuchtung anzuschalten, um den Stadtplan zu Hilfe zu ziehen. Aber genau das tut Sabine – was bleibt ihr auch anderes übrig – und findet schließlich die *Paramount Baptist Church*.

Die *Gospel Steppers* sind schon im Gemeindesaal: vier Mädchen und drei Jungen im Alter von 11 bis 18 Jahren. Michelles eigene Kinder sind in der Mehrheit. Sie selbst erscheint heute ohne Hut, mit hochgebundenen langen Haaren und hochhackigen, spitzen weißen Stiefeln. «Lord, o god, in the name of Jesus ...» Der Abend beginnt mit einem Gebet im Kreis. Michelle hat es nicht leicht, die Teenager aus der Reserve zu locken. Sie stellen sich in zwei Reihen auf, die Mädchen – alle übergewichtig – tanzen mit geschlossenen Augen, die Jungen schauen betont gelangweilt. «Lobet Gott!», ruft Michelle zwischen einzelnen Übungen, und dann auch: «Lobt euch selbst!» Als das nicht sofort verfängt, erklärt sie den Jugendlichen, warum sie stolz auf sich sein können: «... weil ihr euch nicht von denen zurückhalten lasst, die nicht gekommen sind! ... weil ihr noch immer auf eure Eltern und Großeltern hört!» Die Jugendlichen scheinen zumindest halb überzeugt. Je länger der Abend, desto lockerer werden sie. Als Sabine zum Abschluss ein Foto macht, lächelt immerhin die Hälfte der *Gospel Steppers*, die anderen bleiben bei ihrem coolen Mafia-Blick.

Ein paar Wochen später trifft Sabine sie alle wieder, diesmal vor der *Ballou Senior High School*. Die *Forgiving Mothers Straight from the Heart* haben zu einer kleinen Gedenkfeier aufgerufen. Es ist *J-Rocks* zweiter Todestag. Ein lokales Fernsehteam und rund vierzig Leute sind gekommen, um an den erschossenen Football-Star zu erinnern: Pearl Boykin ist natürlich da; ein paar Mütter, die Ähnliches erlebt haben; Vertreter der Kirche, ein, zwei Lehrer und zwei Dutzend Jugendliche.

Über Megaphon erinnern sich Erwachsene an früher, als es auch Streit gab und Schlägereien, allerdings keine Schusswaffen. So passierte kaum etwas, das nicht wieder gutzumachen gewesen wäre. Ein vierundzwanzigjähriger ehemaliger *Ballou*-Schüler, der es bis zur Uni geschafft hat, ermuntert die Umstehenden, Bildung wichtig zu nehmen und für ein Abschlusszeugnis zu arbeiten. «Hört auf, an Rache zu denken!», fordern Pearl und Michelle. «Nach allem, was passiert ist, sind wir Freunde geworden», betonen sie. «Ich kann sie wirklich jederzeit anrufen», berichtet Pearl, und Michelle ergänzt: «Wir machen alles Mögliche zusammen, wir gehen auch gemeinsam zur Maniküre und zur Pediküre.» Die Mütter beschwören die umstehenden Jugendlichen, sich nicht einzulassen auf Drogen, auf Gewalt. Sie versichern ihnen, dass es ohne das geht: «Ihr seid etwas wert! Ihr könnt es! Ihr schafft es!»

Die Worte ergießen sich über die kleine Menge. Die Mädchen lächeln verlegen in ihren zum Teil echten, zum Teil imitierten *North-Face*-Jacken und knallengen Jeans. Die Jungen verstecken sich unter Baseball-Kappen oder Sweatshirt-Kapuzen. Einige tragen selbst in der Dunkelheit mega-coole Sonnenbrillen. Sie verschränken die Arme und stehen möglichst weit abseits, so als gehörten sie nur halb dazu oder als wollten sie jede Sekunde abhauen können – falls nötig. Ob einer der Erwachsenen weiß, was ihnen wirklich durch den Kopf geht?

Kleine Rassenkunde

Warum braucht Condoleezza eine Dauerwelle?

Sydni Dreher hat jahrelang nicht im Traum daran gedacht, dass sie sich jemals in einen weißen Mann verlieben könnte. In ihrer Jugend war sie – eine Schwarze mit recht dunkler Haut – beinahe militant in ihrer Abneigung gegen Weiße. «Ich hasse die Weißen, ich hasse die Weißen!», war ihr Motto. «So waren halt alle meine Freunde drauf», erzählt sie Sabine Jahre später, als sich ihre Einstellung und ihr Leben grundsätzlich geändert haben. Denn einer dieser Weißen hat sich plötzlich in ihre schwarze Welt gedrängt.

Sie lernte ihn in einem Jazz-Club kennen, einem schwarzen Jazz-Club. «Er kam herein, und ich dachte: Wow! Dieser weiße Typ kommt einfach hier hereinspaziert, ganz allein und selbstsicher.» Die beiden kamen sich näher, sie erfuhr, dass er Tomas heißt. Sofort am nächsten Tag rief Tomas an, um sie zum Abendessen einzuladen. Sydni kann es Jahre später noch nicht ganz fassen: «Ich fragte ihn, ob ich gleich zurückrufen könne. Dann legte ich auf, rannte im Büro herum und rief: ‹O mein Gott, dieser weiße Typ will mit mir ausgehen! Was soll ich bloß tun?›» Schließlich hat sie eingewilligt und sich gesagt, es könne nicht schaden, ganz unverbindlich mit ihm einen Abend zu verbringen. Es beunruhigte sie vor allem eins: «Er sah so anders aus. Dieser Mann war so rosa. Auch später noch sagte ich immer wieder: Du bist so rosa, dein Gesicht ist rosa, alles ist rosa.» Obwohl sie sich daran nie richtig gewöhnen konnte, dauerte es nicht allzu lange, und die beiden waren verheiratet.

Sydnis Bekannte waren von Anfang an überzeugt, Tomas müsse sehr vermögend sein, wenn sie sich mit ihm, einem Weißen, einlasse. «Das ist das Erste, was die Leute mich gefragt haben: Ist er wirklich reich? Oh, er ist Immobilienmakler, da macht er wohl 100 000 oder mehr im Jahr!» Sydni, die bis dahin nichts über Tomas' Einkommensverhältnisse wusste, antwortete einfach: «Natürlich, ich wette, er ist reich!»

Tomas' Freunde dagegen nahmen an, Sydni müsse außergewöhnlich gut im Bett sein, sonst hätte er sich sicher lieber eine weiße Frau gesucht. Das sind die gängigen Vorurteile gegenüber gemischten Beziehungen. Seit seiner High-School-Zeit ist Tomas hauptsächlich mit schwarzen Frauen ausgegangen, auch mit orientalischen und hispanischen Frauen. Immer wieder wurde er gefragt: Warum? «Wenn ein Mann blonde Frauen mag, fragt niemand: Warum triffst du dich immer mit Blonden, hast du was gegen brünette oder rothaarige Frauen?», gibt Tomas zurück. «Wenn man die schönsten Frauen der Welt aufreihen würde, würde mir wahrscheinlich die schwarze am besten gefallen. Ich weiß nicht, warum das so ist, und es interessiert mich auch nicht besonders.»

«Tomas' Persönlichkeit als weißer Mann, das war für mich nicht so schwierig», resümiert Sydni, «es war mehr das Physische: zu sehen, wie sein Haar wächst, dass es nach unten fällt, wenn es länger wird. Ich wunderte mich immer wieder über seine Haut, auch über die Haut unserer Tochter.» Ihr kleines Mädchen heißt MacKenzie. Sie nennen es ihr *«beige baby»*. MacKenzie ist sehr hellhäutig. «Außen stehende Weiße sehen ihr nicht unbedingt an, dass sie eine schwarze Mutter hat», meint Sydni, «aber jeder Schwarze kann sofort ihre afroamerikanischen Merkmale identifizieren: ihre breitere Nase und ihre vollen Lippen.» Eines Tages beobachtete Sydni, wie MacKenzie ihre Flasche hielt und sich dabei ihre Fingerspitzen verfärbten. Sydni hatte keine Ahnung, dass weiße Haut normalerweise so auf Druck reagiert, und hat sich furchtbar erschrocken: «Ist alles mit ihr in Ordnung?», hat sie ihren Mann voller Sorge gefragt.

Auch Tomas erhielt seine Lektionen in Körperkunde. Er weiß jetzt, dass Sydni und ihre Freundinnen viel Öl bei der Körperpflege benutzen. Schwarze Haut produziert kaum Fett, hat Sydni ihm erklärt, also werden Haut und Haar regelmäßig eingeölt, damit sie nicht austrocknen und damit man vor allem keine *ashy legs* (aschige Beine) bekommt. Weiß wie Asche wird die Haut, wenn sie rau und ausgetrocknet ist. «Bei Schwarzen kann man das durch den ganzen Raum sehen», stöhnt Sydni. Sie erinnert sich daran, wie sie auf dem College ihr Zimmer mit einem weißen Mädchen teilte. Einmal stand sie vor dem Spiegel und rieb sich Öl in die Haare. «Dieses Mädchen bekam einen Anfall und lästerte: ‹Ich kann nicht glauben, dass du dir Öl ins Haar tust, das ist ja widerlich!› Ich dagegen konnte nicht glauben, dass sie fast 20 Jahre alt war und nie gehört hatte, warum Schwarze das tun. Ich wusste alles über ihre Welt, und sie wusste nichts über meine!»

Natürlich wusste auch Tomas' Familie recht wenig über schwarze Gepflogenheiten. «Warum lässt sie sich eine Dauerwelle machen?», wunderte sich seine Mutter, als Sydni zum Friseur ging, «sie hat doch ganz lockige Haare.» Heute hat sie verstanden, dass ihre Schwiegertochter sich die Haare glätten lässt – wie viele schwarze Frauen.

Die Frisur, *hair do* – das ist für Afroamerikanerinnen eine zutiefst politische Angelegenheit und Ausdruck des sozialen Status. Ganze Bücher wurden und werden darüber geschrieben. Die finden sich dann in der Buchhandlung eher in der Abteilung «Gesellschaft und Soziales» als unter «Gesundheit und Kosmetik». Gemeinhin gilt glattes Haar als ein Symbol für Erfolg und Anerkennung und ist damit die Standardfrisur für Frauen, die Karriere machen, und für Frauen, die sich an der Seite von Karrieremännern präsentieren. Nicht zufällig trägt Außenministerin Condoleezza Rice ihr schwarzes Haar ganz glatt. Und natürlich gibt es Schwarze, die Frauen, die ihre Frisur der üblichen weißen Haartracht angleichen, Verrat an der eigenen Rasse vorwerfen.

«Die Beschaffenheit der Haare bedeutet ebenso wie der Farbton der Haut eine große soziale und historische Last für Schwarze. Angenommen, alle anderen Umstände seien gleich, wird man von einer Frau, deren Haare natürlicherweise glatt fallen, immer denken, sie komme aus einer ‹besseren› Familie als eine Frau, deren Haare sehr kraus sind», stellen die Autorinnen des Buches «Der Farb-Komplex» fest.* Die Frisur sei vielen schwarzen Frauen so wichtig, dass manche eher mit ihrer Miete im Rückstand blieben, als einen Friseurbesuch auszulassen. Rund drei Viertel der Afroamerikanerinnen lassen sich ihre Haare chemisch behandeln. Viele verdienen nicht gut genug, um sich die teuren Behandlungen leisten zu können. Sie lassen daher billige Prozeduren über sich ergehen, nach denen ihr Haar regelrecht geplättet und starr aussieht. Das wird dann spöttisch *getto do* genannt. Schwarze Frauen, die ihre Haare natürlich, also kraus tragen, sind in der Minderheit. Als *nappy* wird ihr Haar dann abfällig bezeichnet.

Erst nachdem wir all dies wissen, wird uns richtig klar, warum Angela Davis' Afrolook so revolutionär war. Ihre lange, natürliche Krause hätte heute noch eine ähnlich aufrührerische Wirkung wie Ende der 1960er Jahre. Tatsächlich hat die Frisur einer schwarzen Kongressabgeordneten im Frühjahr 2006 einen kleinen politischen Aufstand verursacht. Cynthia McKinney, Ende 40, geboren in Atlanta, ist die erste schwarze Frau aus Georgia, die es in den Kongress geschafft hat. Seit 1993 ist sie (mit einer kurzen Unterbrechung) demokratische Abgeordnete und somit

* Kathy Russell u. a., The Color Complex, New York 1992

gut bekannt im Kapitol. Lange Zeit trug sie ihre Haare in dicken Zöpfen um den Kopf geschlungen, manchmal – wie bei einem Schulmädchen – zusammengehalten von einer Schleife. «Die Zöpfe ließen sie aussehen, als würde sie im Baumwollkleidchen mit zwei Milchkannen in der Hand durch die Alpen wandern», kommentierte die *Washington Post* bissig (7. April 2006).

Im Januar 2006 schließlich tut McKinney, was sich ihre Berater schon längst gewünscht hatten. Sie löst ihre Zöpfe auf und entscheidet sich stattdessen für einen *twist-out*, eine Art Arrangement aus Korkenzieherlöckchen. Das Problem mit dieser speziellen Frisur ist offensichtlich, dass sie eine sehr geringe Haltbarkeit hat und alle paar Tage erneuert werden muss – falls nicht, dann gerät sie zu einer Art gezähmtem Afrolook. Jedenfalls geschieht es eines schönen Tages im März, dass ein Sicherheitsbeamter im Kapitol die Dame mit dem *twist-out* davon abhalten will, unkontrolliert am Metalldetektor vorbeizuhuschen – was den Abgeordneten normalerweise erlaubt ist. Daraufhin kommt es zu einem kleinen Handgemenge. Der Wachhabende – ein Weißer – erklärt, er habe McKinney nicht erkannt. Aber genau das empfindet diese als bezeichnendes Problem.

Auch wenn sie ihre Frisur geändert habe, sei doch ihr Gesicht gleich geblieben, argumentiert Cynthia McKinney, aber die Wachleute hätten wohl in ihr nur einen undifferenzierten schwarzen Kopf mit Haar gesehen. Wäre einer weißen Frau das Gleiche passiert? Sie vermutet: Nein. Der Sicherheitsdienst beteuert natürlich: Ja. Sie wehrt sich dagegen, dass ein schwarzes Gesicht mit krausem Haar drum herum sofort Verdacht erregt. Der Vorfall gibt den Anstoß für eine Welle öffentlichen Nachdenkens über die politische Aussagekraft von Frisuren – Frisuren von schwarzen Frauen wohlgemerkt. McKinney habe schon ihre Zöpfe aus politischer Berechnung getragen, wird vermutet. Mit ihrer absolut unmodischen Erscheinung habe sie sich bewusst als niedrig, demütig und bescheiden präsentieren wollen.

Am Ende entschuldigt sich die Abgeordnete, gedrängt von ihren Parteifreunden, dafür, dass sie sich zu einer körperlichen Auseinandersetzung hat hinreißen lassen. Nach der Pressekonferenz kann sich die *Washington Post* einen despektierlichen Kommentar über Cynthias Aussehen nicht verkneifen: «Es sah aus, als habe McKinneys *twist-out* sein Haltbarkeitsdatum überschritten.» Wäre das einem Mann passiert? Einem weißen Mann oder einem schwarzen Mann?

Nicht nur das Haar, auch die genaue Tönung der Haut bestimmt den gesellschaftlichen Status: Schwarz, dunkelbraun, hellbraun oder *high yellow* (wie in den USA leicht getönte Haut beschrieben wird) – je heller der Teint, desto höher die soziale Wertschätzung, im schwarzen wie im weißen Milieu. Auch die Hautfarbe des Partners bzw. der Partnerin hat Einfluss auf den Platz in der gesellschaftlichen Hierarchie. Eine hellbraune oder *high-yellow*-Begleitung zu haben, hebt das eigene Ansehen.

Uns erschien es zunächst ungewohnt, um nicht zu sagen unschicklich und politisch unkorrekt, über all diese rassischen Merkmale offen zu sprechen. Schon allein das deutsche Wort «Rasse» scheint seit Hitlers rassistischer Schreckensherrschaft unbenutzbar geworden zu sein. Das englische Wort *race* dagegen trägt keine negative Bedeutung in sich, es wird von Menschen mit ganz unterschiedlichen Meinungen gebraucht. In der offenen Diskussion über unterschiedliche Hauttönungen, schmale oder breite Nasen und Lippen würden sich weiße Amerikaner allerdings ebenso wie wir eher zurückhalten, während Afroamerikaner selbst ein ganz unbefangenes Verhältnis dazu haben.

Sabine bekommt bei ihrem ersten Arztbesuch ein Formular in die Hand gedrückt. Sie soll Angaben machen über ihre Adresse, ihre Versicherung, ihren Gesundheitszustand – und über ihre ethnische Zugehörigkeit. Sie soll sich für eine von fünf Bevölkerungsgruppen entscheiden:

1. asiatisch, asiatisch-amerikanisch oder Inselbewohner im Pazifik,
2. hispanisch,
3. schwarz, aber nicht hispanisch,
4. nordamerikanischer Indianer oder Ureinwohner Alaskas,
5. weiß, aber nicht hispanisch.

Was soll das? Wem nützt das? Wozu diese Schubladen? Sabine wittert Rassismus und überlegt, ob sie diesen «unverschämten» Fragebogen überhaupt ausfüllen soll. In diesem Moment wird sie bereits von der Sprechstundenhilfe aufgerufen. Eine gute Gelegenheit nachzufragen: «Äh, hm, ich bin etwas verunsichert, was diese ethnische Zuordnung angeht. Warum wollen Sie das alles wissen?» Die Sprechstundenhilfe selbst gehört in die erste Schublade, sie kommt von den Philippinen und bleibt angesichts der Nachfrage völlig ungerührt, für sie gehört das zum Alltag: «Ach, es gibt einfach bestimmte Krankheiten, die in der einen ethnischen Gruppe häufiger vorkommen als in einer anderen. Und so sind wir schon vorgewarnt.»

Zwar stutzen wir immer noch einen kurzen Augenblick, haben uns aber inzwischen daran gewöhnt, dass überall nach unserer Abstammung gefragt wird: Ämter, Ärzte, Banken, Schulen, Umfrageinstitute – alle wollen die Menschen einordnen. Und sie alle haben ihre Gründe. Schulen zum Beispiel bekommen unter Umständen Fördergelder, die zur Unterstützung bestimmter Minderheiten gedacht sind. Oder sie wollen – aus sozialen und aus Image-Gründen – ethnisch ausgewogen bleiben. Das führt zu bizarren Situationen, wie uns Jeanny Thornton, eine schwarze Journalistin, die mit einem weißen Mann verheiratet ist, erzählt.

Als sie mit ihrem Mann Paul Hankee an einer Schule in Maryland erscheint, um ihren Sohn Matthew anzumelden, sagt die Direktorin: «Diese Schule braucht weiße Schüler. Der Vater sollte Matthew also als weißen Jungen anmelden.» Die Eltern folgen dieser Empfehlung, ziehen aber drei Wochen später überraschenderweise nach New York. Dort melden sie ihren Sohn an einer Privatschule an, die froh ist, einen schwarzen Schüler aufnehmen zu können. «Also ist Matthew in Maryland weiß und in New York schwarz.» Jeanny findet das Ganze ziemlich absurd. «Als unser jüngerer Sohn Max dann zur Schule musste, fragte ich die Sekretärin: Sein schwarzer Bruder ist als weißer Schüler angemeldet. Was soll ich mit diesem Kind machen? Und sie sagte: Nun, er ist, was immer Sie behaupten. Wenn Sie mir sagen würden, er sei asiatisch, würde ich das aufschreiben.»

Im *New York Times Magazine* stoßen wir eines Tages auf einen interessanten Artikel über die schwarze Frauenbewegung, geschrieben aus der Perspektive einer schwarzen Feministin. Daneben ist ein Foto der Autorin abgebildet. Zu unserer Überraschung scheint sie eine Weiße zu sein: helle Haut, glatte braune Haare, schmale Nase, schmale Lippen. Wir sind verwirrt und glauben, die Redaktion habe das Foto verwechselt. Schließlich fragen wir einen schwarzen Kollegen. Der erklärt uns, dass Rasse seiner Meinung nach ein «gesellschaftliches Konstrukt» sei, keine wissenschaftliche, biologische Erscheinung. Schwarz sein, das sei keine simple Beschreibung der Hautfarbe, sondern eine soziale und politische Einordnung. Zu Zeiten der Sklaverei wurde jeder als schwarz eingestuft, der auch nur einen Tropfen afrikanisches Blut in sich hatte. Diese *one-drop-rule* hält sich – nicht als Gesetz, aber als gesellschaftliche Norm – bis heute. Nicht nur in der Sicht der Weißen, sondern auch bei vielen Schwarzen, die es als Verrat ansehen würden, ihre Abstammung zu verleugnen. Durch die Vermischung der Rassen über Jahrhunderte kann man manchen Menschen gar nicht mehr ansehen, welche ethnischen Gruppen geholfen haben, ihren Stammbaum zu bilden.

Paul Hankee haben die farblichen Nuancen mit der Familie seiner schwarzen Frau Jeanny zunächst irritiert. Er erinnert sich an das erste Fest mit ihren Angehörigen. «Ich habe hier nicht so viele weiße Leute erwartet», flüsterte er Jeanny damals zu. Die wunderte sich: «Wen meinst du denn?» «Na, all die Leute da drüben.» Paul zeigte auf ein paar Anwesende, die sich angeregt unterhielten. «Warum behaupten sie, sie seien schwarz, wo sie doch gar nicht schwarz aussehen und sagen könnten, sie seien weiß?» Zu Pauls Überraschung stellte sich heraus, dass es sich bei den «Weißen» samt und sonders um Jeannys Onkel, Tanten und Cousinen handelte, die alle ebenso wie sie selbst auf eine afroamerikanische Ahnengalerie zurückblicken, aber – im Gegensatz zu Jeanny – sehr hellhäutig sind. Einer ihrer Cousins ging sogar in der Marine als weiß durch. Und Jeannys Vater war als Kind blond und blauäugig.

Und fast wäre Paul auch noch ins Fettnäpfchen getreten. Denn die Feststellung «Du könntest als weiß durchgehen!» empfinden viele Schwarze als Beleidigung. Schließlich könnte man da heraushören, Weiß sei besser als Schwarz. Früher allerdings haben viele hellhäutige Afroamerikaner ihren Vorteil darin gesehen, als weiß durchzugehen. Sie haben ihre Herkunft verschleiert oder gänzlich verleugnet, um der Rassendiskriminierung zu entgehen. Sie kamen selbst aus einer gemischten Familie, haben in eine weiße Familie hineingeheiratet – und nach zwei, drei Generationen war niemandem mehr bewusst, dass es dunkelhäutige Vorfahren gab.

Auf eine ähnliche Geschichte blicken die Nachkommen des Vaters der amerikanischen Unabhängigkeitserklärung, Thomas Jefferson, zurück. Schon zu Jeffersons Lebzeiten wurden Mutmaßungen über seine Ähnlichkeit mit einigen Kindern seiner Sklavin Sally Hemings angestellt. Die Gerüchte über ein Verhältnis der beiden hielten sich hartnäckig jahrhundertelang, fanden mal mehr, mal weniger Beachtung. Wohlmeinende – weiße – Biographen attestierten dem verwitweten Mann, er habe nach dem Tod seiner Frau kein Interesse mehr am Sex gehabt und sich ausschließlich der Architektur, den Gesetzen und der Literatur gewidmet.

Ein DNA-Test beweist schließlich fast zwei Jahrhunderte später die Verwandtschaft der Hemings- und der Jefferson-Nachfahren. Zu verdanken haben wir die Erkenntnisse dem pensionierten Pathologie-Professor Eugene Foster, dessen Interesse am dritten Präsidenten der Vereinigten Staaten durch die schlichte Tatsache wach gehalten wurde, dass er just dort lebt, wo Jefferson einst seine Plantage *Monticello* hatte, in Charlottesville, Virginia. Professor Foster sammelte Blutproben von anerkannten Jefferson-Nachkommen und von Nachkommen der Sklavin Sally Hemings. Da jeder Vater sein Y-Chromosom unverändert an seine Söhne vererbt, bleibt dieses Chromosom über Generationen hinweg gleich. Sollten die männlichen Nachfahren Jeffersons tatsächlich dasselbe Y-Chromosom tragen wie Sally Hemings' männliche Nachfahren, so wäre erwiesen, dass dieses Chromosom vom selben Vater stammt.

Das Ergebnis der Foster'schen Untersuchung wurde 1998 publik und raubte dem weißen Amerika seine saubere Illusion. Der Ururenkel von Sallys jüngstem Sohn Eston trägt eindeutig dasselbe Y-Chromosom wie Jeffersons legitime männliche Nachkommen. Das heißt, aller Wahrscheinlichkeit nach hatte der große Politiker ein Verhältnis mit der 29 Jahre jüngeren hübschen Sklavin, während er in der Öffentlichkeit die These verfocht, Rassenvermischung führe zu Entartung. Seine mehr als 700 anerkannten Nachfahren, die sich in der *Monticello Association* zusammenfinden, wollen solch eine Diffamierung des großen Charakters keinesfalls dulden. Sie halten Thomas Jeffersons jüngeren Bruder Randolph für den «Missetäter» und haben 2002 mit einem Votum von 74:6 Stimmen beschlossen, die Hemings-Abkömmlinge nicht in die Familienorganisation aufzunehmen.

Die heute lebenden Urururenkel von Sally Hemings sind Weiße. Denn sie selbst war bereits das Ergebnis einer schwarzweißen Liaison. Ihre Mutter war eine Sklavin, ihr Vater Jeffersons Schwiegervater. Sie ist also die Halbschwester von Jeffersons früh verstorbener Frau Martha. Als Sallys jüngster Sohn Eston aus der Sklaverei entlassen wurde, zog er nach Wisconsin, wo er sich fortan Eston Jefferson nannte. Da er recht hellhäutig war, konnte er sich ohne weiteres als Weißer ausgeben. Mehr als eineinhalb Jahrhunderte lang, bis in die 1970er Jahre, hatten seine Nachkommen nicht die geringste Ahnung, dass sie von Sklaven abstammen. Sie wunderten sich nur, dass sie bei ihrer Arbeit am Familienstammbaum immer wieder an einem Namen hängen blieben, der nicht weiterführte: Hemings. Sklaven-Kinder erhielten keine Geburtsurkunden; ihre Abstammung ist dementsprechend oft nicht nachvollziehbar. Sally Hemings hatte sechs Kinder; und es spricht einiges dafür, dass Eston nicht der einzige Jefferson-Sprössling ist.

Noch in den 1980er Jahren war die Sklaverei ein Tabu auf *Monticello*. Heute berichten Touristenführer auch über diese dunklen Seiten der Historie: Wie Jefferson sich aufregte, wenn er die Sklaven nachts musizieren und lachen hörte, weil er fand, sie sollten sich besser für die Arbeit des kommenden Tages ausruhen. Wie er einen hohen Zaun um seinen berühmten Garten errichtete, um die Sklaven davon abzuhalten, sein Gemüse zu stehlen. Und wie er verhinderte, dass sie lesen und schreiben lernten, weil er Angst hatte, sie könnten ihm weglaufen. Während Thomas Jefferson der Welt verkündete, dass alle Menschen gleich seien, hielt er auf seiner Plantage in Virginia an die 200 Sklaven. Er kaufte und verkaufte sie. Er ließ sie auspeitschen, wenn sie nicht folgten. Das alles war damals üblich und stand für ihn nicht im Widerspruch zu seinem politischen Gleichheitspostulat. Für Schwarze galten andere moralische Grundsätze als für die übrige Menschheit. Mit anderen Worten: Sie zählten nicht zur Kategorie Mensch.

Die Abschaffung der Sklaverei ist noch nicht einmal 150 Jahre her. Die Rassentrennung ist erst seit einem halben Jahrhundert außer Kraft gesetzt. Das heißt, es ist noch kein Gras über die Geschichte gewachsen. Manche Wunden aus der Zeit der Ungleichheit sind noch nicht verheilt, manche Einstellungen noch nicht korrigiert. Ehen zwischen Schwarz und Weiß waren noch vor rund 50 Jahren in 15 Bundesstaaten untersagt.

Im Juni 1958 wird ein frisch verheiratetes Paar in Virginia verhaftet. Richard und Mildred Loving hatten sich in Washington D. C. trauen lassen und kehrten als schwarz-weißes Ehepaar in ihre Heimat zurück. Der Bundesstaat war allerdings fest entschlossen, diese Ehe nicht zu dulden. Einige Wochen nach der Trauung erscheinen die Ordnungshüter um zwei Uhr morgens und holen die Frischvermählten buchstäblich aus dem Bett. Die Lovings werden erst freigelassen, als sie versprechen, Virginia für mindestens 25 Jahre zu verlassen. Der «Fall Loving» geht bis vor den Obersten Gerichtshof. Dort wird 1967 entschieden, dass das Heiratsverbot aus der Zeit der Sklaverei nicht mehr verfassungsgemäß sei.

Gut 300 000 gemischte Ehen gab es 1970 in den Vereinigten Staaten. Im Jahr 2000 war diese Zahl auf mehr als 2,5 Millionen angewachsen, Tendenz steigend. Mehr als fünf Prozent aller Eheschließungen macht das aber noch nicht aus. In diese Rechnung einbezogen wurden nicht nur schwarz-weiße Paare, sondern alle Rassen. Eine Umfrage in der Umgebung Washingtons ergab 2006, dass acht von zehn Jugendlichen finden, die Rasse solle bei der Auswahl des Ehepartners keine Rolle spielen. Aber am Ende entscheiden sich die meisten doch für einen Partner ähnlicher Abstammung. Ganz selbstverständlich sind gemischte Verbindungen noch keineswegs. Auch Sydni und Tomas Dreher mussten lernen, mit den Reaktionen ihrer Umwelt umzugehen.

«Ich war eigentlich daran gewöhnt, Hand in Hand zu gehen, aber mit Tomas war ich zu ängstlich. Eine lange Zeit wollte ich in der Öffentlichkeit nicht seine Hand halten», erinnert sich Sydni an die erste Phase ihrer Beziehung. «Wenn wir an einem Spiegel vorbeikommen, springt es mir noch heute ins Gesicht: Wir sehen wirklich sehr unterschiedlich aus. Es ist kein Wunder, dass wir

Aufmerksamkeit erregen. Aber ich würde mir wünschen, die Leute würden einfach gucken und denken: ‹Okay, da sind eine schwarze Frau und ein weißer Mann …›, und dann würden sie weitergehen. Aber sie verziehen ihr Gesicht und rümpfen die Nase. Am Anfang war ich immer empört, bin hingegangen und habe gefragt: ‹Hast du ein Problem? Ist was nicht in Ordnung? Warum starrst du mich so an?› Ich habe die Konfrontation gesucht. Später dann habe ich gedacht: Wenn die Leute so viel Zeit haben, mich anzustarren und sich um mein Leben zu sorgen, dann müssen sie sich ganz schön langweilen. Ihr eigenes Leben muss schrecklich sein.»

Nach wie vor gehören gemischte Ehen und Freundschaften zur Ausnahme. Paul Hankee brachte sechs weiße Söhne und eine Tochter aus erster Ehe in die Verbindung mit Jeanny Thornton ein. Das Schwierige war, darin sind sich die inzwischen erwachsenen Kinder einig, plötzlich eine *Stiefmutter* zu haben – und nicht, eine *schwarze* Stiefmutter. Aber natürlich gab es auch Missverständnisse.

Kurz nach Jeannys und Pauls Heirat wollte Mary, Pauls einzige Tochter, *Thanksgiving* zum ersten Mal außer Haus feiern. Sie machte sich aber Sorgen um den Ablauf des Festes daheim und gab Jeanny vorsichtshalber noch ein paar Ratschläge. «Sie fragte mich, ob ich die traditionellen *Thanksgiving*-Gerichte kenne», erinnert sich Jeanny und lacht. «Außerdem wollte sie mir sagen, dass es bestimmte Traditionen gab, damit ich nichts falsch machte. Okay, antwortete ich, was sind eure Traditionen? Sie erklärte: Truthahn, Kartoffelbrei, und zählte all diese Dinge auf, die ich mein Leben lang zu *Thanksgiving* gegessen habe: Schinken, Zwiebelcreme usw. Am Ende sagte ich nur: Vielen Dank, Mary, ich weiß deine Hilfe zu schätzen. Und dann ging ich weinend zu Paul: Was glaubt sie denn, was für komische Sachen ich *Thanksgiving* servieren würde? Ich weinte und weinte.»

Die Kluft zwischen Schwarz und Weiß erscheint manchmal

größer, als sie tatsächlich ist. Am Ende sind sie alle Amerikaner. Jeanny und ihre Familie leben bewusst in einer gemischten Wohngegend. «Ich möchte nicht, dass die Kinder aus Pauls erster Ehe zu Besuch kommen und sich unbehaglich fühlen in einer schwarzen Nachbarschaft», betont sie, «oder – Gott bewahre – dass ich sterbe, und Paul bleibt als einziger weißer Mann in der Gegend zurück.» Nachbarschaften, in denen sich Schwarz und Weiß, Hispanics und Asiaten treffen, sind eher rar. Gut 50 Jahre nach der rechtlichen Aufhebung der Segregation gehen Schwarze und Weiße noch weitgehend getrennte Wege. Washington zum Beispiel ist eine geteilte Stadt. Der Westen ist den Weißen vorbehalten, der Osten den schwarzen Einwohnern. Im Zentrum trifft man sich in den Büros. Man arbeitet zusammen, man klatscht und tratscht, man ärgert sich über den Chef, manchmal geht man gemeinsam zum Lunch. Doch nach Feierabend scheiden sich die Wege, schwarze und weiße Kolleginnen und Kollegen verbringen ihre Freizeit getrennt, da gibt es nur seltene Ausnahmen.

In Washington gibt es Radiostationen für Schwarze und Radiostationen für Weiße. Es gibt Fernsehsender fürs weiße Publikum, andere für schwarze Zuschauer, Bücher und Zeitschriften für Weiße oder für Schwarze. Mode- und Sex-Magazine sind streng nach Rasse getrennt. Im Kennedy-Center gibt es Gospel-Konzerte, zu denen fast ausschließlich Schwarze erscheinen, und Beethoven-Aufführungen, die fast nur von Weißen besucht werden. Es gibt Bars, deren Gäste die Hautfarbe je nach Wochentag und Uhrzeit wechseln. Und das ist so zu verstehen: Freitagabends wird zum Beispiel Rap oder Hip-Hop gespielt, da kommt die schwarze Fangemeinde, samstagabends zieht Salsa die Latinos an, für den Standardtanz am Dienstag interessieren sich nur Weiße, zum Mittagstisch erscheint ein buntes Publikum aus den umliegenden Büros. Ansonsten ist in Washington fast alles *entweder* schwarz *oder* weiß: Kirchengemeinden, Schulen, Arbeitsplätze, Friseure,

Restaurants, Stadtviertel. Die Rassentrennung erfolgt in vielen Bereichen automatisch, Gesetze und diskriminierende Verbotsschilder sind überflüssig. Die meisten wissen einfach, wo ihr Platz ist.

Vor allem die Wohngebiete sind streng nach Rassen getrennt. Nur wenige Straßen bieten eine gemischte Bevölkerung, die auch über längere Zeit gemischt bleibt. Immer wieder lässt sich nämlich dieselbe Entwicklung beobachten: Sobald Schwarze oder Immigranten in eine Gegend ziehen, suchen die weißen Bewohner das Weite. Sie verkaufen ihre Häuser, weil sie Angst haben, sie könnten an Wert verlieren. Über kurz oder lang wird aus der bunten Nachbarschaft eine Minderheiten-Siedlung.

Die schwarze Journalistin Jeanny Thornton betont allerdings, es sei keineswegs ausschließlich so, dass Weiße nichts mit Schwarzen zu tun haben wollten. Es gebe zweifelsfrei auch das umgekehrte Phänomen, nämlich Enklaven wohlhabender Schwarzer, die nicht das geringste Verlangen hätten, mit Weißen Tür an Tür zu wohnen. «Sie sind elitär, sie sind Snobs, und sie meinen, sie haben endlich das Recht dazu», stellt Jeanny fest. Als sie sich einmal auf der Suche nach einem neuen Heim befand, hat sie zur Hausbesichtigung eine ihrer weißen Freundinnen mitgenommen. Das Haus befand sich in einer schwarzen Nachbarschaft. Die Maklerin, die natürlich schwarz war, hat die weiße Freundin während des gesamten Besuches ignoriert und keines Blickes gewürdigt. Sie wollte von vornherein zu verstehen geben, dass sie kein Interesse hatte, das Haus an eine Weiße zu verkaufen.

Während einer Lesung lernt Sabine die schwarze Schriftstellerin Marita Golden kennen. Diese gesteht freimütig, wie gern sie in einer ausschließlich schwarzen Wohngegend lebt: «Ich liebe es! Ich als Afroamerikanerin liebe es, nach Hause zu kommen in eine Nachbarschaft, wo ich einen Senator, einen berühmten Sportler und sonstige erfolgreiche Leute treffe. Es ist mir egal, dass dort keine Weißen leben. Sie könnten dort hinziehen, wenn sie wollten, aber ich muss zugeben, ich empfinde so etwas wie Rassenstolz, weil dies so eine erfolgreiche Gemeinde ist, und alle sind schwarz. Und trotzdem lehre ich an einer Universität, wo die meisten Studenten weiß sind, und ich habe eine gute Beziehung zu ihnen.»

Zusammen mit Susan Richards Shreve, einer weißen Autorin, hat Marita Golden ein Buch herausgegeben, in dem weiße und schwarze Frauen ihre Gedanken über Rassen darlegen.* Susan ist mit der Bürgerrechtsbewegung aufgewachsen. «Damals galt es als cool, in integrierten Nachbarschaften zu wohnen. Und das tat ich auch. Aber die Dinge haben sich geändert und verbessert. Viele Leute wollen heute mit ihresgleichen, in ihrer eigenen Kultur leben. Erst habe ich das als Misserfolg der Bürgerrechtsbewegung gewertet, aber inzwischen denke ich, es ist ein Erfolg. Die Menschen fühlen die Stärke ihrer Familie und ihrer Gemeinschaft. Das schließt enge Beziehungen zu anderen Leuten und Familien ja nicht aus. Wir haben die Idee des Schmelztiegels aufgegeben. Wir kehren zurück zu dem Gedanken, dass wir eine individuelle *und* eine gemeinschaftliche Identität haben. Das ist besser so, sowohl für uns persönlich als auch für das Land. Mit Rassismus hat das nichts zu tun.»

Marita und Susan berichten, wie schwierig es war, weiße Autorinnen für die Mitarbeit an diesem Buch zu gewinnen. Die weißen Frauen, so scheint es ihnen, haben große Angst, etwas Falsches zu sagen und Ärger zu bekommen. «Dieses Land hat gleiche Chancen und Freiheit für alle versprochen – und nicht geliefert», denkt Susan über diese Zurückhaltung nach. «Das Land hatte so viele Möglichkeiten, und es entschied sich für die Sklaverei. Ich glaube, Weiße empfinden deswegen eine Art kollektiver Schuld.»

* Marita Golden, Susan Richards Shreve, Skin Deep – Black and White Women Write about Race, New York 1995

Aus diesem Schuldgefühl, so meint die Autorin, resultiere letztendlich die vorhandene Sprachlosigkeit.

Gemeinsam mit einer Freundin besucht Sabine eine Lesung, auf der Marita und Susan ihr Buch vorstellen. Die Freundin, eine weiße Amerikanerin, ist empört über die Veranstaltung: «Ich habe mir lauter ungerechtfertigte Vorwürfe gegen weiße Frauen anhören müssen», beschwert sie sich. Und trotzdem sei keine der weißen Frauen im Publikum aufgestanden und habe gesagt: Das ist nicht fair, ich bin anderer Meinung, das entspricht nicht meiner Erfahrung!

Sabine ist sehr erstaunt. Fast meinte sie, auf einer anderen Veranstaltung gewesen zu sein. Sie hat keine Feindseligkeit gespürt, und wenn sie Vorwürfe gehört hat, dann – dessen ist sie sicher – waren sie nicht gegen die Anwesenden gerichtet. Kurzum, sie fühlte sich persönlich nicht angegriffen. Sie war in dieser Hinsicht einfach nicht empfindlich. In Deutschland gab es keine Sklaverei, diese geschichtliche Bürde tragen wir nicht, *diese* jedenfalls nicht. Allerdings erinnern der Konflikt und die mühsamen, schmerzhaften Versuche, ihn auszutragen, sehr an die deutsche historische Last. Schwarz-weiße und deutsch-jüdische Beziehungen – das sind beides häufig spannungsgeladene Nicht-Verhältnisse.

«Ich glaube, in der amerikanischen Kultur herrscht ein doppelter Maßstab», erklärt Sabines Freundin nach der Lesung ihren Standpunkt. «Weiße wurden – zu Recht – sensibilisiert. Sie wissen, es gibt Dinge, die man nicht sagt, auch wenn man sie fühlt. Man muss vorsichtig sein, weil man jemanden beleidigen könnte. Schwarze Frauen können Dinge über weiße sagen, die weiße Frauen über schwarze nicht sagen dürfen. Diesen doppelten Maßstab habe ich hier gespürt.»

Afroamerikaner machen ihrerseits darauf aufmerksam, dass die Weißen ein unschätzbares Privileg besitzen: Sie können Tage, Wochen, gar Monate verbringen, ohne sich ihrer Hautfarbe bewusst zu sein und ohne einen einzigen Gedanken daran zu verschwenden. Das scheint für schwarze Amerikaner unmöglich. Täglich werden sie an ihre ethnische Zugehörigkeit erinnert. Ihre Hautfarbe ist – auf unzählige Arten – ein bestimmender Faktor in ihrem Leben.

Nichts ist unmöglich

Die täglichen Wirtschaftswunder im Konsum-Paradies

Williamsburg ist ein aufwendig restauriertes Kolonialstädtchen, das anschaulich Einblick gewährt in die Lebensgewohnheiten des vergangenen Jahrhunderts. Es war bis 1780 die Hauptstadt Virginias und ist im Kern noch so erhalten wie zu seiner Blütezeit. Vom Gouverneurspalast bis zum Perückenmacher, von der Taverne bis zum Krämer – Regierungsgebäude und Geschäfte können besichtigt werden oder sind sogar noch in Betrieb. Der Bäcker verkauft selbst gebackenes Brot und Brezeln, der kleine Laden ein paar Schritte weiter selbst hergestellten Honig und selbst gedrehte Kerzen. Kostümierte Geschäftsleute und Bewohner der Stadt lassen die Verhältnisse von vor 250 Jahren aufleben.

Williamsburg liegt nicht weit entfernt vom Meer. Außerdem gibt es in der Nähe noch einen Vergnügungspark für Kinder. Wir reisen mit einem Gutschein für zwei freie Nächte im Hotel, ein freies Frühstück und ein Abendessen. Der Gutschein flatterte uns ungefragt ins Haus. Merkwürdig, dachten wir, man kriegt doch sonst nichts geschenkt ... Misstrauisch und noch recht unerfahren mit amerikanischen Werbestrategien, stellten wir Nachforschungen an. Tatsächlich war das Wochenende komplett gratis, keine versteckten Kosten. Doch man wollte dafür unsere Zeit und Aufmerksamkeit. Wir verpflichteten uns zur Teilnahme an einem eineinhalbstündigen Verkaufsgespräch, das uns eine neue

Ferienanlage, eine Art *time-sharing*-Projekt namens *Fairfield*, schmackhaft machen sollte.

Das Gespräch ist für Samstagnachmittag angesetzt. Unsere Agentin heißt Patty. Sie begrüßt uns begeistert, teilt uns gleich mit, sie sei ganz neu und wir erst ihr fünftes Paar. Sie führt uns in einen eher ungemütlichen Konferenzraum, voll gestellt mit kleinen runden Tischen, an denen bei gedämpftem Gemurmel schon fünfundzwanzig andere Paare bearbeitet werden. Unsere ältere Tochter, damals drei Jahre alt, lassen wir in einem Spiel- und Fernsehzimmer, die kleine, noch ein Baby, nehmen wir mit. Patty stellt eine Menge Fragen: wie es uns geht, woher wir kommen, wo wir wohnen, was unsere Kinderchen machen, wie uns unser Beruf gefällt ... Sie erzählt von ihrer Familie, ihrer Tochter, ihrem früheren Job ... Die Zeit vergeht, Sabine schaut wiederholt auf die Uhr, während Tom sich bemüht, einen interessierten Eindruck zu machen. Nach einer Dreiviertelstunde haben wir immer noch keinen Schimmer, was genau Patty uns eigentlich verkaufen will.

Patty fängt an, sich Notizen über unsere Lebensgewohnheiten zu machen. Sabine schreitet ein und bittet höflich, keine Karteikarten über unser Privatleben anzulegen. «Natürlich brauchen Sie diese Fragen nicht zu beantworten», versichert die Agentin eilig und steckt ihren Stift weg. Sie weiß offensichtlich nicht genau, wie sie die kleine Missstimmung überbrücken soll, und fängt an, hektisch nach einem Katalog zu suchen.

Da, jetzt hat sie eine Idee. «Das Tolle an *Fairfield* ist», erklärt sie uns, «dass Sie Besitz haben können, ohne sich auf einen Urlaubsort festzulegen.» Getrennt voneinander sollen wir nun fünf Urlaubstraumziele notieren. Wir fürchten gerade, dass das Gespräch allmählich paartherapeutische Züge annehmen könnte, doch da sind wir schon wieder bei einem sachlichen Thema. Denn schon unser erstes Traumziel macht Probleme. Patty weiß nämlich nicht, wo die Seychellen liegen. Wie sollte sie auch, dort gibt es keine *Fairfield*-Anlage. «Aber es gibt über 3000 andere

Orte auf der Welt, wo Sie mit *Fairfield* Urlaub machen können», insistiert sie. Die weltweit beliebtesten Ferienziele seien Florida, die Kanarischen Inseln und – na? Williamsburg! Wäre es da nicht praktisch, eine Ferienwohnung in Williamsburg zu haben? Was macht es schon, dass weder Florida noch die Kanaren oder Williamsburg zu unseren Traumzielen gehören?

Patty jedenfalls lässt sich von diesem Problem nicht entmutigen. Sie gibt uns – nur so als Modellrechnung – einfach mal 308 000 Punkte im Jahr und rechnet uns vor, dass wir damit einen langen und drei kürzere Urlaube machen könnten. Welche Summe müssten wir denn investieren, um 308 000 Punkte zu bekommen? Auf diese Frage ist Patty nicht vorbereitet. Sie entschwindet, um sich Rat von ihrem Vorgesetzten zu holen. Nach ein paar Minuten kommt sie zurück, ohne Antwort, aber mit einer neuen Frage: «Wenn Geld keine Rolle spielen würde, würden Sie dann lieber ein Ferienhaus mieten oder besitzen?» Irgendwie spielt bei uns Geld aber doch eine Rolle, und so können wir uns nicht recht entscheiden.

Unsere Pflichtzeit ist abgelaufen, mehr als eineinhalb Stunden sind vergangen. Die Kleine wird ungeduldig, und Sabine bittet Patty, die Angelegenheit zu Ende zu bringen. Patty wirft einen flehenden Blick zur Decke und weist höflich darauf hin, dass wir uns zu einem eineinhalbstündigen Gespräch verpflichtet haben. Nach einem Blick auf die Uhr muss sie einsehen, dass wir unserer Schuldigkeit längst nachgekommen sind und schon zwei Stunden hier sitzen. Patty kramt noch einen allerletzten Trick hervor, den sie in der Verkaufsschulung gelernt hat: «Wenn Sie sich heute nicht entscheiden, dann ist es uns per Gesetz verboten, dieses einmalig wundervolle Angebot zu wiederholen.» Wir teilen ihr mit, dass wir bereit sind, dieses Risiko einzugehen. Schweren Herzens stellt sie uns eine Bescheinigung für das Hotel aus. Obendrein erhalten wir einen Gutschein für drei Nächte in Florida (ohne Verkaufsgespräch – angeblich).

Wir holen unsere ältere Tochter ab, die in der Zwischenzeit nicht nur den *König der Löwen* gesehen hat, sondern auch andere beeindruckende Videos und nun unaufhörlich von Nashörnern und Nilpferden, die Autos zertrampeln, plappert. Dann führt Patty uns nach unten, wo wir nicht etwa in die Freiheit entlassen, sondern noch einmal in ein Separée gebeten werden. Dort befragt uns eine andere Dame: «Wie beurteilen Sie unsere Agentin? Wie finden Sie unser Punkte-System? Warum können Sie sich nicht entschließen, heute zu kaufen?» Sie drängt uns, wenigstens einen Schnuppervertrag zu unterschreiben. Für unsere kleine Tochter dauert das alles offenbar viel zu lange. Als wir endlich aufstehen dürfen, sind ihre Windeln durchgeweicht, der Babystuhl ist pitschepatschenass. Wir entschuldigen uns höflichst, die Dame guckt düpiert, und plötzlich geht alles ganz schnell. Jetzt werden wir fix entlassen.

Einkaufen gilt in den USA als Hobby. Über 20 Millionen Besucher jährlich zählt zum Beispiel die *Potomac Mills Mall* – ein riesiges, sehr preiswertes Einkaufszentrum südlich von Washington – und ist damit die bedeutendste Touristen-Attraktion in Virginia. Zum Vergleich: Der *Blue Ridge Parkway*, eine ebenfalls in Virginia gelegene Panoramastraße entlang der Blauen Berge, eins der beliebtesten Ausflugsziele in den Nationalparks, zieht pro Jahr eine Million weniger Besucher an. Am Wochenende und an Feiertagen wälzen sich ganze Familien durch die *malls*, die meist am Stadtrand gelegenen Einkaufszentren. Dort stärken sie sich zwischen Schuh- und Hemdenkauf in den preiswerten *food courts*, wo eine ganze Reihe von Selbstbedienungsrestaurants für jeden Geschmack etwas bietet: Hamburger, Pizzas, asiatisches Huhn, mexikanische Tacos, Hot Dogs und klebrige Zimtrollen. Nach dem Einkaufsbummel geht's ins Kino, das eine gute *mall* natürlich auch zu bieten hat. Mancher Konsumtempel wirbt mit recht ungewöhnlichen Attraktionen. In der *Fair Oaks Mall* in Virginia konnte man zum Beispiel eine Weile Laser-Augenoperationen live verfolgen. Gab der Patient sein Einverständnis, wurden die Bilder während des Eingriffs auf einen großen Bildschirm übertragen. Auf dem Weg von *GAP* zu *Benetton* wurden die Besucher so im Vorbeigehen Zeugen einer Operation.

Das Preisniveau ist in vielen *Malls* eher unanständig hoch, doch zu jeder Zeit gibt es irgendwo einen Ausverkauf oder *sale* – wie es unsinnigerweise inzwischen auch in Deutschland heißt. Im Kaufhaus *Hechts* erhält der Frühaufsteher 10 Prozent Rabatt, wenn er samstags schon zwischen 10 und 12 Uhr auf der Matte steht. Kauft er einen Artikel, der sowieso heruntergesetzt ist, summiert sich der Nachlass auf 20 oder 30 Prozent. Hat er dann noch einen Coupon, einen Gutschein, aus der Zeitung ausgeschnitten und mitgebracht, gibt das eventuell extra 10 oder sogar 20 Prozent. Am Ende zahlt der glückliche Käufer nur die Hälfte. Leider gehören wir zu den Leuten, die die Coupons nie dabeihaben, wenn sie sie brauchen.

Nur an wenigen Feiertagen bleiben die Einkaufspaläste geschlossen, nämlich an *Thanksgiving*, am 1. Weihnachtstag, Neujahr und am Ostersonntag. Alle anderen Feiertage scheinen geradewegs zum Einkaufen geschaffen worden zu sein. Mit riesigen Anzeigen wird schon Wochen vorher geworben für den *Memorial Day Sale, Labor Day Sale, Columbus Day Sale, Martin Luther King Day Sale* … Obwohl Kolumbus die Neue Welt nicht an einem Montag entdeckte und auch Martin Luther King keineswegs jedes Jahr montags Geburtstag hatte, liegen alle diese Feiertage auf dem ersten Tag der Woche. So regelt es ein Gesetz, um die Unterbrechungen im Arbeitsalltag zu reduzieren und den Arbeitnehmern ein langes Wochenende zu ermöglichen.

Feiertagsruhe ist in Amerika unbekannt, Beschaulichkeit ein Zustand, den die meisten Amerikaner nicht viel länger als eine halbe Stunde genießen würden. Der Durchschnittsamerikaner macht sich nur äußerst selten «einen gemütlichen Abend zu

Hause», und wenn, dann läuft selbstverständlich der Fernseher, und mehrere Videos wurden auf Vorrat ausgeliehen. Herumsitzen zählt nicht, in der Freizeit wird immer etwas unternommen: Ausflüge, Kurse, Besichtigungen, Inline-Skaten, Angeln, Konzerte, Theater, Restaurantbesuche, am liebsten mehrere Unternehmungen an einem Tag. Idealerweise sollte nichts länger als zwei, drei Stunden dauern. Ein Kinderkalender enthält mindestens so viele Termine wie in Deutschland, wenn nicht mehr – und das, obwohl die Kinder erst zwischen drei und vier Uhr aus der Schule kommen. Auch der Samstagmorgen ist für viele Kinder regelmäßig verplant: mit Fußball im günstigsten Fall, einer Sprachschule im härtesten Fall.

Unsere Nachbarin, ursprünglich aus Italien, kämpft mit ihrer dreizehnjährigen Tochter um die Art der Freizeitgestaltung. «Mami, du musst mich und meine Freundinnen am Samstag in die Mall fahren», bettelt sie ausdauernd, «die anderen Mütter machen das immer. Nur du machst das nie.» Die Mutter dagegen ist der guten alten europäischen Meinung, die Mädchen könnten sich auch mal zu Hause treffen, Musik hören, Spiele machen, selbst gebackene Pizza verzehren, was auch immer. Aber das stößt nicht auf Gegenliebe.

Die Hersteller versuchen, es dem Kunden bis ins kleinste Detail recht zu machen. Sie trinken keine Vollmilch? Da gibt es mehr als eine Alternative: Darf es einprozentige, zweiprozentige oder ganz fettfreie Milch sein? Milch ist nicht Milch, und Kaffee ist nicht einfach Kaffee. Er schmeckt nach Haselnuss, Schokolade, Zimt oder Bourbon-Whiskey – um nur eine kleine Auswahl zu nennen. Jetzt haben Sie aus Versehen Himbeer-Geschmack bestellt und mögen das gar nicht? Geben Sie ihn mit ein paar freundlichen Worten zurück, sie bekommen bestimmt einen anderen mit Amaretto-Note. Einige Bestellungen bei *Starbucks* sind so ausgefeilt, dass wir mitschreiben mussten, um sie zitieren zu können: «Sugar-free, non-fat, two pops caramel, half-caf grande frappuccino, please!» Das bedeutet so viel wie: «Einen mittelgroßen, ungezuckerten, mit Eis geschlagenen Cappuccino aus fettfreier Milch, halb entkoffeiniertem, halb regulärem Kaffee mit zwei Spritzern Karamellsirup, bitte!» Natürlich entspricht die Bedienung den Extra-Wünschen, ohne mit der Wimper zu zucken. Auch der Spruch «Medizin muss bitter schmecken» hat in Amerika ausgedient. Als wir für eins unserer Kinder ein Antibiotikum brauchen, fragt der Apotheker: «Und welche Geschmacksrichtung darf es für das Baby sein?» Es gibt Banane, Erdbeer oder Zitrone. Der Cocktail wird an Ort und Stelle zubereitet.

Die Geschäfte sind darauf ausgerichtet, dem Kunden die Kaufentscheidung zu erleichtern. Wenn man weiß, dass man jeden Artikel noch nach Monaten zurückbringen kann, solange man den Kassenbon vorzeigt, dann ist alles, was halbwegs gefällt, schon so gut wie gekauft. Qualitätsprüfung überflüssig. Kein langes Überlegen mehr: Soll ich oder soll ich nicht? Der Reißverschluss der Reisetasche ist kaputt? «Das tut mir Leid!», sagt der Verkäufer und reicht uns nach einem halben Jahr anstandslos eine neue Tasche. Er wirft nicht mal einen Blick auf die Quittung. Die Lederverzierung an den Kinderschuhen ist nach drei Monaten abgewetzt? Auch kein Problem. Das Geschäft ersetzt sie durch ein anderes Paar, und zwar eine Nummer größer. Kleidung, Töpfe, Lebensmittel, alles kann man zurückgeben. Beim letzten Einkauf war die Milch sauer? Hier ist eine Gutschrift. Sie haben zu viele Tortillas für Ihre Party gekauft? «Macht nix», sagt die Verkäuferin, «hier ist das Geld zurück.» Dann nimmt sie die noch eingeschweißten Packungen Tortillas und schmeißt sie hinter sich in einen großen Müllcontainer.

Selbst Eintrittskarten für Konzerte, die bereits stattgefunden haben, lassen sich zurückgeben. Eine Zeit lang sind wir im Besitz eines Konzertabonnements für das *Kennedy Center*. Eines Abends erscheinen wir zur Aufführung und stellen fest, dass wir uns im Datum geirrt haben. Das Konzert lief genau eine Woche vorher. Zu ärgerlich! Wir hatten einen Babysitter engagiert und uns auf Dvořáks *Neue Welt* gefreut. Die Dame an der Kasse tröstet uns: «Macht gar nichts», sagt sie, für das Konzert an diesem Abend gebe es noch Plätze, sie werde gerne die alten Tickets zurücknehmen und uns neue ausstellen. «Das ist übliche Praxis für Abonnenten», fährt sie fort, «für den Fall, dass Sie nicht aus dem Büro wegkommen oder Ihr Auto nicht anspringt oder der Babysitter nicht erscheint. Rufen Sie an, wenn Sie ein Konzert verpasst haben, und buchen Sie für einen anderen Abend!»

Die Unternehmen versprechen sich von der kulanten Umtauschpraxis, dass der Kunde schneller zugreift und am Ende doch das meiste behält. Die Rechnung scheint aufzugehen, und wir erleben am eigenen Verhalten, wie das großzügige Entgegenkommen den Konsum ankurbelt. Wir kaufen für die Kinder auf Verdacht ein paar T-Shirts. Wir können sie ja zurückbringen, wenn sie nicht passen. Die Alternative wäre viel umständlicher: Man sieht etwas Nettes und nimmt sich vor, irgendwann die Kinder zum Anprobieren vorbeizubringen. Dazu kommt man erfahrungsgemäß oft nicht, und der Kauf bleibt aus. Bei so viel Umtauscherei kann es allerdings passieren, dass man aus dem Regal ein Gerät zieht, das jemand anders schon benutzt hat oder schlimmstenfalls zurückgebracht hat, weil es nicht funktionierte. Eine effektive Kontrolle der Umtauschwaren gibt es nur in wenigen Geschäften. Aber das ist ja nicht so schlimm. Der kaputte Mixer wird wieder zurückgebracht, eventuell gibt es inzwischen sogar einen besseren oder preiswerteren. Vielleicht wirft die Verkäuferin einen fragenden Blick auf den Rest Banane, den Sie peinlicherweise nach dem ersten Gebrauch nicht ordentlich weggewischt haben. Aber kaputt ist schließlich kaputt, oder? Falls die Verkäuferin nichts zu beanstanden oder zu fragen hat, sollten Sie netterweise darauf aufmerksam machen, dass das Gerät defekt ist, sonst wandert es nämlich wieder ins Regal, um vom nächsten Kunden gekauft und umgetauscht zu werden.

Convenience, Annehmlichkeit, ist das Zauberwort. Der Käufer oder potenzielle Käufer soll es so angenehm wie möglich haben: Parkplätze direkt vor der Tür, temperierte Räume, das Einkaufen darf nicht anstrengend sein. Auch dass man eigentlich kein Geld hat, soll nicht zum Hindernis werden. Alles kann mit Kreditkarte bezahlt werden, und sei es ein einzelnes Päckchen Kaugummi. Die meisten Amerikaner haben mehrere Kreditkarten, für den Fall, dass sie mal ein neues Auto, einen Kühlschrank und einen neuen Fernseher gleichzeitig brauchen und dafür der Maximal-Kredit auf einer Karte nicht ausreicht. Die üblichen deutschen Kreditkarten, deren Buchungen innerhalb eines Monats beglichen werden müssen, verdienen in den Augen der Amerikaner ihren Namen gar nicht. Hier zahlt man häufig nur einen Minimalbetrag ab und schiebt den Großteil der Schulden vor sich her. Die Kreditfirmen lieben das, denn die Zinsen sind sehr hoch. Bei mehreren Karten können sich die Beträge so addieren, dass am Ende der persönliche Bankrott steht.

Für Ausländer allerdings ist es gar nicht so einfach, auch nur eine einzige Kreditkarte zu erhalten. Dass wir beide die Konten unserer deutschen Kreditkarten jahrzehntelang pünktlich ausgeglichen haben, zählt gar nichts bei dem Bemühen, eine amerikanische Karte zu bekommen. Immer nur ausgeben, was man auch hat – solch solides Wirtschaften ist hier von Nachteil. Der Trick: Man braucht Schulden, um neue Schulden machen zu können. Wir müssen irgendetwas auf Raten kaufen und ein paar Monate abbezahlen. Das macht uns kreditwürdig. Einmal angenommen, werden einem weitere Kreditkarten nur so hinterhergeworfen. Nach Jahren in Washington erhalten wir jede Woche mindestens drei Werbebriefe mit Unterlagen für eine *preapproved creditcard*, geprüft und abgesegnet, bevor wir einen Antrag gestellt haben. Ohne Auftrag oder Genehmigung haben die Unternehmen sich über unser Finanzgebaren informiert. Solche persönlichen Daten werden nur dürftig geschützt. Viele Amerikaner reagieren in Sachen Datenschutz längst nicht so empfindlich, wie es in Deutschland der Fall ist.

«Könnte ich Ihre Telefonnummer haben?», fragen Kassierer ihre Kunden häufig beim Bezahlen. Wir sind oft die Einzigen in der Warteschlange, die sich weigern. Dabei sind wir keineswegs die Einzigen, die sich gestört fühlen von unerwünschten Werbeanrufen, die vorzugsweise am frühen Abend, wenn die meisten Leute zu Hause sind, erfolgen. *Junk call* nennt der Amerikaner diese Art von Belästigung in Anlehnung an *junk mail*, Werbebriefe, die ungelesen in den Müll wandern.

«Mississ Burro?», beginnt der typische *junk call.* Die Dame am anderen Ende ist etwas unsicher, weil dieser Name so unaussprechbar scheint. «Wie geht es Ihnen heute?»

Die Stimme säuselt übertrieben freundlich, und «Mississ Burro» ist alarmiert:

«Was möchten Sie?»

«Wir wollen Leuten helfen, Geld zu sparen ...»

«Ist dies ein Werbeanruf?»

«Well, it's a courtesy call», ein «Gefälligkeitsanruf».

Solcherlei Gefälligkeiten sind allerdings in vielen Haushalten unerwünscht, und so sucht jeder nach Strategien, diese Gespräche so schnell und so höflich wie möglich abzubrechen. Das ist nicht einfach, haben die Anrufer doch auf alles ein Argument parat. John, ein amerikanischer Cutter aus dem Studio, lebenslang abgehärtet im Umgang mit solchen Verkaufsversuchen, hat mit folgender Formel Erfolg: «Ich bin leider gerade sehr beschäftigt, aber geben Sie mir doch Ihre Privatnummer, dann rufe ich Sie später zu Hause an.» Die Antwort ist natürlich: «Tut mir Leid, das dürfen wir nicht.» Damit hat John die moralische Überlegenheit: «Ach, aber Sie rufen mich auf meiner Privatnummer an!» Sabine hat eine andere Masche. Sie säuselt einfach zurück: «No Mississ Burro, no Inglese.» Das ist die amerikanische Version von: «Ich Ausländer, nix verstehn.»

Als naiver Neuankömmling fühlt man sich von diesen Telefonaten schlicht überrumpelt. Tom verstrickt sich, ohne es zu merken, beim Spätdienst im Studio in ein längeres Verkaufsgespräch. Der Anrufer denkt, er sei mit einem Privathaushalt verbunden, und redet fröhlich auf Tom ein.

«Sie sind der Sportler in Ihrer Familie, stimmt's?»

«Genau, woher wussten Sie das?»

Der Mann fährt fort, ohne zu antworten:

«Was halten Sie von zwei kostenlosen Tickets für ein Tennisturnier?»

«Großartig!»

«Und wenn Sie die Pauschalreise zu dem Turnier buchen, kriegen Sie außer zwei kostenlosen Eintrittskarten auch noch einen Tennisschläger. Klingt das verlockend?»

Tom wird zwar hellhörig, aber noch nicht misstrauisch.

«Reden Sie weiter.»

Der Verkäufer dreht richtig auf. Solch ermutigende Reaktionen bekommt ein *Müll-Anrufer* wohl selten.

«Und wenn Sie den Trip noch um zwei Tage verlängern, bekommen Sie sogar noch eine dritte Gratiskarte dazu. Alles für nur 399 Dollar.»

Da endlich fällt der Groschen. Tom klärt den Anrufer auf, dass er noch im Büro sitze und nicht die geringste Absicht habe, eine Reise zu buchen. Abrupt beendet der Werbemann das Gespräch. Denn dies ist die ungünstigste Variante für ihn: ein langes Gespräch, das zu nichts führt. Beschimpfungen, wortloses Auflegen – all das erträgt er. Aber lange erfolglose Gespräche schaden dem Geschäft, denn sie verschwenden das wertvollste Gut der Branche: Zeit.

Manchen Firmen erscheint es zu kostspielig, Telefonisten zu bezahlen, damit sie sich Ausreden anhören. An einem dieser Einkaufsfeiertage klingelt morgens um 9 Uhr das Telefon. «Warten Sie bitte», sagt eine weibliche Stimme, «gleich wird Robert Douglas mit Ihnen sprechen.» Von Sabines Einwänden lässt sich die Dame nicht beeindrucken. Robert scheint ihr direkt den Hörer aus der Hand zu nehmen: «Hören Sie, Sie müssen einfach zuhören», sagt eine superdynamische männliche Stimme. «Ich weiß, es ist sehr früh, aber ich musste anrufen ...» Jeder Versuch, Robert zu stoppen, erweist sich als nutzlos. Die Stimme kommt vom Band.

Seit einigen Jahren kann man seine Telefonnummer und Adresse auf einer Liste registrieren lassen. Marketing-Firmen haben zu respektieren, dass Haushalte, die auf dieser Liste stehen, nicht ungefragt kontaktiert werden wollen.

Geschäfte per Telefon abzuwickeln, das war in den Vereinigten Staaten schon Anfang der 1990er Jahre gang und gäbe. Telefonhörer in der einen Hand, Kreditkarte in der anderen, und drei Tage später steht ein Päckchen vor der Tür. Wesentlich mehr Kunden als in Europa kaufen ein, ohne einen Fuß vor die Tür zu setzen. Ein Anruf, und der Bio-Supermarkt stellt uns einen Picknickkorb fürs Konzert zusammen. Wir brauchen ihn nur noch am Eingang zur Freilichtbühne abzuholen. Große Firmen nehmen Bestellungen nicht mehr eigenhändig entgegen, sie schleusen sie durch so genannte *call center*, in denen Hunderte von Telefonisten Anrufe für verschiedene Auftraggeber entgegennehmen. Inzwischen setzt sich diese Praxis auch in Deutschland durch. Oft kennen die Telefonisten sich mit den Waren nicht sehr viel besser aus als die fragenden Kunden. Sie sitzen auch keineswegs zwangsläufig in Amerika, sondern immer häufiger auf anderen Kontinenten, in Indien etwa oder Südafrika. «Welche Tageszeit ist es bei Ihnen, und wie ist das Wetter?», fragen wir, während wir darauf warten, dass der Computer unsere Daten verarbeitet.

Diese Anrufe tätigt man über gebührenfreie 1-800-Nummern, vergleichbar mit 0800-Nummern in Deutschland, aber schon wesentlich länger etabliert und weiter verbreitet. Ob Behörden, Gaswerke, Einzelhandel oder Arztpraxis – um eine Auskunft zu bekommen, muss man sich zunächst durch ein wahres Labyrinth von Ansagen kämpfen: Wenn Sie Stromausfall melden wollen, dann wählen Sie bitte die 1; wenn Sie einen Termin vereinbaren möchten, wählen Sie bitte die 2; wenn Sie Fragen zu Ihrer Rechnung haben, bitte die 3 usw. Oft erfordert es unmenschliche Geduld, eine wahrhaftige Person ans andere Ende der Leitung zu bekommen, immer häufiger klappt es nie. Die Verwaltungsleiterin im ARD-Studio hat zwei Telefone in ihrem Büro: eins, um normal zu telefonieren, und ein anderes, mit dem sie nebenbei in endlosen Warteschleifen hängt.

Auch das Online-Geschäft ist in den Vereinigten Staaten wesentlich weiter entwickelt als in Europa. Nachdem 1994 neue Technologien eine relativ sichere Übermittlung von Kreditkartendaten im Internet ermöglichten, setzten *Amazon* und *eBay* den Startpunkt für eine rasante Entwicklung. Gut ein Jahrzehnt später nutzen fast drei Viertel aller amerikanischen Haushalte das Internet zum Einkaufen. Von Kinderschuhen bis zu Kaffeemaschinen, vom Handy bis zur Hundeleine – das *e-biz (electronic business)* verzeichnet unglaubliche Wachstumsraten. Die großen Supermärkte haben inzwischen ihre Online-Filialen eröffnet: Wurst und Käse am Computer bestellen und spätestens am nächsten Tag zu Hause in Empfang nehmen. Websites, die Preisvergleiche bieten und nach Schnäppchen fahnden, sind überaus erfolgreich.

Fast 20 Milliarden Dollar wurden in den USA online zum Weihnachtsgeschäft 2005 ausgegeben, das sind 25 Prozent mehr als zur selben Zeit im Vorjahr. Der hoffnungsvollste Tag im Jahr ist *Cyber Monday*, auch *Black Monday* genannt. Es ist der Montag nach *Thanksgiving*. An diesem Feiertag, immer der vierte Donnerstag im November, tauschen die Familienmitglieder traditionell ihre Wunschlisten aus. Am nächsten Tag – viele haben freigenommen – rennen alle in die *Mall*, um die ersten Weihnachtseinkäufe zu tätigen. Das ist der *Black Friday*, an dem die Einzelhändler beginnen, hohe schwarze Zahlen zu schreiben. Die *e-biz*-Rate dagegen schnellt erst am folgenden Montag in die Höhe, dem ersten Arbeitstag nach *Thanksgiving*. *Online-Shopping*, so haben Marktforschungen ergeben, findet hauptsächlich im Büro statt. Die meisten Online-Aktivitäten verzeichnet *VISA-USA* an Werktagen.

Doch selbst in den USA ist das Internet weit davon entfernt, das persönliche Einkaufsvergnügen zu ersetzen, und so ist der Umgang mit dem Kunden nach wie vor ein entscheidender Faktor im Geschäft. Bekanntermaßen kann sich der Kunde in Amerika tatsächlich als König fühlen und wird zumeist ausgesucht freundlich behandelt. Dabei bleibt es keineswegs dem willkürlichen Urteil des Verkäufers überlassen, wie er dem Käufer entgegentritt. Die meisten Unternehmen statten ihre Angestellten mit ausgefeilten Verhaltensmaßregeln aus. In vielen Restaurantketten ist es zum Beispiel selbstverständlich, dass sich die gesamte Kellnerschaft zum Nachtisch einfindet und «Happy Birthday!» schmettert, falls ein Geburtstagskind unter den Gästen ist.

Bei der Supermarktkette *Safeway* sind die Beschäftigten angehalten zu lächeln, Kostproben anzubieten und Augenkontakt herzustellen. Wenn die Kunden etwas suchen, zeigt der *Safeway*-Mitarbeiter nicht nur mit einer fahrigen Handbewegung die Richtung an; er lässt sofort alles stehen und liegen und begleitet sie bis zum gewünschten Produkt. Falls etwas Gewünschtes nicht vorhanden ist, soll er Alternativen vorschlagen. Kassiererinnen sollen den Kunden mit dem Namen ansprechen, den sie von der Kreditkarte oder der Kundenkarte ablesen können. Damit all diese Regeln auch befolgt werden, schickt die Zentrale *mystery shoppers*, also anonyme Kontrolleinkäufer, um Mitarbeiter und Filialleiter zu bewerten. Wer schlecht abschneidet, wird zu einem Seminar geschickt.

In der *Safeway*-Belegschaft regte sich 1998 Kritik gegen diese

Höflichkeitspolitik. «Clowns-Schule» nennen das die Angestellten, die sich über den Lächelzwang beschweren. Ihre überschwängliche Freundlichkeit werde von männlichen Kunden als Einladung zum Flirten interpretiert, klagt eine Verkäuferin. Eine andere meint, kurz nach der Scheidung von ihrem Mann könne sie einfach nicht lächeln. Und ein Verkäufer, der durch eine Krankheit die Kontrolle über seine Gesichtsmuskulatur verloren hat, fühlt sich zu Unrecht falsch beurteilt. Einige Kassiererinnen in der Georgetown-Filiale scheinen von der «Clowns-Schule» noch nichts gehört zu haben. Die Blonde mit der Brille schaut immer, als wolle sie uns auffressen, wenn wir ab und zu ihre Plastiktütenroutine mit umweltfreundlichen Einkaufstaschen aus Leinen durcheinander bringen.

Ungefährlich ist es nicht für eine Arbeitnehmerin, sich so gehen zu lassen. Genauso schnell, wie man bei wirtschaftlich stabiler Lage einen Job findet, ist man ihn auch wieder los. Wer die Anforderungen nicht erfüllt, der fliegt, da schützt ihn kein Gesetz. Will eine Firma die Zahl ihrer Angestellten verringern, um zu sparen, wird auch nicht lange gefackelt. Ein ausgedehnter Kündigungsschutz wie in Deutschland oder Frankreich ruft hier ungläubiges Stirnrunzeln hervor. Die Arbeitszeitregelungen werden mit Kopfschütteln quittiert. Wenn wir erwähnen, dass sechs Wochen Urlaub in Deutschland durchaus normal sind, ernten wir schallendes Gelächter. Nach einem Blick auf die deutschen Lohnnebenkosten wundern sich viele Amerikaner, dass überhaupt jemand eingestellt wird.

In den USA sind Arbeitgeber und Arbeitnehmer nur zu einem minimalen Beitrag an die Rentenversicherung verpflichtet. Um eine Krankenversicherung muss sich jeder individuell kümmern. Arbeitslosenversicherung ist unüblich. Obendrein sind die Stundenlöhne für einfache Arbeiten oft sehr niedrig. Nur so kann es sich eine Kette wie *Safeway* leisten, extra Leute einzustellen, die Tüten packen und sie in die Autos der Kundschaft verladen. Viele dieser Angestellten brauchen allerdings zwei oder gar drei Jobs, um sich und ihre Familie über die Runden zu retten. Die wenigsten hören wirklich auf zu arbeiten, wenn sie in Rente gehen. Sie suchen sich ein, zwei kleine Jobs oder nehmen gar eine ganz neue Aufgabe in Angriff. «Das hier ist meine zweite berufliche Laufbahn!», erklärte uns einmal ein weit über siebzigjähriger Immobilienmakler.

Leben und Arbeiten ist für die Amerikaner eins. Viele rechnen nicht mit mehr als zwei Wochen bezahltem Urlaub im Jahr. Sie gönnen sich ein paar verlängerte Wochenenden. Für den Jahresurlaub am Strand haben sie häufig nicht länger als acht Tage zur Verfügung. Ein viertägiger Kurztrip gilt als «Ferien». Wer seinen Job verliert, der weiß, dass er weder Anspruch hat auf eine ähnliche Position noch auf dasselbe Gehalt oder denselben Lohn. Er hat auch keinen Anspruch auf Anstellung in derselben Stadt oder im selben Metier. Der Durchschnittsamerikaner auf Jobsuche ist offen für Veränderungen. Er zieht um, wechselt mehrmals im Leben seinen Beruf, fängt irgendwann etwas ganz Neues an, sei es aus der Not geboren oder aus Lust am Wechsel. Ein Akademiker, den Tom bei einer Podiumsdiskussion kennen lernte und mit dem wir uns anfreundeten, jobbte vorübergehend in einem Coffeeshop, servierte Cappuccino und Kuchen, ohne deswegen Komplexe oder Depressionen zu bekommen. Inzwischen ist er ein gut verdienender Manager in der Telekommunikation. Alles hat seinen Wert, und nichts ist für die Ewigkeit. Es wird sich schon etwas Besseres ergeben.

Die amerikanische Wirtschaft ist sehr flexibel. So flexibel, dass junge Leute ohne jegliche Geschäftserfahrung buchstäblich in die Selbständigkeit hineinstolpern können. Dineh Mohajer war ein typisches *California Girl* mit einer Vorliebe für grelle Farben. Weil sie keinen coolen Nagellack fand, mixte sie ihre Lieblingsfarben selbst. «Ich war Studentin, und die Semesterferien fingen an», erzählt sie Tom, als der sie für eine Reportage besucht. «Meine Schwester, mein Freund und ich wollten diesmal nirgendwo jobben, sondern die kalifornische Sonne genießen, bis im Herbst mein Medizinstudium in die heiße Phase gehen sollte.» Es begann in einem Schuhgeschäft. Der Besitzerin fiel der Nagellack an den Zehennägeln ihrer Kundin auf, sie fragte nach der Firma. Die Farbe passe so gut zu ihrem Schuhsortiment. «Okay», dachte sich Dineh, «eine gute Idee. Dann werde ich doch ein bisschen nebenher arbeiten, zu Hause meine Nagellacke mixen und sie an Läden in der Umgebung verkaufen.» Einen coolen Namen für ihre Produkte hatte sie auch schon: *Hard Candy*. Ihr Startkapital für die «Ich-AG»: 200 Dollar.

«Als im September die Uni wieder losging, hatte sich unser Leben in einen Albtraum verwandelt», erinnert sie sich. Die erste Boutique kaufte gleich das gesamte Sortiment und bestellte Nachschub – für den nächsten Tag. Rund um die Uhr panschten Dineh und ihre Freundinnen in ihrem Apartment die grellsten Farben zusammen und füllten sie in kleine Nagellackfläschchen, kamen aber nicht schnell genug nach. Sie heuerten Leute an, dennoch wuchs ihnen die kleine Firma schneller über den Kopf, als sie sich anpassen konnten. «Neben den Boutiquen im Viertel bestellten plötzlich Kaufhausketten aus der ganzen Welt wie *Nordstrom* und *Harvey Nickels* aus London bei uns. Da hab ich mir gesagt: ‹Die Uni läuft nicht weg. Ich nehme mir ein Semester frei.›» Mit 23 ist Dineh Multimillionärin. Sie stellte einen erfahrenen Chefmanager ein, der ihr hilft, die Firma mit dem Millionenumsatz zu führen.

Dinehs Geschichte hört sich an wie aus dem Märchenbuch des Kapitalismus. Aber es ist keineswegs das einzige Märchen dieser Art. Brandon Ebel arbeitete sich mit mehr Zielstrebigkeit zur eigenen Firma vor als Dineh Mohajer. Die nötige Disziplin bekam er schon als Junge eingetrichtert. «Meine Mutter schmiss mich samstags morgens immer aus dem Bett und gab mir etwas zu tun. Sie brachte immer den gleichen Spruch: Heute arbeiten wir im Garten, und zwar mit Zähnen und Klauen.»

Auf ebendiese Art biss sich Brandon als Angestellter einer Plattenfirma durch. «Ich war dauernd da und schaute allen über die Schulter: den Leuten vom Marketing, von der Promotion und dem Graphiker am Computer. Ich hätte mich nicht selbständig machen können, wenn ich nicht von allen Bereichen Ahnung gehabt hätte.» Musik – genauer: Rockmusik – ist Brandons Leidenschaft, aber er wollte nicht nur auf der Couch herumhängen und sie konsumieren. Er wollte damit Geld verdienen. Er war 23 und wohnte noch bei seinen Eltern, als er seinen Geschäftsplan durchrechnete. Er brauchte 60 000 Dollar für den Sprung in die Selbständigkeit. «Bei Investoren habe ich es damals gar nicht erst versucht. Ich fragte eine Bank – keine Chance. Aber dann fand ich einen Geldgeber mit gutem Riecher, es war mein Großvater, über 90 Jahre alt. Er hat nie eine meiner CDs gehört. Ich wollte seine Nerven schonen.»

Die Geschäftstüchtigkeit des Enkels hat den Investor nicht enttäuscht. Im ersten Jahr schrammte Brandon zwar mehrere Male hart an der Pleite vorbei, doch nach und nach riss er sich seinen Anteil am Musikbusiness unter den Nagel. *Tooth and Nail* heißt das Plattenlabel, «mit Zähnen und Klauen» also, inspiriert von den arbeitsreichen Samstagen im Garten der Mutter. In diesem Geist betrieb Brandon Ebel jahrelang Selbstausbeutung, auch als er die Firma längst vom Kinderzimmer in ein schickes Apartment in Seattle verlegt hatte. «Disziplin in der Aufbauphase», hieß das Motto. Ebel zahlte sich selbst nur ein kleines Gehalt, auch als *Tooth and Nail* schon fünf Millionen Dollar Umsatz pro Jahr machte. Den Profit steckte er lieber wieder ins Geschäft – und schaffte allein in den ersten vier Jahren 15 Arbeitsplätze.

Brandon Ebel sitzt im Schneidersitz auf dem Fußboden seines Büros und zeigt Tom CDs, die er aus dem Regal fischt. Er wirkt immer noch wie ein junger Musikfan, von hartem Geschäftsmann keine Spur. «Ich hätte meine Firma schon siebenmal verkaufen können», sagt er. «Ein Angebot war drei Millionen Dollar. Das bringt dich schon ins Grübeln. Zu der Zeit habe ich mir als Chef nur 2000 Dollar im Monat zugestanden. Es liegt eine gewisse Versuchung darin, mit 25 auf einen Schlag Millionär zu werden und in Rente zu gehen. Aber ich habe beschlossen: Ich verkaufe erst, wenn meine Leidenschaft für das Geschäft vorbei ist.»

Die Leidenschaft brennt beim Firmengründer zwar immer noch, aber als eines Tages das Angebot stimmte, verkaufte er doch. Inzwischen gehört *Tooth and Nail* dem Branchenriesen *EMI*.

Solche Erfolgsgeschichten und die daraus resultierenden Arbeitsplätze sind natürlich nur die eine Seite der Medaille. Unternehmer stellen locker Leute ein, wenn die Firma wächst, aber genauso locker werden die Arbeitsplätze wieder abgebaut, wenn das Geschäft nicht mehr gut läuft. Die Betroffenen fallen dann nicht etwa in ein fürsorgendes soziales Netz, sie sitzen oft schlichtweg auf der Straße. Wer krank wird und deshalb nicht mehr arbeiten kann, ebenso. Unter den Obdachlosen befinden sich viele geistig oder körperlich Kranke, die keiner Arbeit nachgehen und deshalb die Miete nicht zahlen können. Der Staat bietet ihnen keinen Schutz, nicht einmal ausreichende Notunterkünfte. Für Amerikaner ist ganz klar, dass jeder für sich selbst sorgen muss. Der Staat wurde auf jeden Fall nicht dazu geschaffen, dem Einzelnen aus der Patsche zu helfen. Genauso klar ist aber auch, dass Amerikaner helfen und spenden, wo sie nur können.

Schon Kinder lernen, dass sie nicht alles für sich behalten können. Eine Zeitschrift behandelt das Thema «Taschengeld». Es beginnt mit Ratschlägen, wie sie in jedem Land zu finden sind: «Zeigen Sie Ihrem Kind, wie es einen Teil des Geldes für sofortigen Konsum ausgibt, aber auch einen Teil für größere Wünsche zurücklegt.» Dann folgt ganz selbstverständlich der Hinweis darauf, man möge den Kleinen beibringen, etwa zehn Prozent des Taschengeldes nicht für sich selbst, sondern für gute Zwecke beiseite zu tun.

Schon in der Schule lernen Erstklässler, dass *donating* und *volunteering* zu den sozialen Pflichten der Bürger gehört. Sie beteiligen sich an gesponserten Märschen für Obdachlose, sammeln bei Verwandten und Nachbarn Spenden für medizinische Forschung und steuern zu Weihnachten Geschenke für Hilfsbedürftige bei. Oft sind die Aktionen so angelegt, dass auch die Kinder davon profitieren: Eine Organisation für Herzkranke zum Beispiel verspricht den Schülerinnen Geschenke vom Springseil bis zu Rollschuhen, je nach gesammelter Spendensumme.

Die Schulen selbst stellen ihr Budget nach diesem Prinzip zusammen. Den Privatschulen reichen die Elternbeiträge meist nicht, um alle Pläne zu finanzieren, und manche öffentlichen Schulen können von den Steuergeldern mal gerade das Notwendigste bezahlen. Alle Schulen organisieren daher übers Jahr verschiedene *fundraiser:* Flohmärkte und Kinderfeste, internationale Büfetts, Theater- und Musical-Vorführungen. Die Schule kassiert Standgebühren, Beiträge oder Prozente vom Umsatz. Eltern, Lehrer und Schüler haben Gelegenheit, sich in netter Atmosphäre zu treffen, ihren Keller auszumisten oder preiswert Spielsachen und Kinderkleidung einzukaufen.

Tom lernte das als Teenager an seiner katholischen High School in Wisconsin kennen. Einmal im Jahr zogen er und seine Klassenkameraden mit Plätzchen von Tür zu Tür. Er stellte sich vor und erklärte, für welchen Zweck dieser Direktverkauf stattfand, und händigte mit den Keksen noch einen Dankesbrief und Informationsmaterial über die Schule aus. Die meisten Leute kaufen nicht, weil sie gerade Hunger auf Süßigkeiten haben, sondern weil sie den guten Zweck unterstützen und den Einsatz der Kinder belohnen wollen. Die Plätzchen werden meistens vom örtlichen Bäcker oder Supermarkt verbilligt überlassen. Eine gute Tat und Werbung zugleich, denn natürlich werden die Sponsoren erwähnt.

Den Höhepunkt zum Ende des Schuljahres bildet zumeist eine

festlich gestaltete Auktion, monatelang vorbereitet von einem Elternkomitee. So eine Versteigerung kann einer Schule – je nach Typ und Klientel – fünf- bis sechsstellige Summen einbringen. Die öffentliche Schule unserer Kinder hat ein Einzugsgebiet, das sowohl weniger wohlhabende Familien umfasst als auch den gut betuchten Mittelstand. Dementsprechend breit gefächert waren die mehreren hundert Objekte, die zur Auktion 2006 aufgelistet wurden, zu Mindestgeboten zwischen 25 und 3000 Dollar. Der Luxusknaller war eine Woche in einem Ferienhaus für elf Personen auf der beliebten Ostküsteninsel Martha's Vineyard – eine Familie stellt ihren Besitz zum Wohle der Schule zur Verfügung. Wer wenig besitzt, steuert seine Zeit bei: Mütter und Väter organisieren Vorleseabende oder Zoobesuche für Kindergruppen. Das gebotene Entgelt kommt der Schule zugute. Andere Eltern sind Fotografen, Zahnärzte, Psychologen, Klavierlehrer, Computerspezialisten, Fitnesstrainer oder gute Köche und bieten ein, zwei Sitzungen oder Unterrichtsstunden an und überlassen das Honorar der Schule. Das Lieblingsrestaurant, der Stammfriseur, der Buchladen um die Ecke, der Malereibetrieb, alle können etwas beitragen. Amerikanische Unternehmen sind diese Anfragen gewöhnt und sagen nur selten nein. Nicht nur die Schule, sondern alle Beteiligten profitieren von so einer Auktion: Vom Zahnarzt bis zum Maler haben sie die Chance, neue Kunden und Klienten zu gewinnen. Die Käufer auf der anderen Seite erhalten das Kunstwerk, den Yogakurs oder den afghanischen Teppich zu einem günstigeren Preis als auf dem offenen Markt. Auch die Kinder sorgen für ein Gelingen der Aktion: Die eine Klasse nähte einen Wandteppich, der für 600 Dollar wegging, die andere gestaltete ein dreidimensionales Bild, das 400 Dollar einbrachte. Insgesamt erbrachte die Auktion beeindruckende 70 000 Dollar für die Schule.

Natürlich geht es darum, Geld für einen guten Zweck zu sammeln, aber solche Aktionen haben obendrein etwas sehr Verbindendes. Während sie das Budget der Schule aufbessern, lernen sich die Eltern kennen, reden ein bisschen über ihren Job und das letzte Football-Spiel oder plaudern mit den Lehrern ihrer Kinder. Die Lehrer machen bei solchen Aktionen selbstverständlich mit. Die Kinder amüsieren sich derweil mit ihren Freunden und erleben, dass die Eltern sich für ihre Schule stark machen. Manche öffentlichen Schulen bezahlen so nicht nur besondere Einrichtungen oder Veranstaltungen, sondern auch wichtige Teile des Unterrichts. Ohne die *fundraiser* gäbe es an der Schule unserer Kinder keinen Musik- oder Sportunterricht, erst recht keine Bibliothekarin.

Je höher die Ausbildung, desto größer die Kosten – und dementsprechend die Spendenerwartung. Universitäten nehmen in den USA zwar zum Teil happige Studiengebühren, aber das reicht noch nicht. An diesen höheren Lehranstalten ist das Spendeneintreiben ein richtiger Job. Die *American University* in Washington hat, wie viele Hochschulen, eine ganze Abteilung, die potenzielle Geldgeber anzapft. «Erst finden wir heraus, wer als Spender in Frage käme», erläutert Spendenexperte Andrew Schechter Tom während eines Basketballspiels der Universitätsmannschaft. «Wir pflegen gezielt den Kontakt. Dazu gehören Treffen mit dem Direktor und natürlich Sportveranstaltungen. Und dann bitten wir sie um Geld. Ein Drei-Phasen-Modell.» Auf den Zuschauerrängen des Basketballfelds sitzen vor allem ehemalige Studenten, die zu ihrer Alma Mater Kontakt halten wollen. Solche *Alumni* bilden die Hauptzielgruppe der Spendenabteilung. Bob Zokolove ist Anwalt und war schon immer Sportfan. Als Förderer der *American University* bekommt er Tickets für Heimspiele und wird in der Halbzeitpause am Büfett verwöhnt. Seine Ausbildung hat ihn seinerzeit Zehntausende Dollar gekostet, aber er fühlt sich trotzdem verpflichtet, heute zu helfen. «Ohne Spenden gäbe es diese Universität nicht. In Europa sorgt der Staat dafür, aber hier sind viele Unis privat. Ich wäre ohne diese Uni kein Anwalt geworden. Jetzt ist es nur fair, dass ich anderen eine Ausbildung ermögliche.» Die Basketballspiele sind für ihn eine attraktive Möglichkeit, Kontakt zu halten und gleichzeitig seinem Hobby nachzugehen.

Dazu muss man wissen, dass Jugendsport in den USA von klein auf mehr in der Schule als in Vereinen stattfindet. Die Spiele sind oft der Höhepunkt der Woche und fördern den Zusammenhalt. Kaum jemand verpasst sie. Man trifft sich mit Freunden auf der Tribüne und unternimmt danach noch etwas. Die besten Athleten bekommen Stipendien bei Universitäten, manche Schüler verdienen damit sogar Geld.

In Toms High-School-Klasse war der Star der Basketballmannschaft ein zwei Meter langer Hüne namens Chris Fahrbach. Er wurde schon vor dem Schulabschluss von Universitäten umworben. Er spielte zunächst für die *Sioux*, das Team der Universität von Nord-Dakota. Chris wurde Profi und gelangte sogar zu internationalem Erfolg. Nach Stationen in Milwaukee und Oslo arbeitete er als Trainer der norwegischen Basketball-Nationalmannschaft. So geht das oft. Die großen Vereine schicken ihre Talentspäher zu Universitätsspielen. Manche Athleten genießen Starstatus auf dem Campus. Der Schriftsteller Tom Wolfe beschreibt in seinem Buch *Ich bin Charlotte Simmons* eindrucksvoll, wie intellektuell minderbemittelte Sportler durch ein akademisches Minimalprogramm geschleust werden. Sie sind einfach zu wichtig, als dass man sie scheitern lassen wollte. Ein erfolgreiches Sportprogramm zieht die *Alumni* an und öffnet ihre Portemonnaies.

In vielen Universitäten arbeiten Dutzende Angestellte in den Spendenabteilungen. Bei besonderen Kampagnen, etwa wenn ein neues Gebäude errichtet oder ein neuer Fachbereich eröffnet werden soll, werden zusätzlich Studenten eingespannt. Natürlich sind nicht alle Ehemaligen offen für solche Anfragen. Zehn Millionen Dollar werden der *American University* pro Jahr von etwas weniger als einem Fünftel der Ex-Studenten gespendet. Auch Firmen unterstützen Hochschulen häufig, am liebsten gezielt solche Bereiche, die mit ihrer Branche zu tun haben, damit sie später gut ausgebildete Studenten anwerben können. Das Engagement erfolgt also nicht aus reiner Nächstenliebe.

Aus manchen öffentlichen Ausgaben zieht sich der Staat immer mehr zurück. Es sind die Bürger, die ihn dazu zwingen, knauserig mit ihren Steuern umzugehen. Dieselben Bürger, die dann großzügig alles fördern, was sie für wichtig halten. Man kann das so zusammenfassen: Amerikaner spenden viel und gern, aber sie wollen es freiwillig tun. Obwohl Millionenbeträge besondere Aufmerksamkeit erregen, kommt der Löwenanteil von Haushalten mit eher durchschnittlichem Einkommen. Einzelne Bürger, Stiftungen und Firmen zusammengenommen geben pro Jahr über 200 Milliarden Dollar für wohltätige Zwecke. Dazu kommen individuelle Hilfsaktionen, die nicht in Statistiken auftauchen.

Sabines Lieblingsspendenaktion ist der *angel tree*: Wohltätigkeitsverbände, Kaufhäuser oder große Firmen dekorieren in der Adventszeit Weihnachtsbäume mit Wunschzetteln. «Mike, 43, obdachlos: Mütze, Schal, Handschuhe, Größe XL» heißt es da oder «Kalia, 13, Wintermantel, Größe 16». Man nimmt sich Mikes oder Kalias Wunschzettel, geht gleich in die entsprechende Abteilung des Kaufhauses, besorgt eine warme Mütze, Schal und Handschuhe in Größe XL oder einen Wintermantel, lässt das Ganze schön verpacken und legt es unter den Baum, vielleicht noch mit ein paar netten Weihnachtsgrüßen an Mike oder Kalia. So werden Hilfsaktionen zu einem integralen Bestandteil des Konsumsystems. Verschwendungssucht und Hilfsbereitsschaft, Egoismus und Altruismus schließen sich hier nicht aus; sie sind im Gegenteil nur zwei Seiten derselben Medaille. Die amerikanische Gesellschaft schafft es einfach, Gegensätze zu verbinden.

Nichts ist unmöglich im Konsumparadies. Gestern noch Baustelle, morgen schon grüner Garten? Na klar. Es hat sowieso keiner Zeit zuzuschauen, wie der Rasensamen aufgeht und langsam sprießt. Also werden überall Rasenteppiche ausgelegt, die vom ersten Tag an aussehen, als sei an dieser Stelle nie etwas anderes gewesen als saftiges Gras. Dies ist keine Ausnahme, sondern die Regel. In all den Jahren haben wir nie einen Garten gesehen, in dem langsam ausgesäter Rasen wuchs.

Die Haustür ist zu klein für einen anständigen Kühlschrank mit Eisspender? Davon lassen sich unsere Freunde Lisa und Richard nicht zurückhalten. Sie bestellen einen Kran, der den Kühlschrank über das Haus in den Garten hebt. Von dort findet das gute Stück seinen Weg durch die Terrassentür in die Küche.

Haare zu kurz? Auch das lässt sich leicht reparieren. Einmal ist Sabine beim Friseur sehr unglücklich mit dem Haarschnitt. Der Pony ist viel zu kurz geraten. Die Friseuse, die vielleicht gestern noch Kassiererin oder Kellnerin war, fragt beflissen: «Was soll ich tun?» Sabine: «Den Pony wieder länger machen.» Es war – natürlich – ironisch gemeint, aber in Amerika ist der Kunde König, auch wenn er Naturgesetze in Frage stellt. Also zuckt die Friseuse freundlich-gelassen mit den Schultern, weiß sofort Rat und greift wieder zur Schere: «Den Pony wieder länger? Sure – selbstverständlich!» Geklappt hat das allerdings nicht.

Und damit sind wir bei einem Grundproblem. Es gibt nämlich unfassbar viele Dinge, die in Amerika nicht klappen. Das müssen wir schon beim ersten Einzug in Georgetown erfahren. Zwei Handwerker wollen eine Arbeitsplatte an der Wand im Büro befestigen. Ein kleiner dicker Weißer und ein großer dicker Schwarzer. Der kleine Weiße hat offenbar mehr zu sagen als der große Schwarze. Eine Stunde lang dringt Geklopfe und Gestöhne aus dem Zimmer. «Alles in Ordnung?», fragt Sabine nach einer Weile. «Everything ok, Ma'am!» Eine halbe Stunde später findet sie den kleinen Dicken im Flur, halb auf der Treppe liegend. Er habe seinen Kollegen losgeschickt, um Schrauben zu kaufen, erklärt er. Sabine fragt vorsichtig, warum sie denn eigentlich keine Bohrmaschine benutzen. Der kleine Dicke gesteht: «Das wäre sicher einfacher. Ich hatte auch mal eine Bohrmaschine, aber die wurde gestohlen, und seitdem muss ich eben ohne arbeiten.» Der große Dicke kommt zurück – mit zwei Zentimeter kurzen Schrauben für eine Arbeitsplatte, die einen Computer tragen soll. Der kleine Dicke sieht sofort, dass das nicht funktionieren kann, sinkt wieder auf die Stufen, während der andere mit den Augen rollt, bevor er sich abermals trollt, um längere Schrauben zu besorgen. Mittlerweile machen wir uns ernste Sorgen um die Wand und sind froh, als die beiden nach dreieinhalb Stunden abziehen, ohne ihren Auftrag zu vollenden. Zwei dilettantisch zugegipste Löcher haben uns jahrelang an den gut gemeinten Versuch erinnert.

Vielleicht war der kleine Dicke gestern noch Fischverkäufer und der große Dicke hat gerade seinen Job als Busfahrer an den Nagel gehängt. Wer weiß. Hier wählt man keinen Beruf und keine Arbeitsstelle fürs Leben. Dementsprechend haben auch die wenigsten lange Erfahrungen in ihrem Metier. Von der Ausbildung gar nicht zu reden. Handwerksberufe sind nicht unbedingt Ausbildungsberufe. Fachkraft wird man quasi über Nacht. Wer neu anfängt, wird mehr oder weniger husch-husch angelernt, bekannt gemacht mit den Notwendigkeiten der Materie und den Gepflogenheiten der Firma – und auf geht's! Jeder tut, was getan werden muss, so gut er kann. Aber das ist allzu oft leider nicht gut genug.

So verlegt der Kabelexperte seine Fernsehleitungen einfach über die Schiene der Schiebetür, sodass diese nicht mehr schließt, und wundert sich tatsächlich, dass wir damit nicht zufrieden sind. Handwerker Joe muss zweimal kommen, um einen Deckenventilator anzubringen. Am ersten Tag stellt er nach einer Stunde fest, dass er den falschen Schalter eingepackt hat. Am zweiten Tag drehen sich die Flügel wie erhofft, allerdings klafft noch ein versehentlich gebohrtes Loch in der Decke. «Don't worry», tröstet Joe, «haben Sie mal ein Kleenex?» Mit fünf Papiertaschentüchern stopft er das Loch aus und ist zufrieden: «Das sieht doch ganz gut aus, die Kleenex haben fast dieselbe Farbe wie die Decke.»

Handwerker Richard kommt dreimal, um die Fenster zu reparieren. Sie lassen sich nicht richtig schließen. Endlich verkündet er, die Sache sei erledigt, und hält einen langen Vortrag zur richtigen Benutzung der Fenster: «Dieser Riegel sollte immer so stehen ... am besten erst die linke, dann die rechte Seite schließen, beim anderen Fenster andersherum ...» Sabine wird misstrauisch und versucht, eins der reparierten Fenster zu öffnen. Es geht nicht. «Aber wozu wollen Sie denn im Sommer die Fenster aufmachen?», wirft Richard verständnislos ein, «Sie haben doch eine Klimaanlage!» Er verspricht wiederzukommen. Das ist nun eine Reihe von Jahren her. Heute wissen wir, dass man wegen ein paar Zentimeter breiten Ritzen an Fenstern oder Türen nicht um Hilfe ruft. Das ist einfach normal.

Außerdem haben wir inzwischen selbst von diesem System profitiert, das jeden im Handumdrehen zum Experten macht. Wir belegen einen zweitägigen Segelkurs und haben – zweimal ausgelaufen und wieder angelegt – einen Segelschein, mit dem wir überall in den USA ein Boot mieten können. In Deutschland dagegen erhielten wir nach zwei Wochen Segelschule die Bestätigung, dass wir an einem «einführenden Schnupperkurs» teilgenommen haben. Bevor wir überhaupt ein Boot entern durften, wurden wir zu stundenlangem Seemannsknoten-Üben verdonnert. «Segeln bringt nicht nur Spaß, sondern vor allem Pflichten und Verantwortung!», lautete das Motto. In Amerika dagegen heißt es: «Leider muss ein bisschen Theorie zu Beginn sein. Aber wir halten das so kurz wie möglich. Und dann, so schnell es geht, aufs Wasser.» Die Ausbildung auf dem Potomac ist sehr praktisch und an greifbaren Zielen orientiert: Nach diesem Wochenende soll jeder Kursteilnehmer in der Lage sein, eine Jolle startbereit zu machen, über den Fluss oder einen See zu segeln und wieder im Hafen anzulegen. Die kurze theoretische Einleitung erklärt das Nötigste über die Ausrüstung des Bootes und das Ausnutzen der Winde. Der Grundsatz ist: «Wir wollen Spaß haben beim Segeln.»

Eine Woche später mieten wir uns eine kleine Jolle und gleiten – stolz und glücklich – bei mäßigen Winden zum ersten Mal ohne erfahrene Begleitung über den Potomac. Beim Anlegen navigieren wir das Boot – den Segelschein in der Tasche – geradewegs ins Ufergebüsch.

War bisher nur die Rede von kleinen individuellen Missgeschicken, so müssen auch die bedeutenderen erwähnt werden. Da fällt zum Beispiel in regelmäßigen Abständen der Strom aus, für ein paar Sekunden, ein paar Tage oder gar mehr als eine Woche. Schon ein harmloses Gewitter kann dazu führen, dass man abends im Dunkeln sitzt und morgens keinen Kaffee kochen kann. Von wenigen Regionen abgesehen, verlaufen die Stromleitungen überirdisch. Sie werden vom nächstgelegenen Strommast durch ein Gewirr von Ästen zu unserem Haus geleitet. Vögel singen und Eichhörnchen tanzen fröhlich auf den Kabeln, die uns das Telefonieren, Fernsehen und Wäschewaschen ermöglichen. Ab und zu schickt die Elektrizitätsgesellschaft ein paar Leute mit Kettensägen auf die Straße. Die verpassen den Bäumen dann recht bizarre Schnitte, die die Kabel einigermaßen freilegen. Sie können natürlich nicht verhindern, dass beim nächsten Sturm der ganze Baum umfällt und die Stromversorgung kappt.

Nachdem im September 2003 Hurrikan Isabelle über Washington hinwegfegte, blieben zwei bis drei Millionen Menschen in der Region tagelang ohne Elektrizität und zum großen Teil auch ohne Trinkwasser. Unser Haus hatte zehn Tage keinen Strom. In den Restaurants und Geschäften taute das Gefrorene auf, sämtliche Vorräte verdarben. Der Stromausfall verursachte einen Milliardenschaden. Dennoch sympathisieren Bürger und Politiker nur vereinzelt mit dem Gedanken, die Versorgung unter die Erde zu legen. Der Grund für die Zurückhaltung sind die Kosten. Sie werden auf drei Millionen Dollar pro Meile geschätzt. Da kauft man sich lieber einen Gaskocher, Taschenlampen, Kerzen, vielleicht sogar einen Generator. Ein-, zweimal im Jahr lässt sich das überstehen. Es muss doch nicht alles immer perfekt funktionieren!

Das Traumgeschäft

Wie wir uns weigerten, Millionäre zu werden

Während eines Urlaubs in Florida lernen wir Mike und Stacy kennen. Auch sie kommen aus der Gegend um Washington D.C. Mike ist Soldat und in Deutschland stationiert. Seine Frau Stacy ist schwanger, sie haben schon zwei Kinder. Es herrscht eine nette Familienatmosphäre. Wir fragen sie, wie es ihnen in Deutschland gefällt, und plaudern über das Essen, Urlaubsziele und Sehenswürdigkeiten. Die beiden sind sympathisch, und bald tauschen wir uns darüber aus, wie es für selbständige Frauen ist, im Ausland zu sein, wo es schwer ist, das Berufsleben einfach fortzusetzen. Stacy hat das Problem für sich gelöst, sagt sie: Sie arbeitet zusammen mit ihrem Mann als Unternehmensberaterin. «Unser Job besteht darin, anderen bei der Verwirklichung ihrer Träume zu helfen», schwärmen sie von ihrer Tätigkeit. Und das Größte: Auch ihre eigenen Träume von finanzieller Unabhängigkeit bis hin zu ausgedehnten Familienurlauben sind dabei wahr geworden. «Ihr müsst unbedingt mal unsere Freunde in Washington treffen», empfiehlt Stacy.

Zurück in Washington, treffen wir ihre Freunde, Bill und Mary Porter. Sie sind etwas älter als Mike und Stacy, auch etwas biederer, aber nicht unsympathisch. Sie erzählen von ihrem großen Vorbild, John Goddard aus Los Angeles, der sich, fünfzehn Jahre alt, an einem verregneten Nachmittag des Jahres 1940 an den Küchentisch setzte und 127 Lebensziele niederschrieb. Er notierte, welche Flüsse er befahren, welche Berge er erklimmen wollte, er nahm sich unter anderem vor, einmal U-Boot zu fahren, auf einem Kamel zu reiten, einen Zehn-Pfund-Hummer zu fangen, in einem Tarzan-Film zu erscheinen, eine Meile in fünf Minuten zu laufen, Flöte und Geige spielen zu lernen, Shakespeares gesammelte Werke zu lesen, die Geburtsorte seiner Großeltern aufzusuchen, zu heiraten und Kinder zu haben. Tatsächlich ist es John Goddard gelungen, die meisten seiner Träume in die Tat umzusetzen.

Wir kommen ins Philosophieren. «Was ist der Traum eures Lebens?», fragen Bill und Mary, geben sich mit kurzen Antworten nicht zufrieden und bringen uns zum Nachdenken.

Sie laden uns ein, und wir besuchen sie in ihrem bescheidenen Einfamilienhaus, das in einem ruhigen Vorort von Washington gelegen ist.

Bill öffnet die Tür und führt uns ins Wohnzimmer. Ungläubig schauen wir uns um: Sowohl der Flur als auch Wohn- und Esszimmer sind voll gestopft mit Nippes und Staubfängern aller Art. Döschen, Figürchen, Väschen überall, keine Nische bleibt davon verschont. Wir reden über Gott und die Welt. Die Zeit vergeht. Wir wundern uns, wo Mary bleibt.

Schließlich serviert Bill aufgetauten Blätterteigkuchen und ein Glas Eistee. Wir reichen uns die Hände zum Tischgebet: «O Lord, hilf Tom seine beruflichen Träume zu verwirklichen. Wir haben gehört, dass Sabine noch etwas länger in Amerika bleiben möchte, hilf auch ihr. O Lord, wir sind so dankbar ...» Mary ist immer noch nicht da.

Leider, leider wüssten die meisten Leute viel zu wenig über die berufliche Selbständigkeit, klagt Bill, und rein gar nichts über Altersvorsorge. Kaum jemand denke ans Sparen. Und so komme es, dass nur zwei Prozent der Amerikaner über 65 finanziell unabhängig seien. «Wo bleibt denn eigentlich Mary?», fragt Sabine nach einer Stunde leicht verunsichert. Leider, leider hat Mary Kopfweh. Aber vielleicht kommt sie später noch.

Nach dem obligatorischen *smalltalk* sind wir interessiert,

mehr über Bills traumhafte Geschäfte zu erfahren. «Ich helfe anderen Menschen, sich selbständig zu machen und ihre Träume zu verwirklichen. Und vielleicht kann ich auch euch helfen, so ein traumhaftes Leben zu führen!» Damit hat er uns neugierig gemacht. Sein Job bestehe nur aus Reisen, Reden und Essen. «Travel, talk and eat. Hahaha!» Einer seiner Kollegen sei inzwischen Millionär, verbringe die meiste Zeit des Jahres auf seiner Yacht. «Das klingt nach harter Arbeit, was? Hahaha!»

Natürlich möchten wir unbedingt wissen, woher das Geld kommt. «Seht euch zum Beispiel diese Lampe dort an», antwortet Bill. «Sagen wir, die kostet den Hersteller tatsächlich nur einen Dollar.» Bill zeigt auf ein Pseudo-Tiffany-Exemplar, das zwar sehr geschmacklos ist, dessen Herstellung aber mit Sicherheit trotzdem mehr kostete als einen Dollar. «Die Lampe geht durch diverse Lieferantenhände bis schließlich zum Einzelhändler, und am Ende kostet sie den Käufer 70 oder 80 Dollar. Der Trick ist: Man muss von sich selbst kaufen. You buy from your own business. Hahaha!» Phantastisch.

Schließlich führt uns Bill in seine Kellergemächer. Wir dürfen Fotos von luxuriösen Motoryachten bewundern, die weder Bill noch Mary gehören. Aber immerhin, die beiden haben einen Motorbootschein und träumen davon, so ein Boot zu kaufen und ihre Geschäfte weitgehend in der Karibik abzuwickeln. «Das klingt verlockend, aber ist es auch realistisch?», wollen wir wissen. «Natürlich!», versichert Bill.

Anhand von Zeichnungen und Tabellen sollen wir nun endlich in die Details seines Unternehmens eingeweiht werden. Blatt eins klärt uns über Vor- und Nachteile der Selbständigkeit auf. Es gibt fast nur Vorteile. Blatt zwei lehrt uns, wie das perfekte Unternehmen auszusehen hat: Es arbeitet international, mit Produkten, die immer wieder neu gebraucht werden. Es ist tragbar und faszinierend. Wenig Arbeit, keine Angestellten, keine Regierungsvorschriften.

«Man kauft vom eigenen Geschäft, Dinge, die man sowieso kaufen würde, spart nicht nur beim Geldausgeben, sondern verdient noch dazu. Das klingt phantastisch, nicht? Hahaha! Alles nur, weil ihr eure Kaufgewohnheiten ändert.» Bill blättert in seinen verwirrend simplen Papieren. «Ihr habt ein Unternehmen und beratet andere Leute beim Aufbau eines eigenen Unternehmens. Für dieses *teaching* erhaltet ihr 650 Dollar im Monat bis an euer Lebensende, übertragbar auf eure Kinder.» Wow! Allerdings, das Geld muss ja erst mal verdient werden, und so fließen die 650 Dollar erst, wenn der von uns belehrte Klient erfolgreich ist und monatlich 2100 Dollar einbringt. Haben wir es erst mal auf sechs erfolgreiche Klienten gebracht, erhalten wir schon 3900 Dollar monatlich. Wow! «Das klingt unglaublich, nicht wahr? Hahaha! Mein *teacher* ist inzwischen Multimillionär. Alle Seiten gewinnen», strahlt Bill.

«Aufregend!», staunt Sabine, «aber wer zahlt die 650 Dollar und warum?»

«Gute Frage!», lobt er, «dazu kommen wir später. Erst muss ich euch noch das Bonussystem erklären.» Er greift zu einem Stapel Fotos. «Das ist der Sitz der Dachorganisation.» Die Abendsonne spiegelt sich in einem gläsernen Hochhaus. «Und das ist ein Privatjet.» Er zieht ein anderes Bild heraus. «Wenn ihr in der Bonuskategorie 4 seid, dann könnt ihr einfach anrufen und mit dem Jet nach Los Angeles fliegen, zum Beispiel. Oder ihr könnt auf dieser Yacht hier Urlaub machen.» Bill hält uns ein Foto von einem beeindruckenden Dampfer unter die Nase, um uns Lust auf Sonne und Meer zu machen. «Die steht den Mitgliedern zur Verfügung. Hahaha!»

«Interessant! Wer bezahlt denn das Flugzeug und die Yacht?» Bill lacht, etwas gequält, scheint uns. «Dazu kommen wir später. Hier ist erst mal eine Liste der beteiligten Firmen – alles bedeutende, weltbekannte Unternehmen.» Wir lesen: Jockey, Panasonic, Sharp, Canon, Coca-Cola, Wrangler, Samsonite und viele mehr.

«Zahlen diese Firmen die 650 Dollar, die Yacht und das Flugzeug?», will Sabine schon wieder wissen. «All diese Firmen arbeiten mit uns zusammen», antwortet Bill ausweichend. «Jetzt zeige ich euch noch ein paar unserer Kataloge.»

Nach fast drei Stunden in Bills Traumhaus wissen wir immer noch nicht, woher die Millionen kommen.

Er führt uns in einen weiteren Kellerraum – und wir sind sprachlos. Ein Warenlager. Schränke und Regale voll gestopft mit Cremes und Deos, Waschmitteln, Cornflakes, Uhren, Ketten und anderem Krimskrams. Bill ist stolz auf seinen Fundus und auf die Qualität seiner Produkte. Die hält er bereit für Freunde und Bekannte, die zwar kein eigenes Geschäft eröffnen, aber gern mal ein billiges Shampoo kaufen wollen. Er lässt uns an einer antibakteriellen Seife schnuppern. «Nach einem Jahr ist die Flasche leer und die Seife hat dir nicht gefallen? Kein Problem, wir schicken sie zurück und erhalten das Geld wieder. Das nennt man *100 % satisfaction warranty.*» Wir blättern in einem der Kataloge. Polo-Hemden für 39 Dollar – ein bisschen teuer, oder? Bill beruhigt uns: «Da gehen natürlich 10 bis 15 Prozent runter. Und denkt an die vielen Bonuspunkte! Man kann Bonuspunkte in vielen verschiedenen Kategorien sammeln. Nach ein paar Jahren bezahlt man für viele Produkte gar nichts mehr! Hahahaha!»

Wir bleiben sprachlos, und es ist Zeit zu gehen. Bill hält Tom für einen klugen Kopf. Er meint, Tom lese bestimmt gerne und überreicht ihm ein Buch: «Das bestgehütete Geheimnis Amerikas. Sich zur Ruhe setzen, auch wenn das System zusammenbricht». Sabine dagegen schenkt er eine große Tüte voller Wasch- und Bleichmittel, denn Bill weiß, dass Taten besser überzeugen als Worte.

Bepackt mit Buch und Waschmittel, Videos und Broschüren stapfen wir nach oben. Mary hat wohl immer noch Kopfschmerzen, sie lässt sich auch zum Abschied nicht blicken. Bill drückt Tom seine Visitenkarte in die Hand: «Creative Concepts International, Bill Porter, President/Owner, Personal Training and Couching in: Career/Retirement Transitions, Business Ownership, Life/Work Planning, Time Management.»

Zu Hause können wir uns nicht entscheiden, welches Video wir zuerst anschauen sollen: *Buried Treasures* oder *Lifestyles*? Wir entscheiden uns für letzteres. Schicke Autos, Yachten, Jetski-Fahrer und Golfspieler jagen bei flotter Musik über den Bildschirm. In einer palastgroßen Luxusvilla, dekoriert mit Figürchen und Väschen aus den Katalogen, versucht ein mitteljunges Pärchen mit der Ausstrahlung mittelklassiger Pornodarsteller, uns neidisch zu machen. Während sie sich auf ihre Yacht begeben, schwärmen sie von ihrem zweiten Haus am See und ihrem dritten Haus am Strand. Er – natürlich mit gestähltem, braunem Oberkörper und Waschbrettbauch – wirft einen gewollt gelassenen Blick auf die Uhr: «Drei Uhr, ein normaler Werktag für die meisten. Ich habe heute Morgen ausgeschlafen, bin Jetski gefahren und habe mich gesonnt.» Sie schürzt die Lippen und schmiegt sich an ihn: «Wir haben uns schon vor 30 Jahren aus dem normalen Berufsleben zurückgezogen und unser eigenes unabhängiges Geschäft aufgemacht.»

Aus Bills Broschüren erfahren wir auch endlich, wie sich das ganze Unternehmen nennt: *Amway,* eine riesige Versandgesellschaft, die Milliardenumsätze macht. Inzwischen wurde das Unternehmen umstrukturiert in eine Firmengruppe, die auch den Internetverkauf einschließt. Das Besondere bei *Amway* ist aber nicht der Direktvertrieb. Kunden sollen nicht nur kaufen, sondern im Bekanntenkreis neue Käufer und Verkäufer anwerben. So werden sie angeblich Unternehmer. Subunternehmer, die immer wieder neue Subunternehmer heranziehen – das erinnert an Kettenbriefe, wie sie unter Schülern kursieren. Allerdings sprach die *Federal Trade Commission* – die amerikanische Handelsaufsicht – schon 1979 *Amway* von dem Vorwurf frei, ein illegales Pyramidensystem zu betreiben. Begründung: Hinter dem System stünden reale Produkte, während illegale Kettenbriefe oder Pyramiden keine realen Werte vertreiben. Außerdem gibt es keine Strafmaßnahmen, wenn Verkaufs- oder Konsumziele nicht erreicht werden. Jedoch zwang die Aufsichtsbehörde *Amway*, etliche Geschäftspraktiken zu ändern.

Während der gesamten Gespräche mit den Porters war der Name *Amway* nie gefallen. Dies hat offenbar System. Zunächst sprechen die Anwerber über allgemeine Lebensziele und bleiben im Vagen. Das Anwerben von neuen Kunden, pardon: Unternehmern, steht im Mittelpunkt des Interesses. Wer einmal so gepolt ist, der klopft jede neue Bekanntschaft sofort auf ihre Brauchbarkeit als *Amway*-Geschäftspartner ab. Im Nachhinein war klar, dass wir schon im Urlaub unter diesem Gesichtspunkt aufs Korn genommen und dann an die Porters weitergereicht worden waren. Zurück bleibt ein Gefühl der Beschmutzung. Obwohl wir rechtzeitig alles merkten, fragten wir uns: «Wie konnten wir so naiv sein?»

Bill versteht gar nicht, dass wir die Freundschaft mit ihm und seiner kopfschmerzgeplagten Gattin nicht weiter pflegen wollen. Es müsse sich wohl um ein Missverständnis handeln, er würde sich gerne mit uns darüber aussprechen (»If you want to share your thoughts …»). Wir haben kein Interesse daran, also holt er seine Videos wieder ab, auch das Waschmittel bekommt er von uns zurück.

Zwischen Big Mac und Gesundheitswahn

Wie dünn machen fettfreie Kartoffelchips?

Unser erster Großeinkauf im *Safeway*-Supermarkt ist uns noch gut in Erinnerung. Wie zwei Ossis, die kurz nach dem Fall der Mauer zum ersten Mal ein West-Kaufhaus bestaunen, streifen wir durch die endlosen Regale. Alles ist imposant: der Laden, die Auswahl, die Mengen, die Gefäße, die Preise. Es gibt fünfzehn Kassen, zehn sind besetzt. Die Waren verteilen sich über dreizehn Gänge, jeder dreißig Meter lang. Zusätzlich warten Theken mit frischem Fisch, Fleisch, Kuchen und Backwaren auf die Kunden. Es gibt sogar eine Apotheke. *Safeway* ist eine so verbreitete Kette, dass sie bei Wegbeschreibungen als Erkennungsmerkmal dient: «Zwei Straßen nach dem *Safeway* biegst du links ab.» Die Washingtoner geben den einzelnen Filialen Spitznamen zur besseren Unterscheidung. Diesen Supermarkt, so hören wir, nennt man den *Social Safeway*, weil man hier häufig Nachbarn und Bekannte trifft. Die Niederlassung am Dupont Circle nennt man dagegen den *Soviet Safeway*, da dort immer alles ausverkauft ist.

In der Gemüseabteilung glänzen die Äpfel wie jener verhexte, mit dem Schneewittchen vergiftet wurde. Alle zehn Minuten werden die Salatköpfe automatisch gewässert, wobei der feine Sprühregen jedes Mal von Donner und Blitz begleitet wird (kleine Sondervorstellung für gelangweilte Kinder).

Gang eins bietet koschere, mexikanische und asiatische Nahrungsmittel, *ethnic food* heißt das hier. Gang zwei enthält rund fünfzig verschiedene Steaksaucen, zwanzig verschiedene Mayonnaisen und mindestens zweihundert (wir haben gezählt) Salatsaucen: *blue cheese, ranch style, french style, italian dressing, honey mustard, Newman's Own, Jamaica Mistake* … Das soll als kleiner Eindruck genügen. Jede einzelne Sauce gibt es dann noch in verschiedenen Varianten: *original, light* oder *fat free*.

Nach Tiefgefrorenem und Konserviertem in Gang drei, vier und fünf kommen wir zu einem Kernbestandteil des amerikanischen Frühstücks. In Gang sechs sind an die dreihundert Sorten *cereals* untergebracht (nicht übertrieben – haben wir ebenfalls gezählt). Wer isst schon noch normale *cornflakes*? Hier gibt es *magic stars, cocoa krispies, corn puffs, cheerios, cinnamon grahams, peanut butter crunch* und vieles mehr. Die Auswahl von fünfzig verschiedenen Chips und Dips erscheint uns dagegen fast ärmlich. Dem Aufdruck auf den Packungen zufolge scheinen die Chips-Liebhaber besonders gesundheitsbewusst zu sein: *low fat, no fat, no cholesterol, no sodium, less cholesterol than ever before* … – so werben die Tüten.

Wer nur fettfreie Kartoffelchips knabbert und überraschenderweise trotzdem nicht abnimmt, der findet in Gang zwölf und dreizehn Schlankheitspillen und alles Weitere, was man braucht, um ohne große Anstrengung oder Verzicht gesund und fit zu bleiben: Vitamine, Aspirine, Kalzium, Eisen, Magnesium, Schwangerschaftstests, Eisprungvorhersagen. Gleich daneben ein ganzer Gang voller Briefpapier, Geschenkpapier, Schleifen und Geburtstagskarten, wohl sortiert: Glückwünsche für die Mutter, Glückwünsche für den Vater, für Großmutter, Großvater, Bruder, Schwester, den besten Freund, die beste Freundin, Ehefrau, Ehemann, Tochter, Sohn, zum einjährigen, zweijährigen, dreijährigen Geburtstag, alle mit vorgefertigten Inschriften, die nur in den seltensten Fällen noch Platz lassen für einen handgeschriebenen Gruß.

Eine genauere Beschreibung der übrigen Gänge mit je fünfzig verschiedenen Sorten Toastbrot, Hunde- und Katzenfutter, Getränken, Wasch- und Putzmitteln sparen wir uns. Es gibt hier einfach alles, außer: Alkohol (der darf nur mit besonderer Genehmigung verkauft werden), sauren Gurken (nur Dill-Gurken sind im Angebot) und anständiger Schokolade. Wir leisten uns mehrere Gallonen Wasser, Saft, Milch, alkoholfreien Chardonnay, außerdem Krabbenfleisch, Dosensuppen für die Hotel-Mikrowelle, Erdbeeren und Käse. Das alles erhalten wir Samstagabend um 21.30 Uhr für 94.20 Dollar, verpackt in sechzehn blauen Plastiktüten, die ein freundlicher Koreaner in den Kofferraum unseres Autos befördert. Mit der Quittung erhalten wir fünf Gutscheine, die versprechen: Wenn wir beim nächsten Mal die gleiche Suppe in doppelter Menge kaufen, dann bekommen wir zwei Dosen umsonst.

In Amerika spart man nicht, indem man sein Geld im Portemonnaie behält oder zur Bank bringt, sondern indem man mehr ausgibt. Sonderangebote verleiten zum Kauf großer Mengen: «Buy 2, get 1 free!» Man bekommt zwei Flaschen zum Preis von einer. Man kauft zwei Pullover und zahlt für den dritten nur die Hälfte. Und weil das so gut funktioniert, muss man am Ende drei Paar Jeans kaufen, um ein Paar umsonst zu bekommen. Wir brauchen zwar nicht zwei Kilo vom selben Käse, aber warum sollten wir uns weigern, ein zweites Kilo umsonst dazuzunehmen? Manchmal heißt es auch einfach: «2 for 4», also zwei Stück für vier Dollar. Es hat Monate gedauert, bis uns dämmerte, dass man in diesen Fällen auch ganz einfach ein Stück für zwei Dollar kaufen könnte.

Amerika ist das Land der Verschwendung. Alle möchten alles, sie möchten viel davon und möglichst sofort. «Think big!», heißt die Devise. Europäer sehen zunächst nur die materialistische Bedeutung. Aber diese Einstellung hat auch eine fast spirituelle Seite.

«Think big!» ist auch eine Ermutigung, die Aufforderung, die eigenen Ziele und Träume nicht zu begrenzen. In diesem Sinne bedeutet es: «Du bist großartig! Auch du könntest eines Tages Millionär sein oder Künstler, oder was immer du dir erträumst!» Bescheidenheit und Beschränkung werden hier keineswegs als Tugend angesehen.

Amerikaner verstehen es, sich zu präsentieren und ihre Vorzüge anzupreisen – und die von anderen. Bei Partys statten uns die Einladenden anderen Gästen gegenüber völlig selbstverständlich mit Maximalattributen aus. Tom ist dann nicht einfach Korrespondent fürs deutsche Fernsehen und Sabine Buchautorin, nein, die Vorstellung läuft so ab: «Tom ist ein berühmter, exzellenter Fernsehreporter; er leitet das Washington-Büro seines Senders, und Sabine ist eine ganz fabelhafte und sehr erfolgreiche Schriftstellerin ...» – was wir, perplex, erst mal wieder auf ein menschliches Maß reduzieren. Natürlich hat der, der uns vorstellt, keine einzige Sendung mit Tom gesehen und auch kein Buch von Sabine gelesen (zumal ja alles auf Deutsch ist), aber er weiß einfach, dass es nicht anders sein kann, wo wir doch sonst so nette Nachbarn sind. In jedem Menschen steckt die Anlage zum Weltmeister auf seinem Gebiet, dessen sind sich die Amerikaner gewiss und vergeben deshalb großzügig Vorschusslorbeeren.

Während wir Deutschen manchmal bemüht sind, unserem Nebenmann eins draufzugeben, damit er kleiner wird und uns bloß nicht überragt, scheint die amerikanische Erfolgsphilosophie eher davon auszugehen, dass Größe mitreißend und ansteckend ist. Natürlich gibt es auch in Amerika Neid und Missgunst, doch mit wesentlich weniger zerstörerischer Energie. Hat der Nachbar ein größeres Haus oder ein größeres Auto, so hört man in Deutschland schnell «Warum muss der so groß tun? Wie kommt der sich vor?», gepaart mit dem heimlichen Wunsch, irgendetwas möge passieren, das diesen Menschen wieder in die Schranken des Mittelmaßes weist. Kurz gesagt, man würde dieses Haus und das Auto am liebsten kleiner hexen. In Amerika dagegen ist die intuitive Reaktion ganz anders, nämlich: Ich will auch so ein großes Haus und so ein großes Auto haben! Nach Großem zu streben, ist in diesem Sinne ein befreiender und vorwärts treibender Grundgedanke.

Unsere Sprichwörter lauten: «Schuster, bleib bei deinem Leisten!» und «Hochmut kommt vor dem Fall.» In Amerika werden Menschen, die hoch hinauswollen, seltener belächelt, sondern vielmehr ermutigt. «Go for it!» – «Versuch es! Na los!», ist die spontane Reaktion. Wer in seiner Freizeit Gedichte schreibt oder Bilder malt, findet bestimmt Freunde und Verwandte, die ihn schon zum großen Poeten oder talentierten Maler erklären, bevor er zu öffentlichem Ruhm gelangt ist. Natürlich ist nicht jeder großartig, nur weil er sich selbst dafür hält. Aber warum eigentlich müssen wir ihm das aufs Butterbrot schmieren?

Apropos Butterbrot: Hier zeigt die «think big»-Devise ihre Schattenseiten. Der Big Mac, so gewaltig, dass ihn nur noch Raubtiere zwischen die Zähne bekommen, ist mehr als nur ein Big Mac, er ist ein Symbol. In vielen, gerade in preiswerten Restaurants sind die Portionen inzwischen so mächtig, dass im Grunde eine ganze Familie davon satt werden könnte. Die kleinste Portion in der Eisdiele ist so riesig, dass unsere Kinder bei den letzten Löffeln schon anfangen zu stöhnen, leise natürlich, denn auch wenn der Bauch jetzt kneift, soll beim nächsten Mal keineswegs weniger im Eisbecher sein. Im Kino wird das Popcorn in Eimern verkauft. Der kleinste Kaffee enthält die Menge von zwei Kaffeetassen. Der große Becher Coca-Cola, der beinahe einen Liter fasst, kostet nur ein paar Cent mehr als der kleine. Da spart man doch, indem man ein paar Cent mehr ausgibt, oder etwa nicht? In vielen Restaurants sind so genannte *free refills* selbstverständlich, das heißt so genannte Softdrinks (alkoholfreie Getränke wie Cola und Limonade) werden kostenlos nachgefüllt. Höchst beliebt sind auch *all-u-can-eat*-Angebote, wo man zu einem festen Preis so lange essen kann, bis man platzt.

Hat sich der Kunde einmal an diese Ausmaße gewöhnt, empfindet er normale Mengen und Größen fast schon als Betrug. Und so kommt es, dass immer mehr Menschen genauso überdimensioniert aussehen wie die Portionen auf ihrem Teller und die Becher in ihren Händen. Übergewicht ist längst zur Volkskrankheit geworden. 71 Prozent der Männer, 61 Prozent der Frauen und 33 Prozent der Kinder bringen nach einer Statistik der Organisation für Krankheitskontrolle *(Centers for Disease Control and Prevention)* zu viel auf die Waage. Die Amerikaner führen einen weltweiten Trend an.

Abgesehen von den Mengen ist es auch die Art des Essens, die dick macht. In den wenigsten Haushalten wird noch regelmäßig selbst gekocht. Die gute Hausmannskost wird an erster Stelle ersetzt von schnellen und billigen *Fastfood*-Ketten. *McDonald's* zum Beispiel füttert täglich 23 Millionen Amerikaner mit kalorienreicher Nahrung wie Pommes frites, in Fett gebratenen Hamburgern und gezuckerten Getränken. Der Dokumentarfilm *Supersize Me*, der diese Art von Ernährung aufs Korn nimmt, bekam etliche Auszeichnungen und wurde sogar für einen Oscar nominiert. Besorgt um sein Image, hat der Konzern inzwischen etliche Supergrößen aus dem Angebot genommen und die Speisekarte um einige Salate ergänzt. Ähnliche Maßnahmen haben andere Restaurantketten ergriffen.

Dem öffentlichen Ansehen mögen diese Änderungen genutzt haben, dem Umsatz weniger, klagen die Ketten jedoch. Weniger als drei Prozent der *McDonald's*-Gäste bestellen nach Firmenangaben die gesunden Salate. Das *Enormous Omelet* dagegen, das der Konkurrent *Burger King* als doppeltes Frühstückssandwich einführte, fand sofort jede Menge Abnehmer. *Burger King* wendet sich in Werbespots gezielt an männliche Allesfresser und bestärkt sie in ihrer Unersättlichkeit: «Iss wie ein Mann, Mann!»

Die Kette *Ruby Tuesday* hat ihre kalorienarmen Gerichte inzwischen zum Teil gestrichen und zum Teil auf die Rückseite der Speisekarte verbannt. Offensichtlich reden die Kunden viel und gerne von gesunder Ernährung, doch wenn es um die Bestellung geht, dann entscheiden sich weitaus die meisten Gäste eben nicht für den Salatteller oder gedünsteten Broccoli, sondern für Frittiertes und andere Kalorienbomben.

Für den kleinen Hunger zwischendurch gibt es Chips oder Cracker, natürlich fettfrei oder fettarm und mit wenig Salz. Es habe da ein großes Missverständnis gegeben, beklagte sich eine Diät-Expertin schon 1998 in der *U. S. News & World Today*: «Für Experten ist *low-fat* eine Abkürzung für Obst, Gemüse und Vollkornprodukte, der Rest Amerikas aber denkt an fettfreie Kekse, Kuchen und Eis.» Fettfreie Sahne und fettfreie Butter finden ebenso reißenden Absatz wie fettreduziertes Olivenöl. Und davon darf es doch ein bisschen mehr sein, oder? Während für die meisten Amerikaner klar ist, dass Fett eine Versuchung des Teufels ist, gibt es kaum ein Bewusstsein dafür, was Zucker so alles anrichten kann. Von unserer Kinderärztin erhalten wir eine Broschüre über gesunde Ernährung. Als wertvolle Grundnahrungsmittel werden unter anderem empfohlen: Brezeln, Kartoffelchips, Cracker, *bagel* (zähe weiße Brötchen), *muffins* (Kuchen), *cereals* (Cornflakes), Vanillewaffeln, Speiseeis (mit niedrigem Fettgehalt natürlich). Käse und Milch sollen möglichst fettarm sein. Von Zucker kein Wort.

Langsam beginnt sich das Bewusstsein zu ändern. Amerika fängt an, Übergewichtigkeit und einseitige Ernährung als Gefahr für die Volksgesundheit zu erkennen. Gesundheitsbehörden sprechen von einer Epidemie. Inzwischen hat sich gezeigt, dass vor allem zuckerhaltige Getränke zu den Dickmachern der Nation gehören. Die so genannten *soft drinks*, sei es Cola oder Sprite oder eins der anderen beliebten grell gefärbten Zuckerwasser, sollen nun aus vielen Schulen verbannt werden. Nachdem

Verbraucherschutzgruppen gedroht haben, wegen der gesundheitsgefährdenden Auswirkungen auf Kinder und Jugendliche zu klagen, haben sich drei große Firmen – Coca-Cola Co., PepsiCo Inc. und Cadbury Schweppes PLC – bereit erklärt, ihre Schulautomaten freiwillig Stück für Stück mit kalorienärmeren Getränken auszustatten. Den Verbrauchergruppen scheint das nicht ausreichend. Sie wollen auch Kartoffelchips und Kekse aus den Verkaufsautomaten an Schulen verbannen.

Viele Schulen waren mit den Großkonzernen im letzten Jahrzehnt eine einträgliche Allianz eingegangen. Weil die öffentlichen Ausgaben immer mehr gekürzt werden und den Bildungseinrichtungen das Geld fehlt, müssen sie sich nach zusätzlichen Einnahmequellen umsehen. Lebensmittelkonzerne bieten sich als Geldgeber an; dafür möchten sie natürlich ihre Geräte aufstellen. Den Rückzug der Softdrinks aus den Schulen verhandelte Ex-Präsident Bill Clinton, selbst zeit seines Lebens ein Fan von *Fastfood*. Seit er sich wegen verstopfter Arterien einer schweren Herzoperation unterziehen musste, lebt Clinton gesundheitsbewusst. Verbraucherschützer haben auch die Werbung im Kinderprogramm aufs Korn genommen. Zuckrige Cornflakes und klebrig-süße Riegel, die als «fruchtige Erfahrung» auch noch vortäuschen, gesundheitsfördernd zu sein, sollen keinen Platz mehr finden zwischen den Cartoons für junge Zuschauer.

Big Macs und Zuckerbrause hätten vielleicht nicht ganz so verheerende Folgen, würde ihre Beliebtheit nicht zusammentreffen mit der Tatsache, dass es kaum noch Gelegenheit gibt, die angefutterten Kalorien wieder loszuwerden. Nur acht Prozent aller amerikanischen Haushalte besitzen kein Auto. Die meisten Familien haben sogar zwei Autos zur Verfügung. 88 Prozent aller Amerikaner über 15 sind Autofahrer, und sie benutzen den fahrbaren Untersatz bei jeder Gelegenheit, ob zum Milchholen oder zur Post. Auch die kürzeste Strecke wird mit dem Auto zurückgelegt. An manchen Briefkästen braucht man nicht einmal mehr auszusteigen. Das sind die so genannten *snorkel boxes*, die mit einem langen Rohr ausgestattet sind, das vom Auto aus bequem zu erreichen ist.

Doch selbst wer gerne mehr laufen würde, hätte kaum Gelegenheit dazu. In den meisten Wohngegenden gibt es einfach nichts, was zu Fuß zu erreichen wäre: keine Reinigung, keinen Bäcker, keinen Videoladen. Alles befindet sich irgendwo konzentriert am Rande einer Hauptverkehrsstraße, natürlich mit Parkplätzen direkt vor dem Eingang. Sollte jemand ausnahmsweise in der Nähe eines Geschäfts wohnen, so wird er wahrscheinlich trotzdem mit dem Auto fahren. Denn es gibt nur selten Bürgersteige.

In den USA entstehen oft ganze Gemeinden am Reißbrett: großzügige Häuser mit weitläufigen Vorgärten und zwei Garagen – aber eben kein Bürgersteig. Erst neuerdings führen die zunehmenden Gesundheitsprobleme – Fettleibigkeit, hoher Blutdruck, Diabetes – zu neuen Ansätzen in der Stadtplanung. Bei einigen Projekten wird nun darauf geachtet, dass die Bewohner ihren täglichen Bedarf zu Fuß decken können. Hier und da gibt es Pläne, nachträglich Bürgersteige einzurichten. Doch wer mit Gehwegen vor der Haustür aufgewachsen ist, kann sich gar nicht vorstellen, wie viele Gründe dagegen sprechen, sie einzurichten. Entweder wird die Straße zu schmal oder der Vorgarten zu klein, Bäume müssen gefällt, Rohre verlegt werden.

Doch auch beim Gewicht finden sich Gegensätze: Neben der Epidemie der Fettleibigkeit gibt es eine ausgeprägte Fitnesskultur. Viele Leute versuchen, die mangelnde Bewegung im Alltag durch gezielten Sport auszugleichen. Krafttraining vor Dienstbeginn oder Joggen in der Mittagspause – solche Übungen gehören in der amerikanischen Mittelklasse zum Standard. Körperliche Fitness gilt als äußeres Merkmal einer erfolgsorientierten inneren Einstellung. Außenministerin Condoleezza Rice ließ sich kürzlich im Fernsehen beim *work-out* zeigen. Als Regierungsmitglied einer Supermacht hat sie einen extrem langen Arbeitstag und geht deshalb oft schon vor 5 Uhr morgens ins Fitnessstudio. Fit sein ist Statussymbol. Viele Beobachtungen legen einen Zusammenhang von Armut und Übergewicht nahe. Wer sparen muss, ernährt sich auf die billigste Art, und das ist oft die kalorienreichste Nahrung: *Fastfood* mit viel zugesetzter Stärke, Zucker und Fett. Außerdem geht geringes Einkommen oft einher mit unzureichender Bildung, das heißt, es fehlt das Wissen über gesunde Nahrungsmittel und Möglichkeiten, sich körperlich fit zu halten.

Mindestens zwei Drittel aller Amerikaner wollen abnehmen. Sie geben Milliarden aus für Diät-Programme und -Produkte. Da die guten Absichten leider oft genug nicht von Erfolg gekrönt werden, scheint es wesentlich einfacher zu sein, schlicht die Einstellung zum Übergewicht zu ändern: Vor 20 Jahren fand über die Hälfte der Bevölkerung übergewichtige Menschen weniger attraktiv als schlanke. Heute denkt nur noch ein knappes Viertel aller Amerikaner so.

Auch die Industrie hat begriffen, dass die um sich greifende Fettleibigkeit kein vorübergehendes Phänomen ist, und nutzt eine neue Wachstumschance. Denn die am ärgsten Betroffenen haben ganz handfeste Alltagsprobleme: Sie passen nicht mehr in ihre Autos oder auf ihre Stühle; sie müssen sich im Regen entscheiden, welcher Körperteil trocken bleiben und welcher nass werden soll und vieles mehr. Online-Anbieter nehmen deshalb extragroße Brautkleider und Regenschirme, besonders stabile Waagen und Autogurtverlängerungen ins Sortiment. Es gibt sogar überdimensionale Kernspintomographen, Kindersitze (denn schon bei Kleinkindern wird zunehmend Fettleibigkeit festgestellt) und Särge. Die Bestattungsbranche bringt ihren Verkäufern in Seminaren bei, wie man Angehörige pietätvoll darauf hinweist, dass wohl ein teurer XL-Sarg fällig wird. Für das Verkaufsgespräch wird nicht empfohlen: «Ihre Großmutter ist zu dick für die Normalgröße.» Besser: «Ich glaube, Oma wird im

Standardsarg nicht bequem gebettet sein.» Höflichkeit und guter Service gelten in Amerika über den Tod hinaus.

Weil das Laufen anstrengend wird, wenn man zu viele Pfunde mit sich herumschleppen muss, hat seit einiger Zeit ein neues Gefährt Hochkonjunktur: der Skooter, eine Mischung aus Mofa und Rollstuhl, dessen Luxusausführung extrem hohe Gewichte transportiert. *Disney World* und einige Supermarktketten wurden bereits mit diesem Mobil ausgestattet.

Fettleibigkeit ist auf dem besten Wege, das Rauchen als häufigste vermeidbare Todesursache zu ersetzen. Es liegt nahe, dass die Anwälte der guten Ernährung Parallelen ziehen zwischen Tabak- und *Fastfood*-Industrie. Die ersten Versuche, *McDonald's* zu verklagen, sind allerdings gescheitert. Im Namen einiger übergewichtiger Teenager wollte Rechtsanwalt Samuel Hirsch im November 2002 in New York vor Gericht ziehen. Sein Vorwurf: Der Konzern führe seine Kunden absichtlich in die Irre, indem er behaupte, seine Hamburger und andere Produkte seien gesund und nahrhaft. Er monierte, dass *McDonald's* nicht genügend über die Gesundheitsrisiken von *Fastfood* informiere, sondern absichtlich mit Informationen hinterm Berg halte. «Ich habe immer geglaubt, *McDonald's* sei gesund für meine Kinder», konstatierte der Vater eines betroffenen Teenagers in seiner schriftlichen Stellungnahme. Das Gericht wies die Klage zunächst zurück, weil *McDonald's* nicht für die Exzesse seiner Kunden verantwortlich gemacht werden könne und nicht nachgewiesen sei, dass *Fastfood* abhängig mache. Das letzte Wort ist noch nicht gesprochen, es wird mit Sicherheit neue Vorstöße geben. Aber Warnungen à la «Achtung! Hamburger können töten!» wird es vorerst nicht geben.

Ähnliche Hinweise, nicht ganz so drastisch, finden sich heute auf Tabakprodukten. Der Kampf mit der Tabakindustrie ist das Vorbild für die Aktionen gegen Fettleibigkeit. In den 1990er Jahren nahmen sich die Bundesregierung, der Kongress und die Einzelstaaten gleichzeitig des Themas Rauchen an. Sie hatten erkannt, dass die Behandlung von Lungenkrebs, Herz-, Kreislauf- und anderen Erkrankungen die öffentlichen Kassen Milliarden kosten. Zunächst versuchte die Tabakbranche zu mauern. Von einem Kongressausschuss in die Mangel genommen, erhoben die Chefs der großen Zigarettenfirmen die Hand zum Schwur. «Ich glaube nicht, dass Nikotin süchtig macht», behauptete einer nach dem anderen. Als dann bekannt wurde, dass die Firmen Kenntnisse über die gesundheitlichen Folgen ihrer Produkte vor der Öffentlichkeit geheim gehalten hatten, sahen die Manager für den Durchschnittsbürger aus wie eine Lügenbande. Die Szene wird heute noch gerne in den Fernsehnachrichten wiederholt, wenn von Tabak die Rede ist. Das Image der Branche erfuhr seit jenem Schwur einen kompletten Wandel. «Dies ist eine Industrie, die vorsätzlich 3000 Kinder pro Tag süchtig macht und den späteren Tod vieler dieser Kinder verursacht», zu diesem vernichtenden Urteil kam der Justizminister des Staates Mississippi, Mike Moore (keine Verwandtschaft mit dem berühmten Filmemacher).

Der Imagewechsel des Rauchens hatte schon vorher begonnen. Bereits bei Sabines erstem Besuch in den USA Mitte der 1980er Jahre waren Zigaretten ziemlich aus der Mode gekommen. In einem New Yorker Hochhaus-Büro fragte einer ihrer Mitreisenden: «Haben Sie einen Aschenbecher?» Der Gastgeber rang sichtlich um Fassung: «Oh, das ist eine gute Frage. Das hat noch niemand gefragt, seit dieses Gebäude errichtet wurde.» Aber natürlich wollte er seinen Gästen keinen Wunsch abschlagen und trieb irgendwo tatsächlich etwas Ähnliches wie einen Aschenbecher auf. Das wäre heute anders. Die Firmen sind fast überall durch Feuerschutz- und Gesundheitsbestimmungen ihrer Kommune gezwungen, Rauchen strikt zu unterbinden.

Nach einer Zeit der Beschränkung des Rauchens gibt es inzwischen einen neuen Trend: das totale Rauchverbot. Mehr und mehr Städte erlassen Verfügungen, die Zigaretten und Zigarren selbst in Clubs und Bars verbieten. In fast der Hälfte aller amerikanischen Kneipen und Restaurants und an ebenso vielen Arbeitsplätzen ist das Rauchen inzwischen gesetzlich verboten. Ohnehin sorgen die meisten Arbeitgeber auf freiwilliger Basis für eine rauchfreie Umgebung, denn sie fürchten Zivilklagen ihrer Angestellten, auch noch Jahrzehnte später.

Deutsche wundern sich oft über die Schwindel erregenden Summen, die bei Privatprozessen in den USA zum Teil zugesprochen werden. Das Zivilrecht füllt hier eine Lücke. In Europa regelt man vieles mit Vorschriften und Gesetzen. In den USA gibt es davon weniger, dafür aber haben Bürger und Konsumenten mehr Möglichkeiten, sich vor Gericht gegen große Firmen durchzusetzen. Dort entscheidet dann oft eine Jury, zusammengesetzt aus Herr und Frau Jedermann. Waffengleichheit zwischen Konzernen und Privatpersonen besteht natürlich trotzdem nicht, denn eine große Firma kann sich einen ganzen Stab teurer Anwälte leisten. Um diese Ungerechtigkeit auszugleichen, können amerikanische Anwälte auf Erfolgsbasis arbeiten, das heißt, sie werden nur dann bezahlt, wenn sie gewinnen. Der Klient muss also kein Geld ausgeben, wenn er nichts erreicht. Im Falle des Erfolgs allerdings kassieren die Anwälte ordentliche Prozente von der Schadensersatzsumme, die sie für ihren Klienten erstreiten. Besonders beliebt sind so genannte *class action suits*, Sammelklagen, bei denen ganze Klägergruppen gemeinsam vertreten werden. Angeklagte Firmen lassen sich häufig lieber auf einen Vergleich ein, als das Risiko eines solchen Prozesses einzugehen.

So war es auch bei den Zigarettenherstellern. Politischer Druck allein hätte nie ausgereicht. Mike Moore, der erwähnte frühere Justizminister aus Mississippi, zwang die Tabakbranche auf dem Gerichtsweg an den Verhandlungstisch. Moore verklagte die Konzerne zunächst in seinem eigenen Staat auf Erstattung der Krankenbehandlungskosten für sieche Raucher. Dann reiste er kreuz und quer durchs Land und überzeugte über die Hälfte der

Einzelstaaten, ähnliche Klagen anzustrengen. Der Justizminister kannte kein Pardon: Die Tabakindustrie, so Moore wörtlich, sei «das böseste und korrupteste Firmenbiest in der Geschichte dieses Landes. Sie stellen eine Droge her und verkaufen sie in dem Wissen, dass sie süchtig macht. Sie vermarkten sie bei unseren Kindern, wissend, dass diese süchtig werden und später an den Folgen des Rauchens sterben werden.»

Starker Tobak. Aber für die Zigarettenbranche kam es noch dicker. Denn gleichzeitig liefen Privatklagen von Geschädigten – und hatten Erfolg. Nachdem Rauchern jahrzehntelang entgegengehalten wurde, dass sie das Risiko ihrer Leidenschaft hätten kennen müssen, sah man sie jetzt als glaubwürdige Opfer. Geschworene sprachen ihnen oder ihren Hinterbliebenen Rekordsummen an Schadensersatz zu. Moore koordinierte diese Privatklagen mit den Prozessen der Bundesstaaten. Die Industrie war alarmiert – und ließ sich schließlich auf einen der größten außergerichtlichen Vergleiche in der Geschichte des Landes ein. Die Summe: 206 Milliarden Dollar! Außerdem wurden Werbung und Vertrieb von Tabakprodukten stark eingeschränkt.

«Knapp gesagt: Der *Marlboro*-Mann wird auf dem Kamel von *Camel* in den Sonnenuntergang reiten und verschwinden», fasste Robert Butterworth, der Staatsanwalt Floridas, zusammen. Der Deal sah vor, dass alle Einzelstaaten und Krankenkassen im Gegenzug ihre Schadensersatzklagen fallen lassen. Auch kranken Ex-Rauchern sollten Einzelklagen fortan verwehrt sein; sie sollten ihr Schmerzensgeld aus dem großen Topf nehmen. Die Zigarettenbranche hoffte, in Zukunft vor teuren Prozessen geschützt zu sein.

Der Ausgang der Tabakklagen wird in den USA als positiv für die Volksgesundheit gewertet, aber manche Auswüchse der Schadensersatz-Industrie sind inzwischen Gegenstand heftiger Debatten. Ein Blick in die *Gelben Seiten* genügt, um zu sehen, wie manche Rechtsanwälte die Erwartungen von Geschädigten anheizen:

«Unfallopfer – du brauchst einen aggressiven Anwalt, der dir den größtmöglichen Vergleich erkämpft!»

«Snyder, der Meister des Kunstfehler-Universums.»

Ein Anwalt wirbt, er sei spezialisiert auf folgende Schadensfälle: *«Hirngeschädigte Kinder und Erwachsene, zu späte Krebsdiagnose, schlampige Operationen und Amputationen.»*

«Wer hat gesagt, Recht müsse fair sein?»

«Unfallopfer – Wähle 1-800-Anwalt!»

«Wenn du ein Telefon hast, hast du einen Anwalt!»

«Kostenlose Hotline, 7 Tage die Woche, rund um die Uhr!»

Ärzte sind in der Regel gegen Kunstfehlerprozesse versichert. Doch die Prämien seien wegen der vielen Klagen in astronomische Höhen geklettert, beschweren sich Vertreter der Ärzteschaft. Präsident Bush machte damit Wahlkampf. Weil sich die Ärzte absichern müssten, trieben die Schadensersatzklagen indirekt die Krankenkassenbeiträge in die Höhe, argumentierte er. Praktisch für Bush, dass auch sein politischer Gegner, der demokratische Vizepräsidentschaftskandidat Edwards, sein Geld als Anwalt genau auf diese Art verdient hatte.

Im Alltag führen die vielen Prozesse zu einer Flut an Warnungen vor allen möglichen unabsichtlichen Konsequenzen beim Gebrauch selbst harmloser Produkte. Kauft man ein elektrisches Gerät, so hängt daran mit Sicherheit eine deutliche Warnung vor diversen Gefahrenquellen: «… may result in safety hazards». Der Aufkleber unseres Föhns erklärt ausführlich, wie wir die «Todesgefahr» (kein Witz), die von ihm ausgeht, wenigstens «reduzieren» können. Der Mixer lässt uns wissen, seine Messer seien scharf. Auf allem, was bunt und lustig aussieht, findet sich ein Hinweis, dass es nicht für Kinder unter drei Jahren geeignet ist. Das Bügeleisen möchte, dass wir uns nach Gebrauch die Hände waschen, weil sein Kabel Blei enthält und Krebs, Geburtsschäden oder Zeugungsunfähigkeit verursachen könne. Die Lichterkette will weder mit Heftzwecken befestigt werden noch direkt über einem Kamin hängen. Aber das sind nur zwei von insgesamt 16 (sechzehn!) durchnummerierten *safety instructions*, die beim Gebrauch dieser Weihnachtsdekoration beachtet werden müssen. Das Merkblatt sollen wir unbedingt aufheben – so lautet der 16. Sicherheitshinweis.

Wer so gewöhnt ist, auf Gefahren gestoßen zu werden, der wiegt sich natürlich in Sicherheit, wenn er nicht gewarnt wird. Und schon ist es passiert: Die Finger im gerade erstandenen Campingstuhl geklemmt oder am neuen Topf verbrannt. Keine Frage, was jetzt zu tun ist. Man verklagt die Firma, die so leichtsinnig war, keine Hinweise an ihr Produkt zu kleben. Die Anwälte warten geradezu auf diese Art von Aufträgen.

Nun könnte man meinen, die Amerikaner hätten als abenteuererprobte Pioniere ein abgeklärtes, lockeres Verhältnis zu den Fährnissen des täglichen Lebens und würden sich hinter vorgehaltener Hand eher lustig machen über all diese Warnungen. Aber nein, im Gegenteil, die allgegenwärtigen Sicherheitshinweise kommen ihrer eher vorsichtigen und besorgten Grundeinstellung sehr entgegen. So wünschen Amerikaner zum Beispiel keine «gute Reise», sondern eine sichere Reise: «Have a safe trip!» Sobald sich jemand einer Stufe nähert, macht der Amerikaner seine Mitmenschen höflich auf das Hindernis aufmerksam: «Watch your step!» Fängt ein Kind an zu rennen, ruft die Mutter mit großer Wahrscheinlichkeit hinterher: «Careful, honey!» Hat in einem Geschäft oder einem Restaurant jemand gekleckert oder wurde der Boden feucht gewischt, wird umgehend ein leuchtend gelbes Schild aufgestellt: «Caution! Wet floor! Slippery!» Kaum hat man das Laufband am Washingtoner Flughafen betreten, warnt eine Stimme aus dem Nirgendwo auch schon in ständiger Wiederholung: «Vorsicht! Das Laufband ist gleich zu Ende!»

Als eine unserer Töchter in einem Einkaufszentrum mal auf

der Rolltreppe ausrutscht und sich eine kleine Schürfwunde am Knie holt, kommen sofort die Sicherheitsbeamten angesprintet. Sie wollen genauestens wissen, was passiert ist. Wir sollen mehrere Formulare ausfüllen und unterschreiben, dass wir niemanden für den Unfall verantwortlich machen und keine Schadensersatzklagen anstreben werden. Die leicht blutende Schramme wird von allen Seiten mit einer Polaroidkamera fotografiert. Unsere Tochter genießt die Aufmerksamkeit und fühlt sich sehr wichtig. Es dauert länger als eine halbe Stunde, bis wir schließlich gehen dürfen.

Auch in anderer Hinsicht gilt die größte Sorge natürlich den Kleinsten. «Wissen Sie wirklich, was Ihr Babysitter macht? Wir beobachten Ihr Kindermädchen im Haus. Ihr Kind ist es wert!!», wirbt eine Anzeige in einem Lokalblättchen für die Installation versteckter Kameras. Sich ein polizeiliches Führungszeugnis zeigen zu lassen, gehört für viele Eltern zur Routine. Wir verzichten auf solch «übertriebene» Vorsichtsmaßnahmen und geben unsere Kleinen ab und zu in die Obhut einer jungen Frau, die uns von einer Nachbarin empfohlen wurde. Ein paar Wochen später werden wir eines Besseren belehrt. Es stellt sich heraus, dass die Babysitterin uns nach Strich und Faden beklaut hat. Während wir außer Haus waren, hat sie jeden Winkel unseres Hauses untersucht und überall etwas mitgehen lassen. Natürlich fragen wir uns, wie sie wohl die Kinder in unserer Abwesenheit behandelt hat, und mögen uns gar nicht ausmalen, was alles hätte passieren können. Wir bemühen uns, trotz dieser Erfahrung nicht hysterisch zu werden.

Insbesondere die weit verbreitete Angst vor Kidnapping scheint ansteckend zu sein. Die meisten amerikanischen Kinder werden von ihren Eltern auf Schritt und Tritt «bewacht». Sie werden zur Schule, zu ihren Freizeitbeschäftigungen und zu ihren Freunden gefahren, auch weil das öffentliche Verkehrssystem nicht so gut ausgebaut ist, aber eben nicht allein deswegen. Sieht man doch mal ein Kind ohne Begleitung eines Erwachsenen auf der Straße oder im Bus, so fällt das ins Auge. Kindesentführungen durch Fremde sind hier wie in Europa traurige Einzelfälle. Auf diese allerdings stürzen sich die Medien noch lüsterner als in Deutschland, schüren Panik und suggerieren, jede Familie müsse permanent auf der Hut sein, um nicht morgen schon zu den Opfern zu gehören. Als wir unsere drei- oder vierjährige Tochter einmal in einem Einkaufszentrum zehn Meter vor uns herlaufen lassen, werden zwei vorbeigehende Damen sofort unruhig: «Wessen Kind ist das?» Wir ernten ungewöhnlich böse Blicke und kommen nicht ohne Mahnung davon: «Passen Sie besser auf Ihr Kind auf! Sie wissen doch, was alles passieren kann.»

Im Mai 1997 machte ein Fall weltweit von sich reden: Eine dänische Schauspielerin ließ in New York ihr Baby im Kinderwagen vor dem Fenster eines Restaurants stehen, während sie mit ihrem (amerikanischen) Ehemann drinnen eine *Margarita* trank. Empörte Passanten riefen die Polizei. Die Eltern wurden verhaftet, das Baby erst mal zu Pflegeeltern gebracht. Die Schauspielerin wusste gar nicht recht, wie ihr geschah. In Dänemark sei es üblich, die Kinder vor der Tür zu lassen, rechtfertigte sie sich. Allerdings muss man gestehen: Ein unbeaufsichtigtes Kleinkind auf den Straßen New Yorks ist wirklich ein sehr extremes Beispiel europäischer Unbekümmertheit. Sabine war oft genug versucht, unsere schlafenden Babys für zehn, fünfzehn Minuten im Auto zu lassen, während sie schnell einkaufen ging. Am Anfang hat sie das sogar ein paarmal gemacht. Später dann dämmerte ihr, dass sie wahrscheinlich eines Tages die Polizei an ihrem Auto vorfinden würde. Kleinkinder allein im Auto zu lassen, ist selbst für wenige Minuten und bei angenehmen Temperaturen gesetzlich verboten.

Eine andere Gefahr aber ist gänzlich unsichtbar. Sie ist nicht zu sehen, nicht zu hören, und trotzdem ist sie überall: auf dem Boden, in der Luft, an Telefonen, Computern, Türklinken, Haltegriffen, Fahrstuhlknöpfen, einfach überall. Sie greift an, ohne dass wir es gleich merken. Es sind die Keime und Bakterien. Sie trachten nach der menschlichen Gesundheit.

Viele Amerikaner sind nahezu besessen von der Furcht vor *germs*. Im Vormittagsprogramm des Fernsehens erscheint es manchmal, als sei mit dem Kampf gegen die Krankheitserreger eine zweite Kriegsfront eröffnet. Nachrichtenbeiträge beraten immer wieder, wie man den kleinen Monstern die schädliche Wirkung nimmt: Benutzen Sie in Küche und Bad Papiertücher anstelle von Stofflappen und Handtüchern, oder waschen Sie die Handtücher nach jedem Gebrauch! Das empfiehlt die *USA Today* während der Erkältungssaison. Hausfrauen auf dem Kriegspfad werden vorgeführt, die täglich Kühlschrankgriffe und Lichtschalter desinfizieren, sobald ein Familienmitglied niest. Eindringliche Werbung für antibakterielle Seife und Spülmittel steuert ihren Anteil zur Panikmache bei.

Einmal hatten wir ein Unternehmen bei uns zu Hause, um unsere Sitz-Garnitur zu reinigen. Einer der Männer fragte, ob wir Kinder hätten, und mahnte uns dann eindringlich, die Polstermöbel regelmäßig pflegen zu lassen. «Viele Leute haben gar keine Ahnung, wie schnell Kleinkinder sterben können von all den Keimen, die sich in so einem Sofa tummeln», warnt er Sabine mit leichtem Zittern in der Stimme.

Natürlich stimmt es, dass besonders geschwächte Menschen an einem Grippevirus sterben können. Hier aber meint man, es sei die Pest im Anflug, wenn eigentlich von der Grippe, *the flu,* die Rede ist. Auch der kräftigste Muskelprotz bleibt nicht von der Angst verschont, diese gesundheitliche Bedrohung könne ihn spätestens im kommenden Winter dahinraffen. Sobald in den Medien saisonbedingt zum ersten Mal von der Grippe die Rede ist, sind innerhalb kürzester Zeit sämtliche Impfstofflager leer gekauft.

Auch wenn man sich über unzureichende Besorgnis angesichts der lautlosen, unsichtbaren Gefahr eigentlich nicht beschweren kann, gibt es wohl selbst in Amerika noch vereinzelt fahrlässige Personen, denen bezüglich der Krankheitsvorsorge nicht zu trauen ist. Deshalb existiert kaum ein *restroom*, wo die Angestellten nicht auf einem Schild besonders aufgefordert würden, sich nach Benutzung der Toilette die Hände zu waschen. Ab und zu geht die Anweisung sogar ins Detail: «Angestellte müssen sich mindestens 20 Sekunden lang die Hände waschen, bevor sie zur Arbeit zurückkehren.»

Ist solch kleinen Krankheitserregern noch mit relativ einfachen Verhaltensweisen beizukommen, so muss man bei massiven Bedrohungen größeres Geschütz auffahren. Vor allem gegen die Gefahren des Straßenverkehrs hilft nur gezieltes Konsumverhalten. Seit Jahren schon sind so genannte *Sports Utility Vehicle*, abgekürzt *SUV*, der Verkaufsschlager der Automobilindustrie. Doch weniger als fünf Prozent der Besitzer nutzen ihr Gefährt jemals zu sportlichen Zwecken jenseits der asphaltierten Straßen. «Größere und schwerere Autos sind bei einer Kollision sicherer als kleinere», klärt der *Sichere Autoführer,* ein Online-Ratgeber, auf. Allerdings geht die eigene Sicherheit auf Kosten der anderen Verkehrsteilnehmer. Der Online-Ratgeber: «Sie mögen bei einem Unfall in einem *SUV* sicherer sein, aber es besteht ein höheres Risiko, andere zu töten.» Doch die männlichen Käufer berauschen sich unbeirrt an dem Allmachtsgefühl, das die Sprit schluckenden Brummer ihnen vermitteln. Man sitzt hoch und fühlt sich mächtig. «The High and the Mighty» nennt Autor Keith Bradsher sein Buch über *SUVs* und resümiert: «*SUVs* sind die größte Bedrohung für die öffentliche Sicherheit und die Umwelt, die die Automobilindustrie seit den 60er Jahren produziert hat.» Dem Erfolg der Geländewagen tat das keinen Abbruch. Inzwischen werden in den USA 40 Prozent der *SUVs* an Frauen verkauft. Die eigene Sicherheit ist für sie das ausschlaggebende Argument bei der Wahl des Modells. *Bigger is safer.* Größer ist sicherer!

Himmlische Kräfte in irdischen Gefilden

Die religiöse Supermacht

«Hör den Heiligen Geist in dir! Hör, wie er anklopft und in dein Herz will!» Der Prediger brüllt fast in die Kamera. Und damit auch jeder den Heiligen Geist hört, klopft er sich energisch auf die Brust – genau dort, wo das Ansteckmikrophon sitzt. «Poch, poch, poch», dröhnt es über die Lautsprecher. Es geht ums Ganze in diesem Moment in dieser Kirche in Florida; es geht um alles, um viel mehr als ums Leben: Es geht um die Ewigkeit. «Du kannst noch nass vom Taufwasser sein, die Hostie noch im Mund haben und doch in die Hölle kommen!» Steve Hill hat sich wieder von der Kamera abgewandt und lässt seinen Blick drohend über die Gemeinde schweifen. Er hat einen dunklen Anzug an, ein weißes Hemd mit Krawatte und trägt einen dichten Schnurrbart. Er hat volles dunkles Haar und ist überdurchschnittlich groß. So, wie er aussieht, könnte er ebenso gut ein Bankangestellter sein oder ein Autoverkäufer. Aber er akzeptiert nur noch Jesus als Arbeitgeber.

Hill entspricht zwar in seinem Auftreten dem Prototyp des Fernsehpredigers, aber die Kameras kamen erst spät ins Spiel. Steve Hill kam zunächst als Gastprediger in diese kleine Gemeinde in Pensacola. Die Stadt liegt im so genannten *panhandle*, dem «Bratpfannenstiel» von Florida, also dem provinzielleren nördlichen Bereich des Staates, der an der Golfküste von West nach Ost verläuft. Mit anderen Worten: Pensacola liegt weitab vom potenziell sündhaften Teil Floridas, wo die Touristen ihre Haut der Sonne entgegenräkeln. Die Stadt ist ein Zentrum christlicher Inbrunst. Einen Tag nur sollte Hill hier zu Gast sein. Doch seine Predigt elektrisierte die Gläubigen derart, dass aus dem einen Tag noch einer wurde und noch einer. Die mitreißenden Ansprachen zogen Besucher von außerhalb an. Steve Hill wurde zur Attraktion.

Es ist keine Seltenheit, dass die Pastoren von kleinen Gemeinden Gastprediger einladen, um wieder Schwung in die Seelen zu bringen. Aber auch umgekehrt: Gläubige und Pfarrer verlassen für ein paar Tage ihre eingefahrene Kirche, um an einem anderen Ort ihren Glauben zu erneuern. *Revival* – «Wiederbelebung» nennt man solche Camps. Sie sind so amerikanisch wie das jährliche Truthahnessen zu *Thanksgiving*. Genau genommen sind sie sogar älter als das Land selbst. Noch zu Kolonialzeiten, bevor die USA zur unabhängigen Nation wurden, berauschten sich gottesfürchtige Seelen und Suchende in den Zelten der Wanderprediger. Das Revivalzelt wurde ein Kraftzentrum für Religion und Politik. Uns Europäern kommt diese Mischung fremd, manchmal sogar abstoßend vor. Doch vor über 200 Jahren waren die feurigen Ansprachen auf dem Feld nicht zuletzt eine Abwechslung. Die weit verstreut lebenden Farmer-Familien hatten einen Anlass, zusammenzukommen und sich in unverdächtiger Weise gehen zu lassen.

In der Provinz hat das noch heute eine Bedeutung, wie Joe und Ada Combs aus Missouri bekräftigen. Das Seniorenpaar lebt seit seiner Jugend für den Herrn. «Man nannte uns am Anfang *holy rollers*, weil manche in Ekstase über den Boden rollten. Viele wollten einfach eine Show sehen. Sie kamen also nur, um sich zu amüsieren. Aber dann wurden sie Teil dieser Kraft. Der Heilige Geist hat einige wirklich überzeugt und gerettet.»

Als Tom den Combs begegnet, bekommt er eine kleine Ahnung von den religiösen Wellen, die seit jeher das Land durchströmen. Die Combs sind ein älteres Ehepaar, das im Lehnsessel sitzen und seinen Ruhestand genießen könnte. Aber die beiden ziehen durch Amerika, nicht per Kutsche und Pferd, wie einst ihre Vorgänger, sondern mit einem klapperigen Auto, das jederzeit seinen Geist aufgeben könnte. Aber der Geist, auf den es ihnen ankommt, beflügelt sie. Der britische Musiker Mark Knopfler, der wie kaum ein Ausländer den kulturellen Mutterboden Amerikas versteht, hat Leute wie Joe und Ada in seinem Song «Balony again» verewigt: Da sitzt der Wanderprediger im Auto, kann sich kein Hotel oder ordentliches Essen leisten und isst bescheiden sein Salamibrot, auf Englisch: «Balony». Fast genauso ist das bei den Combs. «Als wir noch kleine Kinder hatten und zu winzigen Kirchen reisten, war das richtige Pionierarbeit», sagen sie. «Oft waren nur ein paar Leute da. Und wir hatten kaum Geld. Wir fuhren nachts, so konnten die Kinder im Auto schlafen, und es war billiger.»

Ihr nächster Stopp ist eine kleine Dorfkirche im Bundesstaat Arizona. Das Wort «Dorf» ist für dieses Nest eigentlich eine Übertreibung. Mitten in der Wüste stehen über einige staubige Hügel verstreut so genannte *mobil homes* – Blechhäuser, die überdimensionierten Wohnmobilen entsprechen und theoretisch jederzeit versetzt werden können. In der Kirche sind an diesem Sonntag vielleicht eineinhalb Dutzend Menschen zusammengekommen, darunter ein mexikanischer Wanderarbeiter, der kein Englisch versteht. Joe und Ada stimmen die Kirchenlieder ohne Orgelbegleitung an. Joes Predigt hat keine geschliffene Rhetorik, aber man spürt seine Aufrichtigkeit. Der mexikanische Wanderarbeiter sitzt zusammengesackt in seiner Bank und schluchzt. Joe streicht ihm über den Rücken. Am Ende steckt jeder etwas in den Klingelbeutel für das Wanderprediger-Ehepaar.

Nicht nur für die Combs, grundsätzlich ist die Kollekte die zentrale Einnahmequelle aller religiösen Gemeinschaften. Alle Kirchen finanzieren sich durch freiwillige Beiträge, Kirchensteuer ist unbekannt. Die Vorstellung, dass der Staat für Religionsgemeinschaften das Geld einzieht, ist für Amerikaner geradezu empörend. Der Staat hat doch neutral zu sein! In den USA legt der Gläubige um die Weihnachtszeit ein «Gelübde» ab; er verspricht seiner Kirche für das kommende Jahr eine bestimmte Summe. Dieses Geld gibt er dann in Teilbeträgen, oft direkt während des Gottesdienstes. Deshalb liegen in amerikanischen Klingelbeuteln oft mehr Schecks als Bargeld: Es ist der versprochene Gemeindebeitrag in Form des wöchentlichen Anteils.

Religion brachte die frühen Siedler nicht nur zur Abwechslung zusammen, sie bildete auch den Nährboden für die amerikanische Revolution. Die Kolonien hatten ursprünglich wenig Gemeinsamkeiten. Viele hatten mehr Verbindungen zum englischen Mutterland als untereinander. Nicht in politischen Debattierclubs, sondern in Revivalzelten lernten die Farmer ihre Gemeinsamkeiten kennen. Die Zelte waren frühe Schmelztiegel. Manche Historiker sagen, die Wanderprediger seien die Geburtshelfer der Revolution gewesen, unter anderem, weil sie überkonfessionell waren. Beim Revival wurde nicht danach gefragt, welcher Kirche jemand angehörte.

«In den Himmel kommt man nicht als Lutheraner oder Episkopalist oder Methodist», donnert Steve Hill auch heute in Pensacola den Gläubigen entgegen. «Da oben kommt nur hin, wen das Lamm Gottes mit seinem Blut reingewaschen hat.» Dann kommen die Erneuerungswilligen nach vorn. Ein riesiges Taufbecken steht bereit. Wer sich meldet, steigt hinein und taucht völlig unter. Vorher bekennen die Reuigen noch, zum Teil unter Tränen, wie ihr Glaube zu reiner Gewohnheitssache verkommen sei, sozusagen lauwarm, wie das Wasser, in das sie nun steigen. Was Beobachtern kitschig vorkommen mag, hat eine ungeheure Kraft: Wer glaubt, den lebendigen Gott selbst direkt erfahren zu haben – an Priestern und Konfessionen vorbei –, der kehrt nicht als Schaf in die Herde zurück. Diese Kraft strahlt auf alle

Konfessionen aus. «Die Amerikaner haben eine Gemeindekirche, wir Deutsche haben eine Obrigkeitskirche», fasste einmal ein katholischer Pfarrer den Unterschied für seine Kirche zusammen.

Der Staat verhält sich den vielen Glaubensrichtungen gegenüber neutral, aber das heißt nicht, dass der öffentliche Raum der Religiosität entbehrt. Alle Präsidenten berufen sich bei Ansprachen auf einen gemeinsamen Schöpfer oder bitten die Bürger darum, für ihr Land zu beten. Wenn in vielen christlichen Kirchen neben dem Altar die amerikanische Fahne steht, ist das ein anschaulicher Beleg dafür, wie sich Patriotismus und Gottesfurcht vermischen.

Aber vielen konservativen Christen geht das längst nicht weit genug. In ihren Augen ist das Land dabei, von Gott abzufallen. Der bekannte Fernsehprediger Pat Robertson ging sogar so weit zu behaupten, die Terroranschläge vom 11. September 2001 seien Gottes Rache für diese Gottlosigkeit. «Die Verfassungsväter meinten mit Religionsfreiheit nur die Freiheit, welcher Religion man angehört, nicht die Befreiung von jeglicher Religion.» Diese Argumentation ist weit verbreitet bei denen, die Amerika gerne wieder auf den «rechten Weg der Tugend» zurückführen möchten. Ihrer Meinung nach sind die Linksliberalen verantwortlich für die Vertreibung von Jesus Christus aus dem öffentlichen Leben. Und das Zentrum des Bösen ist aus dieser Sicht Hollywood, das mit seinem promiskuösen, übersexualisierten «Schund» die Jugend verderbe.

Allerdings kam ausgerechnet aus Hollywood der Paradefilm für die Rechtgläubigen: *Die Passion Christi* zeigt das Leiden Christi als wahre Blutorgie. Die Wirkung des Films beleuchtet anschaulich die unterschiedliche Ausprägung des christlichen Glaubens auf beiden Seiten des Atlantiks. Europäer zeigten sich im Großen und Ganzen unbeeindruckt. Auch der Pfarrer der deutschsprachigen katholischen Gemeinde fand den Film platt und eindimensional. Von jungen amerikanischen Christen dagegen bekam man oft nach der Vorstellung zu hören: «Das hat meinen Glauben wieder neu entfacht und bestärkt.» Differenzierte Theologie ist in diesem Zusammenhang nicht so wichtig wie die Wirkung aufs Gefühl.

Kinostar Mel Gibson produzierte *Die Passion Christi* auf eigene Rechnung. Der Erfolg überraschte nicht nur die Filmbranche, sondern zeigte auch die geballte Kraft des Netzwerks der konservativen christlichen Konfessionen. Mel Gibson hatte schon während der Produktion zu etlichen einflussreichen Kirchenvertretern Kontakt aufgenommen. Als der Film startete, gingen ganze Gemeinden geschlossen in die Vorstellungen. *Die Passion Christi* spielte über 300 Millionen Dollar ein. Ein Pastor in unserer Nachbarschaft brachte uns eine Informationsbroschüre über den Film und lud uns zum Kinoausflug mit anschließender Gesprächsrunde ein. Keineswegs eine alltägliche Aktion.

Der kommerzielle Erfolg des frommen Films ist hauptsächlich der zuverlässigen Hingabe der *Evangelicals* zu verdanken. Ganz in der Tradition der Revivals, wollen diese «Wiedererweckten» den Glauben wieder zum Lodern bringen. Es geht ihnen um eine persönliche Beziehung zu Jesus. Evangelikale sind nicht konfessionsgebunden. Wenn sie koordiniert vorgehen, sind sie eine ungeheure konservative Kraft. Für Präsident Bush sind sie die Machtbasis. Karl Rove, der Architekt seiner Wahlkampagnen, setzte von Anfang an darauf, die Evangelikalen als Wählerblock voll auszuschöpfen. Jahrzehntelang hatte die Republikanische Partei die konservativen Christen immer als Stammwähler gesehen und ihnen deshalb keine besondere Aufmerksamkeit gewidmet. Wahlen werden in der Mitte gewonnen, lautet schließlich das Credo der Politiker aller Demokratien. Und es stimmt auch, dass Evangelikale zurzeit kaum für einen demokratischen Kandidaten stimmen würden. Aber sie bleiben einfach zu Hause, wenn ihnen der republikanische Kandidat zu gemäßigt vorkommt, und nehmen damit unter Umständen entscheidenden Einfluss. Sie sind sich inzwischen ihrer Bedeutung voll bewusst. In der Nationalen Vereinigung der Evangelikalen, kurz NAE, sind nach eigenen Angaben 53 Konfessionen zusammengeschlossen. Das seien 45 000 Kirchen in den USA. «Weil wir zahlreich sind, haben wir Einfluss und Macht», sagt die NAE ganz offen. «Zusammen erreichen wir mehr, als jeder für sich es jemals könnte. Und jetzt ist die Zeit, das zu beweisen.»

Die große Chance, das zu beweisen, bot ihnen die Präsidentschaftswahl 2004. Präsidentenberater Karl Rove hatte ausgerechnet, dass sein Kandidat die breite Mitte der Wähler außer Acht lassen könne, sofern er den konservativ-christlichen Wählerblock voll mobilisierte. Im Jahr 2000 war ihm das nicht ganz gelungen. Also umwarb Bush diese Gruppe 2004 noch entschiedener, auch wenn er damit viele gemäßigte Wähler abschreckte. Er gewann eindeutig. Seitdem werden Wahlen nicht mehr nur in der Mitte gewonnen. Die Evangelikalen schreiben es mit einigem Recht ihrer zuverlässigen Schlagkraft zugute, dass George W. Bush wiedergewählt wurde. Der Kampf um den rechten Weg des Landes soll nun so richtig Fahrt aufnehmen.

Das jüngste Reizthema in diesem Kulturkampf ist die Evolution. So genannte *Creationists* zweifeln sie an und beharren darauf, dass die Menschheit nicht von niedrigeren Lebewesen abstammen könne, sondern dem Schöpfungsakt Gottes entsprungen sein müsse. Um die etablierten Naturwissenschaften in diesem Punkt zu widerlegen, argumentieren diese Gläubigen seit einiger Zeit mit der Theorie des «intelligenten Designs». Sie glauben, die Komplexität irdischen Lebens deute auf den absichtsvollen Schöpfungsakt eines superintelligenten Wesens hin. An immer mehr Schulen müssen nun Biologie-Lehrer beim Thema «Evolution» darauf hinweisen, dass es auch andere Theorien über den Ursprung des Lebens gibt. Dem Einfluss solch fundamentalistischer Kräfte ist zu verdanken, dass der Präsident die Naturwissenschaften einfach mit einem Fragezeichen versieht. «Darwinismus ist eine Theorie», stimmt Bush den *Creationists* zu.

Doch der Streit um die Gültigkeit von Darwins Evolutionslehre ist nicht der Hauptkonflikt in diesem Kulturkampf. Das Recht auf Abtreibung ist das unübertroffene Reizthema der Evangelikalen. Im Jahr 1973 erklärte der Oberste Gerichtshof die Abtreibungsverbote einiger Einzelstaaten für verfassungswidrig. Die Entscheidung über einen Schwangerschaftsabbruch sei die private Angelegenheit jeder Frau. Daran reiben sich seither alle Abtreibungsgegner. Für sie ist dieses Urteil ein Beweis dafür, wie weit sich unabhängige Richter vom Geist der Verfassungsväter entfernt haben. Es gibt verschiedene Strategien, mit denen die Gegner Abtreibungen zu verhindern versuchen. In einigen Staaten gibt es nur noch wenige Kliniken, in denen die Abbrüche durchgeführt werden. Das ist eine enorme Hürde für Frauen, die sich zur Abtreibung entschlossen haben: Sie müssen zum Teil weite Strecken zurücklegen, um einen Arzt zu finden. Es gibt Demonstrationen vor Kliniken, die Abtreibungen vornehmen. Mehrmals brachten extreme Aktivisten Gynäkologen um, weil sie Abtreibungen vorgenommen hatten.

Das Fernziel bleibt für Evangelikale die Revision des Urteils, und die Hartnäckigkeit, mit der sie dies verfolgen, kann gar nicht überschätzt werden. Vom Präsidenten erwarten sie, dass er rechtgläubige Juristen für den Obersten Gerichtshof nominiert. Als Bush es wagte, für einen der frei werdenden Posten keinen ultrakonservativen Richter, sondern seine Vertraute Harriet Miers zu nominieren, liefen die Evangelikalen dermaßen Sturm, dass die Abgeordneten aus Bushs eigener Partei die Gefolgschaft versagten. Bush zog seine Kandidatin zurück und nominierte stattdessen den genehmeren Samuel Alito. Es war ein Paradebeispiel für die Macht der konservativen Basis. Als die Demokraten im Kongress überlegten, die Abstimmung durch Endlos-Debatten zu verhindern, trugen die Evangelikalen den Konflikt direkt in die Kirchen. Sie organisierten einen «Gerechtigkeitssonntag». Konservative Prediger wetterten gegen die liberale Opposition in Washington und beteten für eine «moralische Erneuerung» des Landes. Ihre Predigten wurden simultan in Gotteshäuser im ganzen Land übertragen.

Für solche Multimedia-Events braucht man Übertragungswege, Riesenleinwände und ausgefeilte Lautsprechersysteme. Die finden sich in so genannten Megakirchen. Darunter sind protestantische Gemeinden zu verstehen, die im Schnitt fast 4000 regelmäßige Kirchenbesucher haben. Die größten Megakirchen werden Woche für Woche sogar von rund 30 000 Gläubigen besucht. Die Angehörigen solcher Gemeinden scharen sich um einen charismatischen Geistlichen und sind auch während der Woche aktiv. Die Organisationsstrukturen sind dem Wirtschaftsleben nicht unähnlich. Die Megakirchen entstehen am Rand von schnell wachsenden Metropolen und siedeln sich wie große Einkaufszentren in der Nähe einer großen Verkehrsader an. Dort besitzen sie oft 20 bis 40 Hektar Land, sodass sie riesige Parkplätze einrichten können. Die *Lakewood Church* in Houston, Texas, zog zum Beispiel in die Sporthalle, in der bis dahin das Basketballteam der Stadt seine Heimspiele absolvierte. Megakirchen betreiben ein Megabusiness. Der Geistliche Joel Osteen rührt regelrecht die Werbetrommel für *Lakewood*, indem er seine frohe Botschaft übers Fernsehen verbreitet. In manchen Jahren gibt er zwölf Millionen Dollar für solche Fernsehübertragungen aus.

Gemeinden mit Wachstumsproblemen können sich an die Firma *Kingdom Ventures* wenden, die Risikokapital vergibt. Deren Selbstbeschreibung liest sich wie ein Investmentplan für eine weltliche Geschäftsidee:

«Unsere anfängliche Investition beträgt in der Regel zwischen 10 000 und 100 000 Dollar. Wir helfen den Gemeinden, die Folgefinanzierung zu sichern.»

«Wir helfen, eine Entwicklungsstrategie zu entwickeln mit

kurzfristigen und langfristigen Zielen und zeigen, wie die Gemeinde diese erreichen kann.»

«Marketing: Wir helfen den Gemeinden, bessere Public Relations zu entwickeln.»

Die Evangelikalen haben seit 2001 sogar einen eigenen Erlebnispark in Florida. In Orlando, wo auch *Disneyland* und *Sea-World* Zerstreuung bieten, können fromme Besucher Erbauung finden – in *Holy Land Experience*. Die Gassen von Jerusalem und andere Orte des Heiligen Landes sind nachgebaut und bilden die Kulisse für hautnahe Inszenierungen. Jeden Tag um zwei Uhr wird Jesus gekreuzigt. Vorher macht Darsteller Les Cheveldayoff Dehnungsübungen. Früher war er Pilot, aber «auf dem Höhepunkt meiner Karriere fragte mich Gott: ‹Willst du die nächste Ebene erreichen? Dann musst du mir vertrauen.›» So lässt sich Cheveldayoff nun täglich kreuzigen. 250 000 Besucher strömen jedes Jahr ins *Holy Land*. Eine Tageskarte kostet rund 30 Dollar. «Wenn Sie durch die Stadttore von Jerusalem schreiten, reisen Sie 2000 Jahre zurück in ein fernes Land», heißt es im Begrüßungsprospekt des Erlebnisparks. Doch im Gegensatz zum Original hat *Holy Land* den Vorteil, alle Vorzüge der modernen Zivilisation zu bieten. Man kann Kinderwagen und Rollstühle mieten, und die Hinweisschilder sind in Englisch angebracht.

Eigentlich fehlt nur, dass die Heilsgeschichte nach Nordamerika verlagert wird. Diese theologische Lücke überbrückt die *Kirche Jesu Christi der Heiligen der Letzten Tage*. Im alltäglichen Sprachgebrauch werden die Angehörigen als Mormonen bezeichnet, auch wenn die Kirche selbst lieber bei der längeren offiziellen Bezeichnung bleibt. Diese Glaubensrichtung beruft sich auf die Bibel, aber auch auf das *Buch Mormon*. Darin wird berichtet, dass 600 vor Christus ein Prophet namens Lehi mit einigen seiner Anhänger auf den amerikanischen Kontinent kam. Den Nachkommen dieser Gruppe sei Christus persönlich nach seiner Auferstehung erschienen. Aber laut Mormon hat Gott noch mehr mit der Neuen Welt vor: Am Jüngsten Tage werde das in der Bibel verheißene neue Jerusalem in Amerika errichtet.

Gläubige Mormonen rauchen nicht und trinken weder Alkohol noch Kaffee oder schwarzen Tee. Sie legen großen Wert auf Familienzusammenhalt. Nach dem Schulabschluss wird von jungen Mormonen erwartet, eine Zeit lang missionarisch ihre Religion zu verbreiten. Sie sind überall leicht zu erkennen: immer adrett und sauber, die Jungs mit weißem Hemd und Schlips, dazu Namensschilder. Sie werben für eine der am schnellsten wachsenden Glaubensgemeinschaften.

Am Stadtrand Washingtons steht ein riesiger Tempel, wie zum Zeugnis des Einflusses der Mormonen. Der älteste Tempel befindet sich in Salt Lake City in Utah, dem Zentrum dieser Kirche. Ständig warten dort junge Brautpaare in der Schlange, um ihr Hochzeitsfoto knipsen zu lassen. Hierher floh vor über 150 Jahren Brigham Young mit seinen Anhängern, nachdem sie im Mittleren Westen verfolgt worden waren und ihnen die Ausrottung drohte. Die religiöse Toleranz des jungen Landes war noch nicht sehr entwickelt. «Wir waren eine zusammengeschweißte Gemeinschaft von Gläubigen und wurden überall angefeindet», erläutert Kirchenfunktionär Marlin Jensen mit Blick auf das Zentrum von Salt Lake City. «Wir brauchten Raum, um auszuweichen. Hier lebten damals nur ein paar Einsiedler und Indianer, die Gegend war eine Wüste. So hatten wir diesen Ort ganz für uns und konnten ihn zum Blühen bringen.» Wie der Auszug aus Ägypten für die Israeliten, so gehört die Flucht in die Salzwüste von Utah zum Gründungsmythos der *Kirche Jesu Christi der Heiligen der Letzten Tage*.

Die Geschichte der Mormonen ist ein anschauliches Beispiel dafür, dass dieses Land am Ende einfach zu groß ist, als dass sich Intoleranz auf ewig durchsetzen könnte. Egal, wie ausgefallen die Glaubensrichtung, sie findet immer irgendwo einen Platz – auch heute noch. So ist Amerika Tummelplatz von allen möglichen

Religionen, Konfessionen und Gruppen, die in Deutschland als Sekte gelten würden. In Waco, Texas, fand eine solche Gruppe 1993 ihr gewaltsames Ende. Aber nicht etwa, weil man Anstoß an ihren Überzeugungen genommen hätte, sondern weil ihr Anführer David Koresh (der eigentlich Vernon Howell hieß) unter anderem wegen unerlaubten Waffenbesitzes und sexueller Übergriffe an Mitgliedern seiner Gruppe auf der Fahndungsliste der Polizei stand. Bei dem Versuch, ihn festzunehmen, wurden vier Polizisten erschossen. Die anschließende Belagerung des Farmhauses, in dem sich die *Davidianer* verschanzt hatten, endete im Inferno. 76 Menschen verbrannten, darunter Frauen und Kinder. Dieses Drama wurde zum Weckruf für alle radikalen Rechten, die meinen, ihre Regierung wolle ihnen die Grundrechte wegnehmen – vor allem das Recht auf freie Religionsausübung und das auf Waffenbesitz.

Einige Jahre später besucht Tom diesen Ort. In einem kleinen Verschlag an der Einfahrt des Geländes sitzt eine Frau neben einem etwas wirren Museum. Es ist nicht ganz klar, welche Aussage das Museum verbreiten soll. Vom Farmhaus selbst stehen nur noch die Fundamente. Jemand hat für die Toten Bäume gepflanzt. Davor campiert ein Mann mit seiner Familie in einem Wohnwagen. Er und die Frau neben dem Museum sprechen sich gegenseitig das Recht ab, für die wahren Davidianer zu sprechen. Er klagt David Koresh an, aus einer Religion eine Sekte gemacht zu haben. Und dann beginnt er zu erklären, was die wahren Davidianer glauben. Es ist eine komplizierte Geschichte, mit vielen Windungen, Abspaltungen und Richtungskämpfen. Vor allem mit vielen Bezügen zum Alten Testament. Währenddessen zirpen die Grillen, und einige Wolken ziehen den endlosen texanischen Himmel entlang. Und es fährt Tom durch den Kopf, dass man hier draußen fast alles glauben könnte, wenn man nur lange genug zuhört; so weit ist man weg von allem.

In den Weiten des Landes mag sich religiöse Vielfalt nebeneinander wie ein Flickenteppich ausbreiten können – in den Städten und dichter besiedelten Gemeinden ist man darauf angewiesen, miteinander in Toleranz zu leben. In der Regel geschieht dies auf gelassene Art. Eine Grundregel bei Ausflügen, Abendessen, Vereinsfesten und anderen gemeinsamen Veranstaltungen lautet: «Vermeide grundsätzlich zwei Themen: Politik und Religion.» Auch religiöse Feiertage gibt es kaum. Lediglich der 25. Dezember gilt fast überall, aber Karfreitag, Ostermontag, Pfingsten oder ähnliche Tage sind ganz normale Arbeitstage. Sie zu staatlichen Feiertagen zu erklären, wäre eine Diskriminierung der anderen Religionen. Firmen geben stattdessen einige «persönliche Tage» zusätzlich zum kargen Jahresurlaub. So kann der Christ, wenn er will, Heiligabend in die Kirche gehen, sein jüdischer Kollege zu Jom Kippur freimachen, der Atheist einen Tag zu Hause bleiben, wenn ein Familienmitglied krank ist.

Innerhalb der Religionen gibt es bisweilen sogar Pluralität unter demselben Dach. So wechseln manche Kirchen flexibel ihr Gesicht. Die *Wheaton Presbyterian Church* in einem Washingtoner Vorort gehörte zum Beispiel lange Zeit Sonntagmorgen um zehn den weißen Presbyterianern, anschließend den taiwanesischen Presbyterianern, mittags den schwarzen Baptisten, am späten Nachmittag einer lateinamerikanischen Pfingstgemeinde. 1952 gegründet, hatte die Kirche in den 1960er und 1970er Jahren einen beeindruckenden Aufschwung erlebt. Doch dann schrumpfte die Gemeinde unaufhaltsam – bis zur Sonntagsschule, die einst fast 700 Kinder besuchten, nicht mehr als drei Schüler erschienen. Da gab es nur noch die Alternative: Räume und Kosten teilen oder die Kirche aufgeben. Die *Wheaton Presbyterian Church* ist nicht das einzige Gotteshaus in den USA, das diesen Überlebensweg gewählt hat. Gemeinsame Gottesdienste der vielfältigen christlichen Untergemeinden sind allerdings sehr selten. Davon halten nicht nur die kleinen Unterschiede im Glauben an denselben großen Gott ab, sondern auch ethnische Zugehörigkeiten, verschiedene Sprachen, Kulturen und Hautfarben. Es gibt nur wenige Gemeinden, die bunt gemischt sind.

In Georgetown, längst ein weißes Wohnviertel, hält sich eine schwarze Kirche, zu der die meisten Gemeindemitglieder aus anderen Ortsteilen anreisen. Als Nachbarn im selben Viertel nahmen wir an einem Gottesdienst teil und wurden sehr freundlich aufgenommen, aber es blieb ein Ausnahmebesuch. Die Messen der schwarzen Gemeinden sind wegen ihrer Lebendigkeit vor allem bei europäischen Besuchern ein beliebtes Ziel, auch bei solchen, die zu Hause nie eine Kirche von innen sehen. Jedoch machen sich manche Gäste nicht klar, dass sie hier keinem Popkonzert beiwohnen. Afroamerikaner ziehen sich in der Regel für den Kirchenbesuch gepflegt an und sind gewöhnlich nicht gerade begeistert, wenn Gruppen von weißen Touristen aus Übersee in Shorts oder Jeans ganz locker einen schönen Gospelvormittag erleben wollen.

Erklärte Atheisten sind hoffnungslos in der Minderheit. 90 Prozent der Amerikaner geben an, religiös zu sein. Allerdings sind darunter auch viele, die «irgendwie» an ein höheres Wesen glauben, ohne einer speziellen Religion zu folgen.

Am anschaulichsten präsentiert sich die breit gefächerte Vielfalt der Überzeugungen in der Schreibwarenabteilung der großen Drogerien und Supermärkte, insbesondere zum Jahresende. Die Grußkarten sind gegliedert nach den Feiertagen der verschiedenen Glaubensgemeinschaften: «Merry Christmas» für die Christen, «Happy Hanukkah» für das achttägige jüdische Fest, «Happy Kwanzaa» als Reverenz an eine Feier, die seit den 1960er Jahren von Afroamerikanern gefeiert wird, und so geht der Grußreigen weiter bis zum breitesten Regal: «Happy Holidays» steht auf diesen Karten, «Frohe Festtage» – was immer die Angeschriebenen feiern möchten. Solche Produkte werden häufig gewählt, wenn Amerikaner am Jahresende Geschäftspartner und Freunde grüßen. Mit der allgemeinen Floskel schont man die Gefühle von

Un- und Andersgläubigen. Manchen ist aber schon der Ausdruck «Festtage» zu riskant. Wer weiß, ob sich davon nicht jemand unangenehm berührt fühlt? Wer ganz auf Nummer Sicher gehen will, greift zu dem schlichten Brief mit dem Aufdruck «Seasons Greetings», womit diskret gemeint ist «Die besten Wünsche – der Jahreszeit entsprechend». Die politisch korrekte Enthaltsamkeit führte in einigen Orten schon dazu, den Weihnachtsbaum im Dorfzentrum umzubenennen in «Feiertagsbaum» oder «Gemeindebaum».

So viel Verweltlichung geht nun wieder manchen Christen entschieden zu weit. Sie starteten eine Kampagne «Put Christ back into Christmas», frei übersetzt: «Bringt das Christkind wieder ins Weihnachtsfest.» Einige Gruppen drohten Geschäften, die das Wort «Christ» vermieden, mit Boykott. So fanden wir uns zum letzten Jahreswechsel in unserem Gastland unversehens zwischen den Fronten eines Kulturkampfs wieder. «Frohes Fest!», grüßten wir Nachbarn und Bekannte höflich und stießen mehr als einmal auf Widerspruch. «Merry Christmas!», hieß es – die Ausrufezeichen waren fast hörbar. Weihnachtsgrüße als Statement.

Der Truthahn

Wir feiern Amerikas Nationalvogel

An einem Freitag im November werden wir vor sieben Uhr morgens von lauten Stimmen auf der Straße geweckt. Es ist der Morgen nach *Thanksgiving*, fast so gut wie ein Feiertag – ein Brückentag, der den festlichen Donnerstag mit dem Wochenende verbindet. Umso erstaunlicher, dass der Krach nicht aufhört. Welche Handwerker brüllen hier bloß in aller Herrgottsfrühe herum, denken wir im Halbschlaf. Die Stimmen werden lauter. Wir quälen uns aus dem Bett, schauen verschlafen aus dem Fenster in den Garten und entdecken dicke Rauchschwaden. Im selben Moment donnert es unten an die Haustür. Kein Zweifel, der Lärm gilt uns.

Im Schlafanzug stürzen wir nach unten. Vor dem Haus steht ein riesiges rotes Feuerwehrgefährt. Ein bulliger Feuerwehrmann brüllt: «Machen Sie SOFORT das Gartentor auf! SOFORT!» Wir folgen umgehend, und schon rollt die Armada mit dicken Schläuchen in unseren Garten. Jetzt erst merken wir, dass der Komposthaufen brennt. Wir haben noch Glück im Unglück. Weil es nass ist, hat sich das Feuer nicht voll entwickelt, sondern ist als Schwelbrand langsam vorwärts gekrochen. Immerhin: Die untere Hälfte des Gartenzauns ist bereits verkokelt. In null Komma nix haben die Männer die Situation im Griff und die Beete zertrampelt, während wir im Bademantel auf dem Rasen stehen und ungläubig auf das Geschehen starren.

Der Einsatzleiter rätselt, was wohl die Ursache gewesen sein mag, prüft skeptisch die nicht gerade fachmännisch verlegten Kabel der Gartenlaternen und schimpft, während es Tom blitzartig durchzuckt: Gestern war *Thanksgiving*, und wir haben einen Truthahn gemacht. Genauer gesagt: Tom hat den Truthahn gegrillt. Vormittags schon. Und dann abends gegen zehn Uhr, da hat er gedacht, die Asche müsse doch nun eigentlich kalt genug sein, und sie kurzerhand auf den Misthaufen gekippt. Das war wohl ein Fehler. Zum Glück waren die Nachbarn etwas früher wach als wir. Die Feuerwehrleute verabschieden sich brummelnd und kopfschüttelnd.

Trotzdem, eins muss gesagt werden. Es war einer der besten Truthähne, die wir je gemacht haben. Tom hat sich in Amerika sehr schnell zum Experten mit Leidenschaft entwickelt. Mitten in der Nacht ist er aufgestanden, um den Vogel umzudrehen. Denn das Tier sollte von allen Seiten gleichermaßen eintauchen in die selbst angerührte Marinade – mit frischem Ingwer, Anissternen, braunem Zucker und Pfefferkörnern. Simple Holzkohle reichte am nächsten Tag dann beileibe nicht, um den Geschmack weiter zu verfeinern. Nein, *hickory smoke chips,* kleine Holzstückchen, vor dem Gebrauch 30 Minuten in Wasser eingelegt, mussten her und räucherten nicht nur den Truthahn, sondern auch die halbe Nachbarschaft. Außerdem wurde der Truthahn auf dem Grill regelmäßig mit einer Glasur aus Ahornsirup, Weißwein und Senf bestrichen. Das Ergebnis war ausgesprochen köstlich.

Man kann mit Fug und Recht behaupten, dass nicht der Adler, sondern der Truthahn Amerikas Nationalvogel ist. Über 250 Millionen Exemplare werden jedes Jahr zum Verzehr gezüchtet. Es handelt sich nur selten um magere Vögel, viele bringen weitaus mehr als zehn Kilo auf den Tisch. Nicht zuletzt deswegen sind die amerikanischen Backöfen recht großräumig. Oft wird der Truthahn gestopft mit einer Masse aus Brotkrumen, Nüssen, Kräutern oder auch Hackfleisch. Zu den traditionellen Beigaben gehören Preiselbeeren, Kartoffelbrei, Süßkartoffeln, Bohnen und zum Nachtisch Kürbiskuchen.

Thanksgiving ist immer am vierten Donnerstag im November. Es ist der höchste Familien-Feiertag und damit der wichtigste Tag im amerikanischen Kalender. Tanten, Söhne, Enkel fahren und fliegen quer über den Kontinent, um diesen Tag gemeinsam zu begehen. Flughäfen und Autobahnen sind verstopft. Es ist das Wochenende mit der intensivsten Reisetätigkeit im gesamten Jahr. Am Donnerstagnachmittag wird es dann erstaunlich still in diesem Land, das sonst keine Feiertagsruhe kennt. *Thanksgiving* ist ein weltlicher Festtag, der Amerikanern jeglicher Glaubensrichtung erlaubt, ihn als großes Familienfest zu begehen. *Home for the Holidays* heißt ein Film von Holly Hunter, und damit ist bezeichnenderweise nicht Weihnachten, sondern *Thanksgiving* gemeint. Ausnahmsweise haben an diesem Tag fast alle Geschäfte geschlossen. Tagelang vorher wird eingekauft für das große Festessen. *Thanksgiving* ist eine Art Erntedankfest, das an die Pilger erinnert, die 1620 mit der *Mayflower* in New England eintrafen und dort die Stadt Plymouth gründeten.

Anfang Dezember 1620 bringt die *Mayflower* 102 Passagiere an die Ostküste, wo sie sich auf einem Flecken niederlassen, an dem wenige Jahre zuvor noch das indianische Dorf Pawtuxet vorzufinden war. Pawtuxet gibt es zu dieser Zeit nicht mehr; seine Bewohner wurden alle von einer Krankheit dahingerafft, die englische Entdeckungsreisende eingeschleppt hatten. Die *Mayflower* bringt nämlich nicht die ersten Besucher vom alten Kontinent. Die *Thanksgiving*-Geschichte ist in mehreren Varianten überliefert. Die bekannteste lautet so:

Die weißen Ankömmlinge sind nicht vorbereitet auf den harten Winter; fast die Hälfte von ihnen stirbt schon in den ersten Monaten nach ihrer Ankunft. Die anderen überleben nicht zuletzt dank der Hilfe der *Wampanoag*-Indianer, die ihnen beibringen, Wigwams zu bauen, Mais anzupflanzen, Ahornsirup zu ernten und Venusmuscheln auszugraben. Nach einer ertragreichen Ernte im Herbst 1621 feiern Pilger und *Wampanoag* gemeinsam ein dreitägiges Dankfest. Die Indianer setzen sich zum ersten Mal staunend zum Essen an einen Tisch statt auf eine Matte. Die Siedler sind überrascht, dass sich die indianischen Frauen einfach dazugesellen. Bei ihnen herrschen nämlich andere Sitten: Die Frauen der Puritaner müssen sich hinter den Stühlen ihrer Männer gedulden, bis diese fertig gespeist haben. Die Ureinwohner überlassen den Zugereisten in Frieden und Freundschaft die Pawtuxet-Lichtung, auf der nach und nach die Stadt Plymouth entsteht.

Wie bekannt, ist die Freundschaft nicht von langer Dauer. Schon nach wenigen Jahren herrscht zwischen den Nachfolgern der weißen Siedler und der Indianer Feindschaft bis aufs Blut. Einer der Teilnehmer am Dankfest war Häuptling Massasoit. Ausgerechnet der Tod seines Sohnes Wamsutta löst Jahrzehnte später eine Kette von Ereignissen aus, die zu einem der grausamsten Kriege zwischen Kolonialisten und Indianern führen. Wamsutta war mit Waffengewalt zum Verhör nach Plymouth – mittlerweile eine Stadt mit Gerichtshof und Behörden – abgeführt worden. Er stirbt dort im Gewahrsam der Siedler. Eine Welle der Empörung geht durch die indianische Bevölkerung. Viele Stämme schließen sich Wamsuttas kompromisslosem Bruder Metacomet an, der von den Weißen auch *King Phillip* genannt wird. *King Phillip's War* (1675–1676) wird einer der verlustreichsten Kriege für beide Seiten. In seinem Verlauf werden wesentlich mehr Frauen und Kinder als kämpfende Männer getötet. Auf indianischer Seite überleben nur einige kleinere Stämme in abgelegenen Regionen.

Zur Feier des 350. Jahrestags der Ankunft der *Mayflower* wird 1970 auch ein Vertreter der wenigen verbliebenen *Wampanoag* nach Plymouth geladen. «Auch wenn es unsere Lebensart fast nicht mehr gibt», sagt er, «so durchwandern wir, die *Wampa-*

noag, noch immer das Land von Massachusetts. Was geschehen ist, kann nicht geändert werden. Aber heute arbeiten wir für ein besseres Amerika, ein mehr indianisches Amerika, wo Menschen und Natur wieder gleichermaßen wichtig sein werden.»

Der militantere Flügel der Indianer Neu-Englands ruft im selben Jahr *Thanksgiving* zum «Nationalen Tag der Trauer» aus und gibt eine etwas andere Version der Historie. Zwar hätten die *Wampanoag* den *Mayflower*-Pilgern tatsächlich geholfen und Essen gebracht, wie es ihr gastfreundlicher Brauch verlangte. Aber da die Indianer bereits ihre Erfahrungen mit anderen Einwanderern gemacht hatten, waren sie auf der Hut und sind zu dem Treffen gekommen, um Landrechte zu diskutieren. Es habe sich also nicht einfach um ein gemeinsames Festmahl gehandelt, sondern mehr um Verhandlungen. Seit 1970 versammeln sich *Wampanoag* in Plymouth auf dem *Cole's Hill*, genau dort, wo die ersten Pilger ihre Toten begraben haben. Die Indianer haben erreicht, dass ausgerechnet hier eine Tafel angebracht wurde, die die Gedanken jener wiedergibt, die sich von diesem nationalen Feiertag ausgeschlossen fühlen: «Viele eingeborene Amerikaner», heißt es auf der Plakette, «feiern die Ankunft der Pilger und anderer europäischer Siedler nicht. Für sie ist *Thanksgiving* eine Erinnerung an den Völkermord an Millionen ihrer Landsleute, an den Diebstahl ihres Landes und den unbarmherzigen Angriff auf ihre Kultur.»

Auch wenn sich die große Mehrheit der Amerikaner mit ihrer *Thanksgiving*-Legende auf eine jahrhundertealte Tradition beruft, so alt ist dieser Feiertag eigentlich nicht. Erst 1863 ruft Präsident Abraham Lincoln einen jährlichen nationalen *Thanksgiving Day* aus, um für das vom Bürgerkrieg zerrissene Land ein Symbol der Einheit zu schaffen. Dieser Tag wird zunächst überhaupt nicht in Verbindung gebracht mit dem Dankfest der Einwanderer von der *Mayflower*, das 250 Jahre zuvor stattfand. Erst 1941 wird der vierte Donnerstag im November vom Kongress zum staatlichen Feiertag erklärt, in Erinnerung an die Pilger. Bei allen widersprüchlichen Versionen der Geschichte, eines gilt inzwischen als gesichert: Weder Truthahn noch Kartoffelbrei oder Kürbiskuchen wurden 1621 serviert.

Fast 50 Millionen Truthähne werden in den USA jedes Jahr zu *Thanksgiving* verspeist. Einer in der Masse hat Glück und kommt mit dem Leben davon. Der Präsident höchstpersönlich macht traditionell von seinem verfassungsmäßigen Recht Gebrauch und begnadigt unter großer Anteilnahme einen ausgesuchten Truthahn. Unter besonderem Schutz stehend verbringt das Tier den Rest seiner Tage wohl behütet in einem Gehege.

Gegrillter Truthahn mit Ahornsirup-Senf-Glasur

Für 8 Personen

Zutaten:
1 ca. 6 kg schwerer Truthahn, ausgenommen und gesäubert

Für die Marinade:
6 l Wasser
2 große Zwiebeln, geviertelt
1 cup grobes Salz
1 cup frisch gehackter Ingwer
¾ cup brauner Zucker
4 große Lorbeerblätter
4 Anissterne
12 Pfefferkörner, gemahlen

Für den Truthahn und den Grill:
4 cups Räucherholzchips *(hickory smoke chips)* –
falls erhältlich,
30 Min. in Wasser eingelegt
1 Aluminiumschale
2 große Apfelsinen, in Scheiben geschnitten
¼ cup Olivenöl
30 ml Sesamöl

Für die Glasur:
¾ cup Ahornsirup
½ cup trockener Weißwein
⅓ cup Dijon-Senf
30 g Butter

Zubereitung:
Die Marinade-Zutaten in einen sehr großen Topf geben, langsam zum Köcheln bringen. Umrühren, bis sich Salz und Zucker aufgelöst haben. Ganz abkühlen lassen.

Den gewaschenen Truthahn in die Marinade legen und untertauchen. Über Nacht kühl stellen und zweimal wenden.

Grill vorbereiten: Holzkohle erhitzen, dann mit einer Zange zwei Stapel am Rand des Grills bilden. Dies ist wichtig, denn der Truthahn darf nur indirekte Hitze abbekommen; direkt über den Kohlen verbrutzelt er. Auf jeden Stapel Holzkohle ½ cup Räucherholzchips streuen. Die Aluminiumschale zwischen die beiden Stapel legen (zum Auffangen der Flüssigkeiten). Den Grillrost 20 cm über der Holzkohle platzieren.

Den Truthahn aus der Marinade nehmen. Die Marinade

entsorgen. Truthahn trockentupfen und mit den Apfelsinenscheiben stopfen. Olivenöl und Sesamöl in einer kleinen Schüssel mixen und dann den Truthahn damit bestreichen. Den Vogel in die Mitte des Grills über die Aluminiumschale legen. Den Grill zudecken. Die Luftschlitze am Deckel und am Grill so einstellen, dass die Kohle und die Räucherholzchips glühen, aber nicht brennen. Alle halbe Stunde oder immer dann, wenn der Rauch nachlässt, 1 cup Räucherholzchips dazugeben und nach Bedarf glühende Holzkohle nachfüllen. Grillen, bis das Fleischthermometer am dicksten Teil eines Schenkels gut 70 Grad anzeigt – zunächst ungefähr 3 Stunden lang.

Alle Zutaten für die Glasur in einen mittelgroßen Topf füllen und köcheln lassen. Den Truthahn mit der Glasur bestreichen und noch 1 Stunde grillen, bis das Thermometer 80–85 Grad anzeigt, dabei regelmäßig mit der Glasur bepinseln. Eventuell dunkel gewordene Teile mit Alufolie schützen.

Nach insgesamt 4–5 Stunden sollte der Truthahn gar sein. Vom Grill nehmen, mit Alufolie bedecken und 30 Minuten abkühlen lassen. Aus der übrig gebliebenen Glasur lässt sich zusammen mit dem in die Alu-Schale getropften Truthahn-Saft noch eine Soße zaubern.

Beilage: Chutney aus Winterfrüchten

Zutaten:
1 ½ cups trockener Weißwein
⅓ cup Zucker

15 ml frischer Zitronensaft
1 Zimtstange
1 Lorbeerblatt
8 ml Koriandersamen
8 ml ganze schwarze Pfefferkörner
½ cup getrocknete Preiselbeeren
⅓ cup grob gehackte getrocknete Birnen
⅓ cup grob gehackte getrocknete Feigen
¼ cup Rosinen
22 ml klein gehackter kandierter Ingwer
2 kleine Äpfel, geschält, entkernt, in Würfel (1 cm) geschnitten
½ Apfelsine, in Scheiben, gehäutet

Zubereitung:
Den Weißwein und die folgenden 6 Zutaten in einem zugedeckten Topf 15 Minuten köcheln lassen. Durch ein Sieb geben. Die Flüssigkeit in den Topf zurückgeben. Preiselbeeren, Birnen, Feigen, Rosinen und Ingwer hinzufügen. Bedeckt rund 10 Minuten brodeln lassen, bis die Früchte weich sind. Äpfel dazugeben. Weitere 15 Minuten auf niedriger Flamme kochen, bis auch die Äpfel weich sind. Abkühlen lassen, bis die Masse lauwarm ist. Apfelsinenscheiben halbieren und hinzufügen. Alles in eine Schüssel geben und im Kühlschrank kühlen. Das Chutney kann einige Tage vorher zubereitet werden.

1 *cup* gibt kein Gewicht, sondern ein Volumen an. Dementsprechend ist die Umrechnung nicht ganz einfach. Denn 1 cup Salz hat natürlich ein ganz anderes Gewicht als 1 cup

Ingwer z. B. Das Volumen eines amerikanischen *cup* entspricht knapp 250 ml. Füllen Sie zum Abmessen also alle Zutaten in ein 250 ml fassendes Gefäß. Auf ein paar Gramm mehr oder weniger kommt es hier nicht an.

Falls Sie keine *hickory smoke chips* finden, müssen Sie einfach darauf verzichten. Der Truthahn wird trotzdem außergewöhnlich schmecken.

Das Rezept ist von folgender Website:
www.epicurious.com

Germans don't do romance, und Amerikaner kennen keine Vorschriften

Eine Beziehungsgeschichte

Sollten Sie Amerika schon einmal besucht haben, so ist Ihnen folgende Unterhaltung mit Sicherheit vertraut:

Jane: «Hi, how are you?»

Hans: «I'm fine, thank you.»

Jane: «My name is Jane, nice to meet you.»

Hans: «My name is Hans, nice to meet you, too.»

Jane: «I am from Ohio, where are you from?»

Hans: «I am from Germany.»

Jane: «Wonderful! My grandmother came from Germany!»

oder

Jane: «Great! My father came from Germany!»

oder

Jane: «Terrific! My brother's wife is German!»

oder

Jane: «Marvelous! I used to live in Germany for two years. I loved it!»

Jeder Amerikaner, jede Amerikanerin scheint einen deutschen Vater oder Vetter, eine deutsche Schwägerin oder Urgroßmutter zu haben. Das kann doch gar nicht wahr sein, haben wir am Anfang gedacht. Wahrscheinlich ist das nur eine höfliche Art, ins

Gespräch zu kommen, Gemeinsamkeiten mit dem Gegenüber zu finden.

Doch die Statistik zeigt, dass es sich keineswegs nur um freundliche Floskeln handelt: 42,8 Millionen Amerikaner gaben bei der Volkszählung im Jahr 2000 an, deutsche Vorfahren zu haben. Das sind 15,2 Prozent der Gesamtbevölkerung. Die Deutschstämmigen bilden die mit Abstand größte ethnische Gruppe unter den Amerikanern. Oder sagen wir besser: Sie könnten sie bilden. In Wahrheit nämlich gibt es keine *German-American community*. Fragen Sie mal einen Amerikaner mit einer deutschen Großmutter, ob er Deutsch spreche. Er wird höchstwahrscheinlich mit dem Ausdruck größten Bedauerns den Kopf schütteln und sagen: «Guten Tag, danke, bitte – that's it.» In nur eineinhalb Millionen Haushalten wird Deutsch gesprochen. Und auch sonst gibt es eigentlich nichts, was die deutschen Amerikaner zusammenhalten würde. Warum eigentlich nicht?

Die nächstgrößere Gruppe, die Irischstämmigen – 30,5 Millionen, also 10,8 Prozent der Amerikaner haben irische Vorfahren –, haben es wenigstens geschafft, ihren nationalen Feiertag, den *St. Patrick's Day*, zum festen Bestandteil des amerikanischen Kalenders zu machen. Die *St. Patrick's Day Parade* erfreut sich alljährlich größter Beliebtheit. Grüne Hüte, T-Shirts, Girlanden und Kleeblätter bringen einen Millionenumsatz. Kaum ein Kind vergisst, am 17. März etwas Grünes anzuziehen – sonst darf es nämlich von seinen Mitschülern gekniffen werden. Selbst der Präsident trägt an diesem Tag gern eine grüne Krawatte. Was immer der heilige Patrick mit diesem alten Brauch bezweckt haben soll, jeder Amerikaner ist damit vertraut.

Ansonsten geht es der irischen Gemeinde allerdings genauso wie der deutschen. Beide bestehen aus Amerikanern, die zuallererst Amerikaner sind und die sich nur ab und an gerne daran erinnern, dass sie zur Hälfte irisch oder zu einem Viertel deutsch sind. Das wird sogar recht häufig thematisiert, hat aber so gut wie nie einen ernsten Hintergrund, sondern dient eher der folkloristischen Unterhaltung. Identitätssuchen und -krisen scheinen sich spätestens mit der zweiten Einwanderergeneration erledigt zu haben. Die einst einflussreiche und kulturell bedeutende deutsche Gemeinde hat sich weitgehend im amerikanischen Schmelztiegel aufgelöst.

Die erste deutsche Einwandererwelle kam zwischen 1840 und dem Ersten Weltkrieg. Die einen suchten politische Freiheit, die anderen wirtschaftliche Entwicklungsmöglichkeiten. Sie siedelten sich vor allem im Mittleren Westen und Osten an, unter anderem in Wisconsin, Ohio und Pennsylvania. Sie sprachen deutsch zu Hause, es gab deutsche Zeitungen, Gottesdienste und Schulen. Das Nebeneinander der Kulturen im besten «Multikulti»-Sinn verlief friedlich bis zum Ersten Weltkrieg, in dem sich Deutschland und Amerika feindlich gegenüberstanden. Das stellte viele vor die Entscheidung, sich für die alte oder die neue Heimat zu erklären. Theodore Roosevelt, Präsident bis 1909, wurde nicht müde zu betonen, dass man nicht zwei Herren dienen könne, und warnte vor den *hyphenated Americans*, also vor denen mit dem Bindestrich, vor allem den *Irish-Americans* und den *German-Americans*.

Die meisten entschieden sich für ihr neues Leben. Sie vermieden von nun an, Deutsch in der Öffentlichkeit zu sprechen, amerikanisierten ihre Namen, aus «Schmidt» wurde kurzerhand «Smith», aus «Müller» wurde «Miller». Das alles geschah nicht unbedingt freiwillig. Die amerikanische Regierung unter Woodrow Wilson hegte große Zweifel an der Loyalität der Einwanderer. Sie beschnitt die Freiheiten der deutschen Einrichtungen. Mehrere tausend Kriegsgegner deutscher und skandinavischer Herkunft wurden verhaftet. Selbst das allseits beliebte *sauerkraut* wollte nicht mehr richtig schmecken und wurde deshalb in *liberty cabbage* umgetauft. Die Reinigung der Sprache und der Speisekarte von feindlichen Elementen wurde also keineswegs erst während des Irakkrieges erfunden, als *french fries* plötzlich zu *freedom fries* wurden. In beiden Fällen hat sich das Althergebrachte durchgesetzt. Wir bestellen längst wieder ohne zu zögern *french fries* und *sauerkraut*.

Zum Glück! Wäre doch mit dem Sauerkraut eines der letzten deutschen Wahrzeichen aus der amerikanischen Gesellschaft verschwunden. Geblieben wären Würstchen und Bier, Dirndl und Knickerbocker als Verkörperung der deutschen Lebensart schlechthin. Als Norddeutsche mag man sich von Grund auf verkannt fühlen – das kulturelle Deutschlandbild der Amerikaner ist eindeutig blau-weiß gezeichnet.

Oktoberfeste erfreuen sich größter Beliebtheit, landein, landaus. «We're doing our wurst to make it our best», kalauern Oktoberfest-Veranstalter in Reston, einem Vorort von Washington. Auch wir haben mal wieder Lust auf anständige Bratwürstchen, kurz *brats* genannt, und fahren hin. Unter dem großen weißen Zeltdach tanzen die *Bavarian Dancers* Polka und Schuhplattler. Alle Tänzer in bayrischen Volkstrachten, alle sind Amerikaner, nur einige deutschen Ursprungs. Das Zelt ist so riesig, als habe man fünf deutsche Provinzschützenfeste zusammengelegt, es ist proppenvoll, jeder Platz besetzt. Draußen hat sich eine lange Schlange gebildet: Alle wollen Sauerbraten, Sauerkraut und *black forest cake* (Schwarzwälder Kirschkuchen). Hungrig und ungeduldig holen wir uns an einem weniger belagerten Imbissstand eine Wurst. Die arme bayrische Knackwurst wird behandelt wie ein *hotdog*, eingewickelt in ein längliches pappiges Brötchen, Sauerkraut dazugequetscht, Senf und Ketchup obendrauf. Während wir unser Knack-Dog verzehren, hören wir mindestens viermal «Heidi» und fünfmal «Ein Prosit der Gemütlichkeit».

Dazu gibt's nicht etwa Weizenbier, sondern Sprite oder Cola, denn außerhalb des Zeltes darf kein Alkohol getrunken werden. Deutsches Bier gehört zu den beliebten Sorten. Bier herstellen, das können die Deutschen, dafür sind sie weltweit bekannt. Irgendwann Ende der 1990er Jahre läuft eine Werbung im amerikanischen Radio: Ein Ehepaar unterhält sich. Sie beschwert sich bei ihrem Mann «Hans», dass er sie so selten ins Restaurant ausführt. Hans erklärt ihr daraufhin freiheraus, was sie sich angetan hat, als sie einen Deutschen heiratete: «Germans don't do romance, they do Beck's beer. The best of what Germans do best.»

Grundsätzlich haben wir Deutschen ein gutes Ansehen in den Vereinigten Staaten, und daran hat sich auch durch die Auseinandersetzungen um den Irakkrieg nichts geändert. Die Popularitätskurve Deutschlands knickte in dieser Zeit scharf nach unten, erholte sich inzwischen aber weitgehend.

Während der Zerstörung des World Trade Centers und des Pentagons waren wir nicht in den Vereinigten Staaten, sondern für zweieinhalb Jahre in Paris. Wie viele Europäer haben wir dieses Attentat, dem beinahe 3000 Menschen zum Opfer fielen, nicht nur als Anschlag auf die Vereinigten Staaten gesehen, sondern als Angriff auf die westliche Kultur als Ganzes. Als wir 2002 nach Washington zurückkehrten, fiel uns eine sehr veränderte Stimmung im Land auf. Das Sternenbanner allüberall – an Privathäusern, Büros und Autos – war nur ein äußerliches Symbol für die veränderte Lage der Nation und jedes einzelnen Bürgers. So viel zur Schau gestellte Vaterlandsliebe war uns fremd, obwohl wir die Amerikaner schon vorher als recht patriotisch erlebt haben.

Zum Beispiel forderte die *Hyde School*, eine öffentliche Grundschule, die unsere ältere Tochter Ende der 1990er Jahre besuchte, von ihren Schülern allmorgendlich, das Treuegelöbnis abzulegen. Punkt 9 Uhr stellen sich zwei «Abgesandte» vor die Sprechanlage im Büro der Schulleiterin. «*What's up, Hydsters,* hört die Morgenansage!», hören wir einmal zwei zehnjährige Jungs ins Mikrophon schmettern. Sie stellen sich vor als Tasy und Jeremiah und lesen weiter: «Welcome to another cool day at Hyde!» Dann fordern sie ihre Mitschüler auf, für die «Pledge of Allegiance» aufzustehen, und in allen Klassen murmelt es nun: «Ich schwöre dem Banner der Vereinigten Staaten von Amerika die Treue und der Republik, für die es steht. Eine Nation unter Gott, unteilbar, mit Freiheit und Gerechtigkeit für alle.» Es folgt eine kurze Wettervorhersage, dann werden der Eiscreme-Gewinner und die Geburtstagskinder des Tages beglückwünscht, und es wird an das kommende Halloweenfest erinnert. «Thanks for your attention», verabschieden sich Tasy und Jeremiah, «have an exciting day and a good weekend!» Eine Reihe von Kindern an der Schule haben nicht einmal die amerikanische Staatsbürgerschaft. Daran stört sich niemand.

Am 4. Juli, dem Nationalfeiertag, stehen sie seit jeher alle eng beieinander vor dem Kapitol – die jüngst eingebürgerten Mexikaner, die bestens integrierten Asiaten, die vor 150 Jahren eingewanderten Bindestrich-Amerikaner, die einst versklavten Schwarzen, die Nachfahren der fast ausgerotteten Indianer – und schmettern inbrünstig ihre Nationalhymne. Hand aufs Herz, ohne Vorbehalte.

Dabei ist das von Francis Scott Key 1814 gedichtete *Star-Spangled Banner*, das zur Melodie eines englischen Trinkliedes gesungen wird, keineswegs unproblematisch. Während die Deutschen inzwischen nur die dritte Strophe des Gedichtes von Hoffmann von Fallersleben zum Deutschlandlied erklärten, erscheint in Keys Poem gerade die dritte Strophe fragwürdig. In diesen Zeilen hat der dichtende junge Anwalt nach gewonnener Schlacht seinem Hass auf die Briten freien Lauf gelassen: «Ihr Blut hat die Verunreinigung durch ihre widerwärtig schmutzigen Fußstapfen schon ausgewaschen», heißt es da zum Beispiel. Während des Zweiten Weltkrieges, als Großbritannien und die USA Seite an Seite kämpften, wurde diese Strophe vorübergehend beim Singen ausgelassen. Üblicherweise wird sowieso nur die erste Strophe gesungen, nicht zuletzt, weil die amerikanische Hymne als eine der schwierigsten weltweit gilt. Die andächtige Hingabe beim Singen beeinträchtigt das alles nicht.

Am 4. Juli 1994, wenige Monate nach unserer Ankunft in den USA, werden wir zum ersten Mal Teil dieser Einträchtigkeit. Die *mall*, eine lang gezogene Grünfläche, die sich vom Kapitol bis zum Washington Monument erstreckt, ist bedeckt mit Picknickdecken. Alles, was Beine hat, begibt sich mit voll gepackter Kühlbox in die Innenstadt, um vor verschiedenen Bühnen Musik zu hören und später am Abend das traditionelle Feuerwerk zu bestaunen. Wir haben Glück und feiern den Unabhängigkeitstag auf dem Rasen des Weißen Hauses, mit Hunderten amerikanischer Familien, die dort essen und trinken, während ein strahlender Bill Clinton vom Balkon aus versichert, wie stolz er auf das Land und seine Bürger ist. Hillary steht lächelnd an seiner Seite. Man stelle sich vor, der deutsche Bundeskanzler würde die Mitarbeiter der Ministerien, ihre Freunde und Familien auf den Rasen des Kanzleramtes zum Picknick einladen, vielleicht am 3. Oktober ... Seit dem Anschlag auf das World Trade Center gibt es solche Feste leider nur noch selten, und wenn, dann werden die Einladungen sehr restriktiv gehandhabt.

Wir beobachten den selbstverständlichen Umgang der Amerikaner (und anderer Völker) mit gemischten Gefühlen, sind skeptisch und gleichzeitig – ja, was? Neidisch? Wir kommen aus einem Land, dessen Namen man bis zur Wiedervereinigung nicht aussprechen konnte, ohne dass es vielen gleich nach Chauvinismus roch. Nie im Leben hätten wir uns eine schwarz-rot-goldene Flagge vor die Haustür gehängt oder behauptet, wir seien stolz auf unser Vaterland. Erst die Fußball-Weltmeisterschaft 2006 und die Party-Beflaggung an Häusern und Autos hat uns gezeigt, dass es auch anders geht. Vielleicht müssen wir in Zukunft nicht mehr neidisch sein auf das unbefangene, natürlich erscheinende Verhältnis zur eigenen Nation, das die Amerikaner demonstrieren.

Seit dem 11. September 2001 hat sich diese Unbefangenheit allerdings auch gewandelt. Danach wünschte sich vor allem Sabine etwas mehr amerikanische Bedenklichkeit zum Thema Vaterlandsliebe. Die amerikanische Nation, so schien es nun, war zusammengerückt «wie ein Mann». Wer nicht für uns ist, ist gegen uns, schien die Parole zu sein. Dabei war das besonders Schöne an der amerikanischen Kultur und an den Menschen immer, dass sie so integrierend waren, nie ausschließend. Jetzt plötzlich hatte Sabine das Gefühl: Wer nicht für den Irakkrieg ist, der ist gegen uns und gehört nicht dazu. Nicht, dass es Streit gegeben hätte – nein, erhitzte Debatten, bei denen es darum geht, wer Recht hat, sind den Amerikanern eher fremd. Dass Saddam Hussein ein *bad guy* ist, der weitere Attacken plant und deswegen verjagt werden muss, wurde ganz selbstverständlich postuliert. Darüber konnte man nicht streiten. Und wenn es ein paar kritische Stimmen gab, dann verstummten die spätestens nach Beginn des Krieges. Denn von da an hieß es, den eigenen Jungs im Feld den Rücken zu stärken.

Dass die Deutschen sich aus der bedingungslosen Freundschaft lösen, ist für die Amerikaner nicht ganz leicht zu akzeptieren. Vielleicht dürfen wir das Ganze mal mit einer Familie vergleichen: Die Eltern haben sich rührend um ihr Kind gekümmert, haben Geld rangeschafft, damit es einen guten Start ins Leben hat und eine gute Ausbildung bekommt. Sie haben ihr Kind nicht an der kurzen Leine geführt, sie haben dem Heranwachsenden Freiheiten gelassen, seinen Weg selbst zu bestimmen. Es gab kaum Probleme, es herrschte ein grundsätzliches Einverständnis zwischen den Generationen. Die Eltern hatten mit einem reibungslosen Erwachsenwerden gerechnet, alles sprach dafür.

Bis das Kind plötzlich in die Pubertät kommt und von einem Tag auf den anderen eigensinnig und widerspenstig wird. Nicht nur, dass es seine eigene, eine andere Meinung hat, das wollen moderne Eltern – auch wenn's schwer fällt – akzeptieren, nein, man kann überhaupt nicht mehr mit ihm reden. Das Kind ist plötzlich bockig und zickig, hat offensichtlich alle guten Manieren und Regeln der Höflichkeit vergessen. «Solange du die Füße unter unseren Tisch steckst, tust du, was wir wollen!», verlangen die Eltern. Der Familienkonsens ist dahin; es tut sich ein Graben auf zwischen Eltern und Kind. Solch ein Bruch ist für beide Seiten schwierig und schmerzhaft.

Viele Amerikaner empfinden die Loslösung Deutschlands aus der Symbiose als Enttäuschung, ähnlich wie Eltern, die damit fertig werden müssen, dass ihre flügge werdenden Kinder sich nicht nur von ihnen abkehren, sondern zunächst sogar manchmal gegen sie wenden. Musste Bundeskanzler Schröder tatsächlich so laut betonen, dass er ein militärisches Eingreifen im Irak auch dann nicht mittragen würde, wenn die UNO sich dafür aussprechen würde, fragten sich viele Amerikaner.

Als dann noch die damalige Bundesjustizministerin Herta Däubler-Gmelin eine Verbindung zwischen den politischen Methoden Adolf Hitlers und George W. Bushs herstellte, war die Toleranzschwelle endgültig überschritten.* «Schröder hätte sie sofort feuern müssen», sagte der ehemalige CIA-Chef James Woolsey damals in einem Interview mit Tom. Wir erinnern uns an eine Party in Diplomatenkreisen, die nur wenige Tage nach dieser undiplomatischen Höchstleistung stattfand. Die anwesen-

* Das «Schwäbische Tagblatt» berichtete, im Verlauf eines Gesprächs mit Metallgewerkschaftern in Baden-Württemberg habe die Ministerin gesagt, Bush wolle mit einem Irak-Krieg vor allem von innenpolitischen Problemen ablenken. Däubler-Gmelin wurde mit den Worten zitiert: «Das ist eine beliebte Methode. Das hat auch Hitler schon gemacht.» Damit wolle sie aber auf keinen Fall Bush mit Hitler vergleichen, habe sie betont. Däubler-Gmelin hat den Bericht zunächst als «verleumderisch» zurückgewiesen, andere Quellen bestätigten allerdings die Darstellung der Zeitung.

den Amerikaner zeigten sich zutiefst verletzt. Zum Glück ließen sie ihrer Empörung nicht so freien Lauf, wie wir Deutschen das in vergleichbaren Situationen tun würden. Aber es herrschte Fassungslosigkeit. Von Deutschland hätte man so etwas nicht erwartet. Die meisten anwesenden Deutschen benahmen sich so, als wollten sie sich am liebsten in ein Mauseloch verkriechen. Angesichts der Beleidigung des amerikanischen Präsidenten wagte keiner mehr, die kurz bevorstehende Kriegshandlung an sich in Frage zu stellen. Obwohl es sich um einen politischen Disput handelte, wurde die Angelegenheit von den meisten ganz persönlich als peinlich empfunden.

Während dieser Zeit wurde man als Deutscher – egal, wie man selbst den ganzen Konflikt bewertete – gezwungenermaßen zum Botschafter seines Landes. Ständig wurden Tom und andere deutsche Journalisten ins amerikanische Fernsehen eingeladen. Da zählten sie dann auf, was Deutschland alles tat, um die USA zu unterstützen: Die deutschen Streitkräfte in Afghanistan waren aufgestockt worden, sodass die US-Armee Soldaten aus Afghanistan abziehen und in den Irak verlegen konnte. Auch die Mannschaften der Fuchs-Spürpanzer in Afrika, die den GIs notfalls gegen chemische Attacken zu Hilfe kommen konnten, waren verstärkt worden. Deutsche Sicherheitskräfte schützten die amerikanischen Kasernen, das setzte noch mehr US-Soldaten für den Dienst im Irak frei. Deutschland erlaubte amerikanische Truppen- und Materialtransporte auf dem Land- und dem Luftweg. Unser Land war praktisch die Drehscheibe für die Logistik der amerikanischen Armee. All das zählten Deutsche den Amerikanern in dieser Zeit auf, aber es half nichts: «Jetzt brauchen wir euch mal – und ihr lasst uns im Stich!» Das blieb das Grundgefühl.

Zum Glück hatte der offizielle Botschafter der Bundesrepublik zu dieser Zeit, Wolfgang Ischinger, ein gutes Gespür für die Befindlichkeit seines Gastlandes. Er ist als Jugendlicher eine Zeit lang im Mittleren Westen gewesen und weiß, wie Amerikaner ticken. Er begab sich sogar in die Höhle des Löwen, zum erzkonservativen Scharfmacher Bill O'Reilly, der in seiner Fernsehsendung schon mal Fragen aufwirft wie: «Hilft die Presse dem Terrorismus?» Gleich zu Beginn konterte Ischinger O'Reillys Vorwürfe: «Ich bin froh, dass Sie nicht der Präsident sind, Bill», und schlug sich so tapfer, dass der rechte Kreuzzügler am Ende anerkennend sagte: «You are a good guy.»

Doch auch die beste Schadensbegrenzung konnte das laut donnernde «Nein!» aus Berlin nicht übertönen. Die deutschen Hoffnungen auf einen ständigen Sitz im UNO-Sicherheitsrat waren angesichts dieser Stimmung so gut wie aussichtslos. Eines Abends begegnete Tom einem Nachbarn, der seinen Hund Gassi führte. «Ich hätte von Deutschland mit seiner Vergangenheit mehr moralische Klarsicht erwartet», klagte der. Tom verstand nicht und wandte ein: «Aber genau wegen unserer Vergangenheit sind wir so zurückhaltend, wenn es ums Kriegführen geht.» Doch der Nachbar sah eine andere geschichtliche Lektion gefordert: «Seit der Nazi-Zeit und dem Holocaust weiß Deutschland, wie schlimm Diktaturen sind, zu welchen Verbrechen sie führen. Und Saddam Hussein ist ein schlimmer Diktator. Ich bin enttäuscht von Deutschland.»

So, wie der Holocaust über unserer eigenen Gegenwart wie eine dunkle Wolke als ständige Ermahnung schwebt, ist er auch für viele Amerikaner noch sehr präsent, insbesondere für Familien, die Angehörige verloren haben oder den Nazis nur mit knapper Not entkamen.

Bei der Einweihung eines kleinen jüdischen Museums in Dorsten lernte Sabine, lange bevor wir nach Amerika zogen, Marga Randall aus Pittsburgh kennen. Marga, geborene Silbermann, floh 1941 als elfjähriges Mädchen mit ihrer Mutter vor den Nazis in die Vereinigten Staaten. Ein Teil ihrer Familie blieb zurück, manche konnten sich retten, andere kamen in Konzentrationslagern um. So starb ihr Großvater Gustav in Theresienstadt, ihre Tante Paula in Auschwitz-Birkenau, ihre Zwillingscousinen Hanna und Ruth kamen mit ihren Eltern in Trawniki bei Lublin um. Tante Henny und Cousine Lisel starben ebenfalls in Auschwitz. Ihre beiden Brüder Freddy und Herbert wurden sehr früh nach Dachau und Buchenwald gebracht, konnten sich aber schließlich nach England retten.

Trotz dieser leidvollen Verluste hat Marga die Liebe zu ihrer Heimat nie verloren, anders als viele andere, die ähnliche Erfahrungen machen mussten. Sie wurde Amerikanerin, sprach aber ihr Leben lang recht gut Deutsch, wenn auch stellenweise mit amerikanischem Akzent und einigen Unsicherheiten. Ihr Enkel nannte sie Omi (sprich: «Oumi»). Auch für unsere Kinder, deren leibliche Großeltern weit weg leben, wurde sie eine Großmutterfigur. «I am Omi 3», erklärte sie den beiden. «Ich bin Omi Nummer drei.» Leider ist Marga inzwischen verstorben.

Sie hat sich immer eine starke Erinnerung an ihr niedersächsisches Heimatdorf Schermbeck bewahrt, an ihre Schulfreundinnen, an ihren Großvater, an den Duft von Sauerbraten, an Salmiakpastillen, an den Mühlteich und die alte Synagoge. Erst 40 Jahre nach ihrer Flucht kehrte sie nach Deutschland zurück, auf Drängen eines engagierten deutschen Pfarrers und aufgrund einer unendlichen – und unstillbaren – Sehnsucht, die gestohlene Kindheit nachzuerleben.

Die Schermbecker Synagoge steht nicht mehr, das Haus ihrer Eltern wurde bei einem Bombenangriff dem Erdboden gleichgemacht. Sie traf alte Nachbarn, die zunächst so schockiert waren, als sähen sie ein Gespenst. Doch Margas offene Art half in vielen Fällen, die Hürde aus Schmerz und Schuld zu überwinden. Mit manchen Schermbeckern freundete sie sich an. Seit ihrer ersten Deutschlandreise arbeitete Marga unermüdlich als Missionarin für ein deutsch-jüdisches Verständnis auf beiden Seiten. Während sie in deutschen Schulen die Geschichte ihrer Familie erzählte und dafür warb, nichts zu vergessen, berichtete sie in Amerika von ihren ermutigenden Erfahrungen mit deutschen Jugendlichen und traf damit auf ungläubiges Staunen. Ihre überlebenden Geschwister betrachteten die Versöhnungsarbeit mit größter Skepsis.

Marga war eine Brückenbauerin. Ein Jahr vor unserer Rückkehr nach Deutschland wollte sie noch einmal zu einer Konferenz nach Washington kommen und uns besuchen. Aber ihre Gesundheit erlaubte es schon nicht mehr. Einige Monate danach starb Marga Randall. Ihre Kinder sprechen kein Deutsch, aber sie haben Margas Brückenschläge miterlebt.

Anders als Marga können sich manch andere Amerikaner kaum vorstellen, wie sehr sich Deutschland in den letzten 50 Jahren verändert hat. Einmal sehen wir im Rahmen des *Washington Jewish Film Festivals* den Film *Comedian Harmonists.* Er läuft auf Deutsch mit englischen Untertiteln. Der Film handelt von dem berühmten Sänger-Sextett, das unsterbliche Hits wie «Veronika, der Lenz ist da» schuf, aber auf der Höhe seines Erfolges von den Nazis zerschlagen wurde, weil drei Mitglieder Juden waren. Das Interesse ist groß, der Saal ist voll. Einer der Schauspieler ist aus Deutschland angereist, es dürfen Fragen gestellt werden. Das Publikum, so hört man aus den Fragen deutlich heraus, kann kaum glauben, dass dieser kritische und anrührende Film über die Nazizeit in Deutschland erfolgreich ist.

«Wie viele Leute sehen sich so einen Film in Deutschland überhaupt an?», wird gefragt. «Wie kommt es, dass die Regierung die Produktion eines so kritischen Films mit Steuergeldern unterstützt? Das war doch bestimmt sehr schwierig!» Viele Fragesteller gehen davon aus, dass Deutsche mit ihrer Vergangenheit nicht konfrontiert werden wollen und dass ein Film dieses Inhalts in Deutschland auf Ablehnung und Ignoranz stoßen müsse.

Manche bringen es nicht über sich, je wieder einen Fuß auf deutschen Boden zu setzen. 29 Prozent der Amerikaner empfänden so, zitiert Marc Fisher, Redakteur der *Washington Post*, einschlägige Untersuchungen. Auch Fisher selbst hat es – wenn auch unbewusst – auf seinen Europareisen jahrelang geschafft, um Deutschland einen großen Bogen zu machen, obwohl er von Deutschlands widersprüchlicher Geschichte fasziniert war. Seine Familie in New York City war nicht direkt vom Zweiten Weltkrieg betroffen, aber seine Umgebung vertrat in seiner Jugend sehr feste Ansichten über die Deutschen: «Deutschland, das waren der Holocaust und die Nazis.»

Schließlich beschließt er, sich dieses umstrittene Land genauer anzusehen. Während der bewegten Jahre vor und nach der Wende arbeitet er als Korrespondent der *Washington Post* in Bonn. Nach seiner Rückkehr veröffentlichte er 1995 seine Erfahrungen in dem Buch «After the Wall». Mit scharfer Beobachtungsgabe beschreibt er darin seine Erlebnisse und stellt sie in einen Zusammenhang.

Das Buch wird in einem Kurs der *American University* über «Nationale Identität» besprochen. Die Dozentin Dr. Janet Heininger lädt Tom ein, dazu eine ergänzende Darstellung zu geben. «Wenn Sie wollen, komme ich mit meiner Frau. Sie ist auch Journalistin und hat zum Teil ganz andere Ansichten als ich», schlägt Tom vor. Dr. Heininger ist davon angetan, und so stehen wir einmal pro Semester vor den Studenten und erläutern ihnen, dass es eine einheitliche deutsche Identität nicht gibt. In Amerika fühlen sich Rechte, Linke, Einwanderer und Alteingesessene gleichermaßen als Amerikaner. Das verbindet und macht auch bei allen Unterschieden in der Meinung eine Verständigung möglich. In Deutschland haben wir, je nach politischer Einstellung, ein gebrochenes Verhältnis zu unserer Nation.

Wir erzählen den Studenten, wie wir einmal mit Freunden in der Kölner Philharmonie Beethovens Neunte Symphonie hören. Weil es der Abend des deutschen Nationalfeiertags ist, spielt das Orchester vor dem eigentlichen Konzert kurz die Melodie der deutschen Nationalhymne. Es ist nicht im Entferntesten ein nationalistischer Moment. Niemand singt den Text mit, das Deutschlandlied erklingt rein instrumental. Die Geigen hören sich getragen und nachdenklich an, fast ein bisschen traurig. Die meisten sind aufgestanden für diesen kurzen Moment der Besinnung. Wir schauen uns an. Tom steht auf. Sabine bringt es nicht über sich.

Die Studenten sind erstaunt, als wir davon erzählen. Sie hatten keine Ahnung, dass Deutschland so mit sich ringt. Umgekehrt ist es für Deutsche immer wieder erstaunlich, wie wenig Probleme die Amerikaner mit ihrem eigenen Land haben. Mit ihrer Regierung ja, mit ihrem Land nicht.

Anfang der 1980er Jahre war Kurt Becker Regierungssprecher in der sozialliberalen Koalition unter Helmut Schmidt. Nach seinem Ausscheiden aus dem Amt kommt er in den WDR zu einem Hintergrundgespräch und schildert das unterschiedliche Nationalgefühl der beiden Länder. Er berichtet von einem Journalisten, der in die USA geschickt worden war, um über Gewerkschaftsdemonstrationen zu berichten. Am Ort angekommen, sieht er ein Meer von amerikanischen Fahnen. Dies habe den Reporter so verunsichert, dass er seine Heimatredaktion bat, ihn von seiner Aufgabe zu entbinden und ihn abzuziehen. Er habe einfach nicht begreifen können, wie eine Anti-Regierungsdemonstration so patriotisch gesinnt sein könne, zitiert Becker den Kollegen. Für den ehemaligen Regierungssprecher ist dies eher das Problem des deutschen Beobachters, der mit sich nicht im Reinen war: «Denn Amerikaner lieben ihr Land», stellt Becker fest, «und zwar alle.» Dann fügt er leicht resigniert hinzu: «Was man von uns nicht behaupten kann.» Ein amerikanischer Autoaufkleber fasst dieses Grundgefühl zusammen: «Ich liebe mein Land. Ich misstraue meiner Regierung.»

Glücklicherweise ließ nach dem Streit um den Irak das Tauwetter nicht allzu lange auf sich warten. Während wir den Eindruck hatten und haben, dass viele unserer Freunde in Deutschland geradezu Gefallen daran finden, abwertende Urteile und Vorurteile gegen Amerika und seine Bewohner zu pflegen, ist den meisten Amerikanern persönlich und politisch daran gelegen, die Harmonie wiederherzustellen. Das war insbesondere zu spüren, als Angela Merkel kurz nach ihrer Wahl zur Bundeskanzlerin Washington besuchte. Dieser Besuch *musste* ein Erfolg werden. Das wünschten sich beide Seiten von Herzen – und es funktionierte. Sicher hat dazu beigetragen, dass Präsident Bush inzwischen genug Schwierigkeiten hat und einigermaßen freundliche Verbündete brauchen kann.

Spätestens seither haben sich die deutsch-amerikanischen Beziehungen wieder normalisiert: Man respektiert sich, man mag sich. Natürlich herrscht nicht immer Einigkeit, man missversteht sich auch hin und wieder und hegt weiter seine Vorurteile gegeneinander.

Während zum Klischee des typischen Amerikaners gehört, er sei oberflächlich, gilt der typische Deutsche als pedantisch und ordnungswütig. Wenn wir bei unseren Heimatbesuchen ratlos vor der vielfarbigen Mülleimerbatterie unserer Eltern und Freunde standen, um herauszufinden, ob der Joghurtbecherdeckel, den wir natürlich vorher abgespült haben, in den gelben Sack oder die grüne Tonne gehörte, dann mussten wir uns unweigerlich die ungläubigen Gesichter unserer amerikanischen Freunde vorstellen. – Manches Klischee enthält eben einen wahren Kern.

So beobachtet *Washington Post*-Reporter Marc Fisher im deutschen Alltag eine Regelungswut, die einmalig sei. Was Deutsche «im Namen der Ordnung» an Gesetzen und Verboten akzeptierten, stellt er fassungslos fest, das würde in anderen Nationen empört als Eingriff in die Privatsphäre zurückgewiesen: die umständlichen Recyclingsysteme und ihre Kontrolle; bis auf die Sekunde genau festgelegte Pinkelpausen am Arbeitsplatz; Verkehrsüberwachungskameras an Ampeln; Segel-, Jagd- und Angelscheine, ohne die man diesen Freizeitbeschäftigungen nicht nachgehen darf; Fahrradunterricht mit Führerschein für Kinder; das Verbot, sein Kind Möwe oder Pumuckl zu nennen; das Verbot, Obst und Gemüse im Supermarkt anzufassen; die Kontrollen der GEZ (die er *German broadcast police* nennt); das Verbot, anderen einen Vogel zu zeigen …

Jahrelang, so gesteht Fisher, hätten er und andere ausländische Korrespondenten in Bonn versucht, beim Vogelzeigen erwischt zu werden, um dann eine Geschichte darüber schreiben zu können. Allerdings – das hält er den Deutschen zugute – hat keiner auf den Köder angebissen.

Verbieten, das gilt in den Vereinigten Staaten als typisch deutsche Tätigkeit, so typisch, dass das deutsche Wort «verboten» in die amerikanische Sprache eingegangen ist. «Climbing the 897 steps is verboten …», schreibt zum Beispiel ein amerikanischer Reiseführer über das *Washington Monument.* Während eines Trans-Atlantik-Fluges klagt eine ältere Amerikanerin neben uns, noch nie habe sie so häufig «Das ist verboten!» gehört wie in Deutschland. Ein anderer Flug, eine andere ältere Dame, ebenfalls Amerikanerin. Sie möchte zum *restroom*, doch der Weg ist durch einen Servierwagen versperrt. Freundlich, aber bestimmt wird sie von der Lufthansa-Stewardess gebeten zu warten und nicht die WCs in der nächsten Kabine aufzusuchen. «They are so German!», stöhnt die Passagierin und sinkt entnervt in ihren Sitz zurück.

Amerika ist das Land der unbegrenzten Freiheit – dieses Postulat gehörte eindeutig zur Liste unserer positiven Vorurteile. Im privaten und im wirtschaftlichen Bereich, so erwarteten wir, kann hier jeder machen, was er will. Mit der Zeit allerdings machten wir die Erfahrung, dass es wohl in jedem Land Unmengen an

Beschränkungen und Vorschriften gibt. Nie hätten wir geglaubt, dass das freizügige Amerika so viele Verhaltensmaßregeln für uns parat hält.

Unser langjähriger Sportclub, der YMCA, hat es sich geradezu zur Herzensaufgabe gemacht, eine Ordnungsliebe zur Schau zu stellen, die man sonst gern uns Deutschen unterstellt. Der Pool ist – wie viele Schwimmbäder hier – unterteilt in gekennzeichnete Bahnen, die man in bestimmter Richtung und Geschwindigkeit zu durchschwimmen hat: *recreational, slow, medium, fast.* Im Sommer müssen alle Kinder unter 16 Jahren einmal stündlich für 15 Minuten das Wasser verlassen. Natürlich zu ihrem eigenen Besten – was sie leider nicht immer einsehen wollen. Die Umkleideräume sind geradezu gepflastert mit Schildern: «Müll in die Mülltonne werfen!», «Keine Getränke, kein Essen!», «Vor dem Schwimmen mit Seife waschen!», «Duschen auf 3 Minuten beschränken, um Wasser zu sparen!» «Im Duschraum abtrocknen!» Der ausführliche «YMCA-Verhaltenskodex» verbietet unter anderem zornige und vulgäre Sprache, eingeschlossen Flüche, Beschimpfungen und Schreien. Eines Tages werden wir schon auf der Info-Tafel am Eingang begrüßt: «Unser Verhaltenskodex erlaubt weder Sprache noch Handlungen, die andere Personen verletzen oder bedrohen könnten. Respektiert die Rechte und Würde des anderen!» Das Personal verfolgt die Einhaltung der Regeln mit wahrer Hingabe, man könnte auch sagen mit deutscher Akribie.

Ähnliche Erfahrungen machen wir in der *Wolf Trap*, einer beliebten Freilichtbühne außerhalb Washingtons, die als Nationalpark betrieben wird. Der überdachte Bereich wird streng bewacht von uniformierten Ordnern, die ihre Augen einfach überall haben: «Hier bitte nicht stehen bleiben!», «Hier nicht rauchen!», «Hier nicht hinsetzen!», «Hier keine Getränke!» Eine durch die Reihen tanzende Menschenschlange wird sofort aufgelöst. Wer brav ist, wird gelobt: «We appreciate your cooperation.»

Selbst Vergnügungsparks begrüßen ihre Besucher schon am Eingang mit Verhaltensmaßregeln. «In Übereinstimmung mit dem familienfreundlichen Image der *Busch Gardens*», heißt es im von der Brauerei Anheuser-Busch errichteten Park in Virginia, «müssen Besucher während ihres gesamten Aufenthaltes im Park angemessene Kleidung tragen. Hemden, Hosen und Schuhe müssen immer getragen werden. Kleidung mit zweideutigen oder unanständigen Aufschriften oder Beleidigungen ist nicht erlaubt. *Busch Gardens* behalten sich das Recht vor, den Eintritt zu verweigern ...»

Ob solcher Detailregulierung kommt uns manche Kritik an deutscher Ordnungsliebe etwas einseitig vor. So zitiert Marc Fisher in seinem Deutschland-Buch genüsslich, wie Bonner Nachbarn einen Freund belehrten, der offenbar zur falschen Zeit Rasen gemäht hatte: «Wir heißen unsere Nachbarn willkommen», stand auf einer Karte, die unter der Tür durchgeschoben wurde. «Wir wollen Sie informieren, dass nach den gesetzlichen Bestimmungen des Landes NRW der Gebrauch von Rasenmähern zwischen 13 und 15 Uhr sowie sonn- und feiertags verboten ist.» Diese Karte sei nicht unterschrieben, also anonym abgegeben worden.

Wir mussten an diese Passage denken, als auch wir einen anonymen Zettel fanden, den jemand durch unseren Briefschlitz geschoben hatte: «Der Müll darf nicht vor 15 Uhr rausgestellt werden. Danke. Ihre Nachbarn.» Auch die lieben amerikanischen Nachbarn zeigen sich also manchmal nicht gerade toleranter als die lieben deutschen Nachbarn. Andere eifrige Anwohner geben sich Mühe, jeden einzelnen Baum auf dem Fußweg zu umzäunen, damit ja kein Hundepipi auf den niedlich bepflanzten Quadratmeter fließt. Hübsch, aber typisch deutsch, hätten wir dazu bis vor einiger Zeit gesagt. In manchen Vororten Washingtons gibt es städtische Angestellte, die darüber wachen, dass das Gras in den Vorgärten die vorschriftsmäßige Länge nicht überschreitet. Solche Maßnahmen werden motiviert durch wirtschaftliche Ängste: Eine Nachbarschaft könnte verwildern, und damit würde letztendlich der Wert des eigenen Hauses sinken.

Mit freundlicher Unerbittlichkeit und ebenso unerbittlicher Freundlichkeit setzen sich Amerikaner beharrlich für die Einhaltung ihrer Regeln ein. Wir machen einen Fahrradausflug, die Kinder in einem Anhänger. Eine Gruppe von älteren Damen und Herren lauert am Wegesrand und bedeutet uns zu halten. Sie nennen sich *park control volunteers*. «Ist Ihnen bewusst, dass die Kinder einen Helm tragen müssen?», flötet eine freundlich lächelnde Freiwillige. «Nein», antworten wir, «sie sitzen doch in diesem rundum geschützten Anhänger, und wir fahren nicht auf Autoverkehrsstraßen.» «Well», säuselt die Freiwillige insistierend, «das Gesetz will es so.»

«Mecker nicht!», sagt Tom zu Sabine. «Wenigstens waren sie freundlich. In Deutschland hätte man uns wahrscheinlich gleich angebellt.»

So gut wie nie hört man, dass amerikanische Mütter ihre Kinder anbrüllen. Mit unendlicher Geduld wiederholen sie dieselben Regeln ungezählte Male, erklären entschieden, aber freundlich, warum man andere Kinder nicht mit Sand bewirft, warum man sein Spielzeug mit anderen teilt und an der Rutsche wartet, bis man dran ist, ohne zu schubsen: «Honey, das ist die Regel!» Gleichsam mit der Muttermilch saugen amerikanische Kinder auf, dass es Verhaltensweisen gibt, die den Alltag angenehmer und freundlicher gestalten. Dass sie das auch begreifen, dafür sorgen die Mütter, indem sie sich selbst an diese Regeln halten: Freundlichkeit, Geduld, Lob für jeden kleinsten Fortschritt.

Der kulturelle Unterschied liegt eher in der Art der Durchsetzung, nicht in der Anzahl der Vorschriften. So empfinden wir das jedenfalls. Aber für viele Amerikaner bleibt Deutschland die Heimat der Verbote. Auch Marc Fishers Nachfolger als Korrespondent für die *Washington Post,* William Drozdiak, ist überzeugt, dass keine andere westliche Demokratie so reglementiert ist wie die deutsche. Umso mehr fällt ihnen auf, dass es zwei Dinge gibt, in denen sich der deutsche Bürger partout keine Vorschriften machen lässt: beim Rasen und beim Rauchen. Dort, wo es um eine ernsthafte Gefährdung der öffentlichen Sicherheit und Gesundheit geht, wundern sich die beiden Korrespondenten, da seien die deutschen Gesetze plötzlich erstaunlich lax.

Auf amerikanischen Highways darf man dagegen fast nie schneller fahren als 110 km/h. Das Rauchen ist vielerorts völlig untersagt. Für die ungewöhnliche deutsche Toleranz gegenüber Rasern und Rauchern findet Korrespondent William Drozdiak eine frappierende Erklärung: «Die Zurückhaltung beim Vorgehen gegen das Rauchen mag etwas zu tun haben mit der Aversion aller deutschen Nachkriegsregierungen, politische Vorhaben – und seien sie auch noch so harmlos – zu unterstützen, für die auch schon die Nazis eingetreten sind ... Unter Hitlers Diktatur führten die Nazis eine der weltweit strengsten Anti-Raucher-Kampagnen an.» (*Washington Post,* 12. Juni 1997)

Na, wenigstens was das Rauchen angeht, attestiert man uns Deutschen also Antifaschismus.

In Bewegung

Nachbetrachtungen zu einem Experiment

«Es ist ja tatsächlich alles echt hier», bemerkte eine deutsche Kollegin, als sie ihre Arbeit in Washington antrat. Das sollte heißen: Es sieht so aus, wie ich es mir vorgestellt habe. Die Schulbusse sind wirklich gelb, die Briefkästen stehen auf Pfosten am Straßenrand, die Sirenen der Polizeiautos machen nicht «Tatü-Tata», sondern «Huuiiiihhh, Huuiiiihhh», die Polizisten haben Sonnenbrillen auf und kauen Kaugummi – manche zumindest. Aus unzähligen Filmen, Fotos, Romanen und Reportagen sind uns die Tafelberge des *Monument Valley*, die Küsten Kaliforniens, die Häuserschluchten Manhattans und die amerikanischen Krankenwagen so vertraut wie unser eigener Alltag. Jeder ist heute Amerika-Experte und beurteilt die «Echtheit» der Wirklichkeit danach, ob sie mit dem Abbild übereinstimmt. Das Original wird sozusagen an der Kopie gemessen statt umgekehrt.

Es kann zu Überraschungen führen, wenn man *Easy Rider* im Kopf hat, die große Freiheit auf dem Motorrad nachspielt und dann angehalten wird, weil man keinen Helm trägt. Oder zu schnell gefahren ist. Es kann verstörend sein, wenn der knappe Bikini Anstoß erregt – in *Baywatch* laufen die Frauen doch immer so herum. Es kann amüsant sein, wenn der abgeschnittene Pony beim Friseur wieder länger gemacht werden soll. Es kann angenehm erfrischend sein, wenn die Gesprächspartner nicht so neoimperialistisch sind, wie man erwartet hatte.

Immer, wenn liberale Amerikaner besonders frustriert sind

über ihr Land, reden sie davon, nach Kanada auszuwandern. Als wieder einmal eine solche Stimmung herrscht, schreibt eine Auslandsamerikanerin ihren Landsleuten aus Kanada einen Kommentar. Ihr Rat: «Lasst es bleiben!» Also: Bleibt zu Hause! Kanada gelte zwar als die sanftere US-Version, als gelungene Kreuzung zwischen Neuer und Alter Welt, aber sie fühle sich in Kanada im Konsens-Zwang. Immer werde erwartet, dass am Ende einer Debatte alle einen gemeinsamen Nenner fänden. Das findet sie äußerst langweilig. Ihr Fazit: Sie vermisst ihre exzentrische Heimat.

«Exzentrik» ist laut Lexikon das «Abweichen von der Mitte oder der Rundheit, im übertragenen Sinne eine Abweichung vom üblichen oder fehlerfreien Zustand». Das passt auf die USA. Deshalb reiben wir uns so an Amerika. Das Land ist nicht rund, nicht fehlerfrei, es weicht ab von allem Üblichen. Und es lässt uns nicht gleichgültig. Zum einen ist es einfach groß, und seine Handlungen – auch seine Irrtümer – schlagen hohe Wellen, die andere Teile der Welt überschwemmen können. Zum anderen ist es faszinierend, und Faszinierendes entsteht nur in einem Spannungsfeld.

Es ist unmöglich, Amerika endgültig zu beschreiben. Zu jeder Aussage findet man auch das Gegenteil. Amerika ist prüde, Amerika ist promiskuitiv, Amerika ist locker, verkrampft, geizig, großzügig, gewalttätig, kosmopolitisch, provinziell – Amerika ist das alles, ist es gleichzeitig und durcheinander, und es bemüht sich nicht, eine Synthese zu finden. In Europa streben wir – teils bewusst, teils unbewusst – nach einem perfekten Endzustand, nach einer Gesellschaft, in der wir alle sozial gerecht und umweltschonend in Frieden und Freiheit miteinander auskommen. Vielleicht sind wir manchmal deshalb so gereizt, weil die Wirklichkeit so unvollkommen ist. Die amerikanische Fahne steckt als einzige auf dem Mond – und auf Erden schaukeln die Ampeln bei starkem Wind hilflos über den Straßenkreuzungen hin und her und geben ihren Geist auf. Manche Politiker halten die Fahne der Freiheit hoch und verraten dann dieselben Ideale, die sie gerade noch pathetisch verkündeten.

Doch Amerika weiß, dass es keine Vollkommenheit auf Erden gibt. Wenn der Präsident jedes Jahr im Januar vor beiden Häusern des Kongresses und den obersten Richtern den Bericht zur Lage der Nation gibt, dann enthält der zwar regelmäßig das Versprechen, nach einer «more perfect union» zu streben, aber das ist schon grammatisch absurd. Perfekt lässt sich nicht steigern. Die Menschen, die in dieses Land kamen, wollten keine Vollkommenheit. Viele hatten erlebt, was passiert, wenn Regierungen versuchen, das Paradies auf Erden zu errichten. Der erste Präsident, George Washington, sprach von Amerika als »Experiment». So sieht sich sein Land bis heute: als große Versuchsreihe, deren Ende offen ist. Wie alle Experimente, so ist auch dieses reich an Fehlschlägen, Ungerechtigkeiten und sogar Grausamkeiten. Aber es ist auch voller unglaublicher Leistungen, berauschender Träume und unbekümmerter schöpferischer Kraft, die sich zwischen zwei Weltmeeren auf einem riesigen Kontinent austobt.

Es ist ein Land, das immer in Bewegung ist. *On the Road*, auf Deutsch: *Unterwegs*, so heißt der Schlüsselroman des Beat-Poeten Jack Kerouac. Er schreibt das Buch 1951 innerhalb von drei Wochen, so hektisch und atemlos, dass er noch nicht einmal Zeit hat, neue Blätter in seine Schreibmaschine einzuspannen. Er benutzt eine lange Schriftrolle, auf der er seine erlebnishungrige Reise durch das Land heruntertippt. Selbst die Buchstaben scheinen es eilig zu haben. In den letzten Zeilen heißt es: Ich «sehe all das rauhe Land vor mir, das sich in einem unglaublichen riesigen Buckel bis zur Westküste hinüberzieht, und all die Straßen, die hin und her führen, all die Menschen, die in seiner unermesslichen Weite träumen».

Immer wieder zieht es Menschen über diese Straßen, meistens in Richtung Westen. Auch Besucher wollen den Rhythmus des

Landes spüren, die Verheißungen der Straße, die Ahnung von neuen Anfängen. Jeder bringt sein Bild von Amerika mit, meistens sogar mehrere: ein Bild, wie man glaubt, dass es ist, und ein anderes, wie man meint, dass es zu sein hätte. Aber Bilder sind geronnene Farbe. Amerika weigert sich zu gerinnen. Es ist ein Land, das nie ist, sondern ständig wird – nie perfekt, aber immer interessant.